岩 波 文 庫

34-029-1

ポ リ ア ー キ ー

ロバート・A. ダール著

高畠通敏
前田　脩 訳

岩 波 書 店

POLYARCHY
Participation and Opposition

by Robert A. Dahl

First published 1972 by Yale University Press, New Haven.

This Japanese edition published 2014
by Iwanami Shoten, Publishers, Tokyo
by arrangement with Yale Representation Limited, London
through The English Agency (Japan) Ltd., Tokyo.

凡　例

一　本書はロバート・A・ダール(Robert A. Dahl, 1915-2014)の *Polyarchy—Participation and Opposion*, 1971 の全訳である。原書のサブタイトルは、訳出すれば「参加と異議申し立て」である。訳文は、『ポリアーキー』(高畠通敏・前田脩訳、三一書房、一九八一年)を底本とした。

一　原文の“　”は、強調の場合には〈　〉、発言、引用の場合には「　」とした。

一　原文の(　)は、訳文も同じく(　)とした。

一　原文のイタリック体は、傍点で表わした。

一　注は、(1)、(2)と注番号を付し、各章末に示した。

一　書名などについて、邦訳のあるものは、適宜、併記した。

一　人名、地名等の固有名詞の表記については、日本での慣例と判断されるものに従った。

一　明らかに著者の誤記と思われるものは、訳者の責任において訂正した。

一　原書および訳文の底本には付録A(選挙の参加資格と公然たる反対の機会の程度による一一四カ国の分類)、および付録B(現代のポリアーキー、一九六九年前後)が収載されているが、著作権者の同意の上、これを割愛した。ただし、本文および図表の注で参照を指示されている表(著者がポリアーキーとする国名一覧)のみ、「表A」として本文末(三五二頁)に掲載した。

目　次

第一章　民主化と公然たる反対

政府の批判者が、自由で公正な選挙を通じて政府に対抗するため、公然かつ合法的に政党を組織することが不可能な体制があるとしよう。批判者にとって、それが可能な体制へと変革してゆくためには、どういう条件が有利に働き、どういう条件が妨げとなるだろうか。それがこの本でとり扱おうとする問題である。

概念と定義

政府とその批判者との間に公然たる対立あるいは敵対や競争を容認するような政治体系を発達させることは、民主化の重要な側面である。そこでこの本は、当然民主化の一側面を扱うことになる。しかしながら、この二つの過程、民主化と公然たる反対の発達とは、私の考えでは、同一ではない。しかしこの相違を十分説明することは、意味論的泥沼の中を探索するという退屈な作業になりかねない。この時間つぶしをさけるために、弁明や詳説はあまりせずに、私の仮説を要約した形で提起させていただくことにしたい。

民主主義の一つの重要な特性は、市民の要求に対し、政府が政治的に公平に、つねに責任をもって答えることだと私は考える。ある一つの政治体系が厳密に民主主義的とされるために、他にどのような特性が必要とされるかについて、ここで私は考察するつもりはない。この本では、民主主義という用語を、完全に、あるいはほぼ完全に、すべての市民に責任をもって答えるという特性をもった政治体系にたいして使用する。そういう体系が現実に存在するか、かつて存在したか、あるいはそもそも存在しうるのかということについては、当面のところ問題にしない。しかし、私たちはこの種の仮説的政治体系についての概念をもつことはできる。このような概念は、多くの人びとにとって、理想として、あるいは理想の一部として、役に立ってきたことは確かである。このような概念は、仮説的体系、測定尺度の極値、あるいは状況の極限状態として、(あたかも完全な真空の概念のように)現実のさまざまな政治体系をそれとの比較で測定するのに役立つのである。

さらに次のように仮定する。政府が、長い期間、政治的に平等とみなされている市民の要求に対し、責任をもって答えつづけるためには、全市民に、以下のことをする完全

な機会が与えられていなければならない。すなわち、

一、要求を形成する機会。

二、個人的あるいは集団的行動を通じて、同輩市民や政府に対し、その要求を表現する機会。

三、政府の対応において、これらの要求を平等にとり扱わせる機会。すなわちその要求内容や要求する人間を理由に差別的にとり扱わせないこと。

これだけではおそらく十分ではないだろうが、これらは、民主主義にとって欠くことのできない三つの必要条件だ、と私には思われる。次に、これらの三つの機会が、現在の国民国家を構成している多数の民衆の間に存在するためには、社会の諸制度が、少なくとも八つの条件を満たしていなければならないと私は考える。その八つの条件は、表1－1で示されている。これらの条件と三つの基本的な機会との関係については、この表以上に詳説することが不必要なほど明白だと仮定したい(1)。

さて、この八つの制度的保障の表を整理すれば、さまざまな政治体系を民主化の程度によって順位づける単一の理論的尺度がえられるようにみえる。しかしさらに詳しく検討してみると、この八つの条件は、民主化ということについていくらか異なる二つの理

表 1-1　多数の民衆の間に民主主義が生まれる必要条件

以下のような機会に対して	以下のような制度上の保障が必要とされる
I　要求を形成する	1. 組織を形成し，参加する自由 2. 表現の自由 3. 投票の権利 4. 政治指導者が，民衆の支持を求めて競争する権利 5. 多様な情報源
II　要求を表現する	1. 組織を形成し，参加する自由 2. 表現の自由 3. 投票の権利 4. 公職への被選出権 5. 政治指導者が，民衆の支持を求めて競争する権利 6. 多様な情報源 7. 自由かつ公正な選挙
III　政府の対応において要求を平等に扱わせる	1. 組織を形成し，参加する自由 2. 表現の自由 3. 投票の権利 4. 公職への被選出権 5. 政治指導者が，民衆の支持を求めて競争する権利 5a. 政治指導者が，投票を求めて競争する権利 6. 多様な情報源 7. 自由かつ公正な選挙 8. 政府の政策を，投票あるいはその他の要求の表現にもとづかせる諸制度

論的次元を構成していると解釈したほうが、より生産的であると思われてくる。

一、歴史的にみて、また現在においても、政府の行為に異議を申立てようとする政治体系内の成員にたいして、八つの制度的条件が、公に整備され、公に利用され、また保障されている程度は、体制によって非常にちがう。したがって、この八条件を反映する単一の尺度をつくり、公然たる反対や公的異議申立てあるいは政治的競争を許容する度合に従って、さまざまな体制を比較することは可能だろう(2)。しかしながら、政治体制によって人口のごく小部分にしか反対を許容しなかったり、あるいは大部分に許容したりさまざまであるので、第二の次元が必要なことは明らかである。

二、歴史的にみて、また現在においても、政府の行為に影響をあたえたり、それに異議申立てをするのに参加する権利、いいかえれば、公的異議申立ての体系に参加する資格を与えられている人びとの、人口の中での比率は体制によって異なる。したがって、この公的異議申立てに参加する権利の広がりを表わすような尺度があれば、さまざまな体制を、その包括性によって比較することが可能になる。

たとえば、自由かつ公正な選挙はこの両方の次元に関係する。ある体制が、市民にこの自由かつ公正な選挙を認めれば、その体制における公的異議申立ての許容度は深まる。

そして、権利を共有する市民の比率が高くなれば、その体制はより包括的となる。

公的異議申立てと包括性とは、ある程度独立に変動する。英国では、一八世紀の末頃までに、公的異議申立ての体系は高度に発達した。しかし、一八六七年と一八八四年の選挙権の拡大以前には、人口のうちほんの小部分しかこの体系に包括されなかった。スイスは、公的異議申立てのできる体系が、世界で最もよく発達した国の一つである。おそらく、スイスの体系が高度に〈民主的〉であるという意見に反対する人は、ほとんどいないだろう。ところが、スイス人口の半分を占める女性は、未だに〔一九七〇年現在。一九七一年、女性の参政権が認められる。訳者注〕国政選挙から排除されているのである。対照的にソ連では、普通選挙は確立されているが、未だに公的異議申立ての体系は、ほとんど成立していない。実際、今世紀〔二〇世紀〕におこった最も著しい変化の一つは、民衆の政治参加の正統性についての公然たる否認がほとんど消えてしまったということである。一般市民に対し、未だに儀式的な選挙権も、名目的な選挙も認めていない国は、ごく少数にすぎない。今日では、最も圧制的な独裁者でさえも、通常、民衆の政治参加の正統な権利に対して、口先のサービスは行っている。もっともこの場合、〈政治に〉参加するということは、必ずしも公的異議申立てへの参加を含むものではない。

言うまでもないことだが、反対する権利がない場合には、〈参加〉する権利があっても、公的異議申立てが許容されている国における参加の意味の大部分は失われてしまう。普通選挙制度はあるが完全に抑圧的な政府をもつ国では、選挙権の幅は狭いが高度に寛容な政府をもつ国より、反対を表明する機会は確実に少ないだろう。したがって、他の事情を考慮せずに包括性のみによって国を順位づけると、おかしな結果を生むことになる。しかしながら、選挙権あるいはより一般的に言えば〈参加〉権の広がりは、体系の一、一つの特徴にすぎず他の特徴とあわせて解釈されねばならぬ、ということをはっきりと念頭におきさえすれば、包括性によって体制を区別することは有効である。

そこでわれわれは、民主化というものを、少なくとも二つの次元、すなわち公的異議申立てと参加の権利の二つから成り立つものと想定しよう(図1-1)。疑いもなく、ほとんどの読者は、民主化は二つの次元以上のものに関係していると考えるだろう。まもなく私も第三の次

図 1-1　民主化の二つの理論的次元

元について検討するつもりである。しかしここでは、この二つの次元のみに論議を限定したいと思う。というのは、一つの問題点がすでに明らかになったからである。すなわち公的異議申立ての体系の発達は、必ずしも完全な民主化と等しくはないということである。

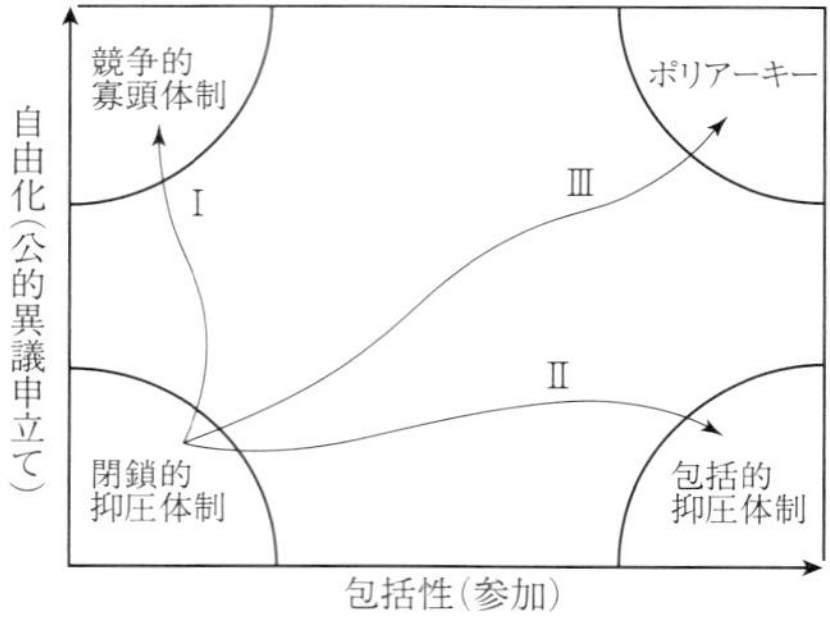

図 1-2　自由化, 包括性, 民主化

公的異議申立てと民主化との関係をより明らかに図示するために、この二つの次元を図1−2のように表わしてみよう(3)。理論的にいえば、一つの体制は、二つの次元で区切られた領域のどこにでも位置しうる。それゆえ、われわれの体制に関する用語は、ほとんど絶望的なほど不適切であることが明らかになる。なぜならそれらは、通常、順位を表現するよりも、むしろ分類することにもとづいているからである。二つの次元で囲まれた領域は、もちろんいかなる区画にも細分化できる。そしてそのそれぞれに名称を与えることも可能である。しかしながら、この本の目的は、細かな類型論を

発展させることにはない。その代り、私が論議したいと思う政治体制間の変化の種類を、はっきりと表現できるだけの手頃な数の語彙を定義することにしたい。

さて、図1－2の左下隅に近い体制を、閉鎖的抑圧体制とよぶこととしよう。もしこの抑圧体制が、径路Ⅰに示されるように上方へ移動すれば、その体制では、公的異議申立ての可能性がより大きくなる。この方向への変化は、言葉をあまり拡大解釈しないでも、ある体制における自由化として表現できよう。同様にそれは、体制がより競争的になったということもできる。もしある体制が、径路Ⅱのように、より広い参加を許容する方向へ変化すれば、それは民衆化が進んだあるいは、より包括的となったと表現できる。体制は一つの方向のみに変化して、他の方向へは向わない場合もある。左上隅に近い体制を競争的寡頭体制とよぶとすれば、径路Ⅰは、閉鎖的抑圧体制から、競争的寡頭体制への変化を表現している。しかし閉鎖的抑圧体制は、自由化、すなわち公的異議申立ての機会を増大することなしに、径路Ⅱのように、より包括的になりうる。この場合には、その体制は、閉鎖的抑圧体制から、包括的抑圧体制へと変化したということになる。

民主主義の政治体制は右上端に位置するものと考えてもよい。しかし民主主義は、図

1－2における二つの次元よりもさらに多くの次元から構成されているとされるだろうし、また私の意見では、現実の大規模な政治体系というものはいかなるものでも、完全に民主化されることはないので、現実の体系で右上端に最も近いのをポリアーキー(polyarchy)とよびたい。たとえば径路Ⅲのように、ある体制が右上端へ向う変化は、何らかの程度での民主化を表現しているといえよう。それゆえ、ポリアーキーは、完全ではないかも知れないが比較的民主化された体制と考えうる。言葉をかえていうならば、ポリアーキーは、かなりの程度民主化され、かつ自由化された体制である。すなわち、高度に包括的で、かつ、公的異議申立てに対し広く開かれた体制なのである。

四隅に近いところにある体制には、以上のように名称を与えたが、図の中央部には名称も与えず、区画もされていないことに読者は気づかれたことと思う。名称を与えなかった一つの理由は、極限型によって体制を分類するという歴史的傾向を反映しているせいでもある。また一つには、余計な術語は避けたいという私の希望をも反映している。しかし命名していないからといって、そこにあてはまる体制が存在していないというのではない。それどころか、おそらく今日の世界の圧倒的多数の国家の体制は、事実上この中央の領域に入るだろう。それゆえ、これらの体制が、包括性を増大(あるいは減少)

したり、公的異議申立ての機会を増大(あるいは減少)したりして変化するということは、通常、この重要な中央領域から出たり、そこへ入ったり、あるいはその中で移動したりするということなのである。この広い中央領域内の体制を示すために、ときに、準とか準ずるという言葉に頼ることもあるだろう。すなわち、準抑圧体制とは、抑圧体制そのものよりもいくらか多くの公的異議申立ての機会をもつものである。準ポリアーキーは、正ポリアーキーにくらべて、公的異議申立てに厳しい制限を加えているという場合もあるし、また公的異議申立ての可能性は同じだが、包括性の程度が劣るということもありうる(4)。

この本の中で、今後、この種の用語を使用しなければならないということは、類型化の有効性の程度を示すものだともいえる。正とか準の境が不明確であるということは、どのような類型化にも限界があることを示している。したがって、以上の用語は有用だが、しかし図1－2の領域をかなり恣意的に分割してえられたものである、ということをも念頭においておくことが必要である。

問題の再述

この章の初めに立てられた問題は、以下のように再述できる。

一、抑圧体制、あるいは準抑圧体制の民主化の機会は、いかなる条件の下に増大あるいは減少するか。

二、さらに限定すれば、どのような要因が、公的異議申立ての機会を増大あるいは減少させるか。

三、さらにより限定すれば、どのような要因が、高度に包括的体制における公的異議申立ての機会を増大あるいは減少させるか。すなわちポリアーキーを実現するもの、あるいはさまたげるものは何か。

限　定

したがってこの本は、公的異議申立ての体系が発達し存続する諸条件について考察する。公的異議申立ては、民主化の一側面であるから、この本は、章の初めに述べたように、必然的に民主化についてある程度考察することになる。しかしながら、ここでは焦点を絞って、民主化を分析する上では重要とみなされるかも知れぬ多くの事項を除外しているということを念頭におくことが、重要である。

民主化とは、いくつかの広範囲な歴史的変化から成立したものと考えることが大切である。その一つは、抑圧体制と競争的寡頭体制が、準ポリアーキーへと変化したことである。一九世紀西欧世界で進行していた過程は、本質的にこういえよう。二つめは、準ポリアーキーから正ポリアーキーへの変化である。これは、前世紀末から第一次世界大戦までの約三〇年間に、ヨーロッパで起った変化である。三つめは、正ポリアーキーの中でのさらなる民主化過程である。この歴史的過程は、大恐慌到来後の民主的福祉国家の急速な発展に始まるとされよう。それは、第二次大戦によっていったん中断されたが、一九六〇年代の後半から、とりわけ若者世代を中心に急速に高まってきた社会制度の民主化の要求という形で、受けつがれているように思われる。

この本では、第一と第二の変化を扱い、第三の変化については扱わない。(5) この第三の民主化の波は、それが成功するにせよ失敗するにせよ、他の二つの民主化と同じように重要なものとなることは確かである。だがそれは〈最先進国〉でのみ起りうるものである。それは〈先進国〉における二一世紀の生活の特質を形づくるものであるから、これらの諸国の人びとにとっては、他の二つの民主化過程よりもはるかに重要と思われるだろう。しかし、世界のほとんどの国では、この第三の変化の可能性は、まだはるかに遠い。一九六九年に存在した一四〇の独立国のうち、二ダースあまりの国だけが、高度に包括的でかつ高度に発達した公的異議申立ての体系をもつにすぎない。すなわちそれだけが包括的ポリアーキーなのだった。おそらく、もう一ダースかそれ以下の数の国が、正ポリアーキーにかなり近い準ポリアーキーだったといえよう。第三の民主化の波が押し寄せるのは、以上の三ダースばかりの国なのである。イデオローグたちがときに約束するように、非ポリアーキーの体制が、ポリアーキーの諸制度をとび越え、現在存在するポリアーキー諸国よりも完全な民主化を、一挙に達成できるということは、以下の分析によればほとんどありえないと思われる。そこでほとんどの国にとっては、第三段階ではなく、第一と第二段階の民主化過程が最も深い関連をもつことになる。

実際には、この本の焦点は、この始めの二つの民主化の段階を分析するということよりさらに狭い。私はこれまで、〈公的異議申立てのできる体系〉や〈体制〉について述べてきた。しかし今までのところ、これらの体系や体制が機能しうる政治社会の段階について明確にしていない。そこでここでの分析は、国家の体制、すなわち国という政治社会の段階での体制をとり扱うことを強調しておきたい。それは法的独立国とか、あまり適切ではないが、民族あるいは国民国家といいかえてもよい。もちろん分析のあるものは、国家以下の段階の政治組織や社会組織にも適用できる。たとえば、地方自治体、州、労働組合、企業、教会などである。また分析のあるものは、国家よりも広範囲の段階で生じる政治組織、たとえばさまざまな国際組織にも適用できるだろう。しかしながらここでは、国家の体制に関してのみ議論を展開していくつもりである。

このことは、民主化に関する本としては、重大な省略だとされてよい。公的異議申立てという観点からいっても、この省略は重大である。というのは、ちょっと考えただけでも、次のようなことが分るからである。つまり国家についてばかりでなく、さまざまな国家の下部の政治的および社会的組織における政治過程での異議申立てや参加の機会は、国によってその幅に大きな差があるからである。国家の下部組織における全般的特質の差違は、国家の体制の特質(たとえばポリアーキーであるかないか)に関連する限りにおいて、分析の際、考慮に入れてゆくことにしたい。

しかしながら、この分析はさらに深めるべきだとされるかもしれない。国家における参加や公的異議申立ての機会について完全に叙述することは、国家の下部組織における

国家の下部組織 ＼ 国家体制	低	高
高	Ⅲ	Ⅰ
低	Ⅳ	Ⅱ

Ⅰ　全面的に〈自由化〉されたあるいは〈競争的〉体制
Ⅱ　国家の段階は競争的で，国家の下部組織は抑圧的体制
Ⅲ　国家の下部組織は競争的で，国家の段階は抑圧的体制
Ⅳ　全面的に抑圧的な政治社会

図 1-3　異議申立ての機会による国家の仮説的分類

そういう機会についてある程度述べることなしに不可能だからである。国家の下部組織に大幅な自治権を認めるユーゴスラヴィアの思い切った試みは、この国が一党体制であるにもかかわらず、たとえばアルゼンチンやブラジルなどよりも、政治参加や異議申立ての機会が大きいことを意味している。包括性という観点からいえば、図1－3で示されるような可能性のすべてに目を向ける必要がある。実際、最近では、ポリアーキー諸国内で、民主化の不完全さについて論じている批評家の多くが、国家の段階では、ポリアーキーは競争的であるかもしれないが、国家の下部の多くの組織、とりわけ私的な団体では、抑圧体制あるいは寡頭体制に近いと述べている。(6)

国家体制についてばかりでなく、国家の下部組織について分析することは重要な課題

であるが、かなり多数の国を対象にこの問題に立ち入るには、非常に複雑な分析方法と圧倒的に厖大なデータの分析が必要になり、その企てを満足に達成することはとてもできないように思われる。原則的には、国家の下部組織も、図1-1と図1-2で示される二つの次元に位置づけることができる。しかしながら、問題は、図1-3が示すような仮説的領域に、各国を位置づけるだけでは終らないことにある。それは一つには、この領域は二つの重要な次元の一つ、つまり異議申立ての次元としか関連づけられていないからである。

もう一つの重要な次元すなわち、参加の機会についても同じような図が必要であろう。さらに一国の中においてさえ、国家の下部組織での異議申立てと参加の機会は、しばしば組織の種類によって差がある。たとえば現代国家の多くでは、地方自治体は、組合よりこの機会の幅が広い。そして組合は、企業よりも機会が広い。したがって国家の下部組織を、数多くの部門に分類しなければならなくなる。たとえば、企業、組合、自治体、教会、教育施設などにである。(7)このように問題が広がってくると、残念ながらそれは手に負えないものになる。こうした理由で、つまり理論的というよりはむしろ実際的な理由で、私は以下の考察を国家の段階に限定することにしたのである。

仮説

抑圧体制や競争的寡頭体制がポリアーキーに向うに従って、効果的な政治参加や異議申立ての機会が増大することになる。それゆえ、政策作成において要求を考慮に入れねばならない個人や集団あるいは利害関係者の数が、増大することになる。それは、現在統治している統治者の側から見れば、そのような変化によって新しい衝突が生じ、その結果、統治者の政策目標、あるいは統治者自身が、新しく編入された個人や集団、あるいは利害関係者の代表によって、取って代られる可能性が生じるということを意味する。統治者の批判者の側の問題も、統治者の裏返しである。つまり批判者が、その目標を国家政策として実現する機会がより多くなるような変化が起れば、現政府内の個人や集団、あるいは利害関係者の代表者と衝突する可能性もそれだけ多くなるのである。

このようにして政府と反対勢力との衝突がはげしくなればなるほど、相手が政策作成に効果的に参加する機会を相互に拒絶する可能性が強くなる。いいかえれば、政府と反対勢力相互に相手に寛容であることのコストが高くなるのである。反対勢力は、統治者を抑圧するためには国家を掌握しなければならない（この時点で、反対勢力と政府はその役割をかえる)。したがって、政府が反対勢力に対し寛容である場合の、一般命題を次のように公理の形でまとめることができる。

公理一　反対勢力に対して寛容であることへの期待コストが低くなるに従って、政府が反対勢力に対して寛容になる可能性は増大する。

しかしながら、政府はまた、反対勢力を抑圧することのコストがどれくらいになるかも考慮しなければならない。というのは、たとえ寛容であることが、どれほど高くつくにせよ、抑圧のほうが、それよりもはるかに高くつき愚行になるかも知れないからである。したがって、

公理二　抑圧への期待コストが高くなればなるほど、政府が反対勢力に対し寛容になる可能性は増大する。

それゆえ、より競争的な政治体系が出現し持続する可能性は、これら二種類のコストによって左右されていると考えられる。

公理三　抑圧コストが、寛容コストを上まわれば、それだけ競争的体制へ移行する可能性は増大する。

公理三は、図1－4のグラフで説明されている。寛容コストが低くなるほど、政府の

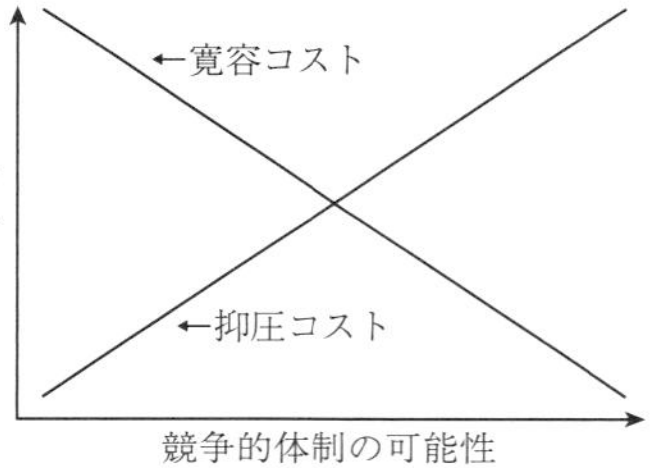

図 1-4

安定性は高くなる。逆に、抑圧コストが高くなるほど、反対勢力の安定性は高くなる。それゆえ政府と反対勢力がともに、高度の安定性を得られる条件が生まれれば、反対勢力が政府の行為を批判する機会がより広くなり、かつ持続しやすい。

ここで提起された問題は、再述すると次のようになる。どのような条件が政府と反対勢力相互の安定性を高め、そのことを通じて、公的異議申立てとポリアーキーの可能性を増大させるのだろうか。

しかしながら、この問題に答える前に、その前提となる問題、すなわちポリアーキーに意味があるかという問題をまず考察したい。

第一章　注

（1）この連関のいくつかは、私の著書 *A Preface to Democratic Theory* (Chicago: University of Chicago Press, 1956,『民主主義理論の基礎』内山秀夫訳、未来社、一九七〇年)、および共

著の Robert A. Dahl and Charles E. Lindblom, *Politics, Economics and Welfare* (New York: Harper, 1953.『政治・経済・厚生』磯部浩一訳、東洋経済新報社、一九六一年)の一〇―一一章で論じられている。

(2) この本の中では、自由化、政治的競争、競争的政治、公的異議申立て、公然たる反対という語は、この次元に関連する相互に入れ替え可能な言葉として用いる。またこの次元での比較的高度な体制は、しばしば競争的体制という言葉で示される。

(3) この二つの次元にそった、世界一一四カ国の配列は、付録のA・表A-1〔本書では割愛〕で示されている。

(4) 術語の問題は大変難しい問題である。というのは、すでに用いられている術語で、曖昧さや他の意味をともなわない言葉をさがし出すことは、不可能に近いと思われるからである。読者は以下のことを銘記されたい。ここで使われている言葉は、この本全体を通じて、以上に示したような意味でのみ使用されるものとする。私自身もそのように最善の努力をする。ポリアーキーという言葉を、民主主義の代りに用いることには、抵抗を感じる読者もいるだろう。しかし理想の体系としての民主主義と、理想への不完全近似として案出されてきている制度的装置とを区別しておくことは大切である。そして同じ用語が両方の意味に用いられる場合、不必要な混乱や、本質とは無関係な意味論的議論が、分析の妨げとなることは、経験が示すとおりである。ポリアーキーの反対の極にある(閉鎖的)抑圧体制という言葉も、必ずしも満足のいくものではない。しかし私が与えようとした意味合いにおいては、抑圧体制(hegemony)という言葉は、階統的支配体制(hierarchical regime)、ワンマン支配体制(monocracy)、絶対主義体制(absolutist regime)、強権体制(autocracy)、専制支配体制(despotism)、権威主義体制(authoritarian regime)、全体主義体制(totalitarian regime)等々の言葉よりも適切であるように思われる。〈公的異議申立て(public contestation)〉における〈異議申立て〉という言葉の使い方は、(たとえ日常語ではないとしても)十分通常の英語の用法内だと思う。英語においては、異議申立てという言葉は、争うこと(to contest)、つまりあることを抗争(dispute)、論争(contention)、訴訟(litigation)の対象とすることを意味する。そしてその直接的同義語は、抗争する(to dispute)とか挑戦する(to challenge)あるいは競う(to vie)といった言葉である。ところで、この言葉をつかう効用は、*Government and Opposition* 1(January 1966, pp. 155–74).ベルトラン・ド・ジュブネルの「異議申立ての手段」("The Means of Contestation")という論文に初めて示唆を受けた。私の用法は、ジュブネルが、論文の中で用いた、討論(débat)、抗議(objection)、衝突(conflit)、反対(opposition)等を意味するフランス語(contestation)として示したものと同じである。しかしながら、この同じ号の雑誌の中で、ギータ・イオネスクは、「一党独裁国における支配と異議申立て」("Control and Contestation in Some One-Party States," pp. 240–50)で、この言葉をさらに狭く、しかし現在では非常に一般的となっている意味に用いている。すなわち「すべての反対の基礎的かつ普遍的な前提である、意見やイデオロギーの、基本的、本質的相違にもとづく反体制」(二四一頁)である。これは私が用い、ジュブネルがその論文で使用していると私が信ずるところの概念よりも、明らかに限定された定義である。

(5) 私の著書 *After the Revolution? Authority in a Good Society* (New Haven: Yale University Press, 1970) の中で、第三段階のいくつかの側面をとり扱っている。

(6) とりわけ、Grant McConnell, *Private Power and American Democracy* (New York: Knopf, 1966); Henry S. Kariel, *The Decline of American Pluralism* (Stanford: Stanford University Press, 1961) を参照のこと。Robert Paul Wolff, *The Poverty of Liberalism* (Boston: Beacon Press, 1968) もかなり参考になる。

(7) すでに古典となった、Seymour Martin Lipset, Martin A. Trow, and James S. Coleman, *Union Democracy* (Glencoe: The Free Press, 1956) は、競争と参加の機会の大きい労働組合という、特殊例に研究を集中している。一国での特殊例を記述し説明するというだけにもかかわらず、それは厖大な仕事になっている。

第二章　ポリアーキーには意味があるか

国家体制の違いということには、たいして重要な意味がない、と考える読者がいるかもしれない。たとえば、すべての国家体制は、結局少数の支配者によって支配されている、というガエターノ・モスカ流の意見である。国家の体制が変れば民衆にとって重要な意味をもつ変化が必ず起るという信念に対する、厳しい反論として、モスカの懐疑論は十分な意味があった。さらに表面上体制が変化したと見えても、実際には、単に人間や政治的なレトリックあるいは空虚な憲法上の規定が変ったにすぎず、体制自体は全く変化していない場合がある。

しかしながら、体制の違い、たとえば、ポリアーキーと包括的抑圧体制との違いを、本質的に無視できるとつねに主張しつづけられる人はほとんどいないだろう。ところが実際は、ポリアーキーや準ポリアーキーではすぐ感じとられる政治的な失敗に失望して、本来はリベラルあるいはラディカルな民主主義者である知識人たちが、しばしばこのような考えを信奉しているという印象を受ける。そしてこれとは逆に、厳しい強権的抑圧体制の下での生活を実際に経験した知識人は、体制の違いはとるにたらないものであるとはめったにいわない。この最も雄弁な例は、ファシズム以前のイタリアのみじめかつ明らかに欠陥のある議会政治を攻撃して、その人生の大半を送ったモスカやクローチェのようなイタリアの知識人である。統一からファシズムまでの七〇年間、イタリアの政治は競争的寡頭体制から包括的ポリアーキーへと、古典的な道を歩んでいった。しかしながら、イタリア人の政治生活面での妥協能力の欠如と、市民的公共生活への無関心があまりに大きかったため、議会主義体制は多くの支持を得ることができなかった。しかしこの大きな欠陥のある体制でさえも、重要な基本的ポイントにおいてファシズムとは異なっており、どんなに価値のないものにせよ、ファシズムよりはましであるとモスカは考えていた。一九二五年、イタリア上院における最後の演説で、モスカは次のように告白している。

> 率直にいおう。ある感慨をもってわれわれは、一つの政治形態の葬儀に参列している。議会政治に哀悼の辞を述べる者が、まさか私自身になろうとは思ってもいなかったからである……議会に対し常に厳しい態度で臨んできたこの私が、今日、議会

の消滅を嘆き悲しむ役割を負わされている。……しかし、心からいうことができる。議会政治のほうがはるかによかったと。

しかし彼は、大袈裟な後悔の身振りとともに、苦い毒杯を飲み干すことも許されなかった。というのは、モスカは一九四一年まで生きて、あのみじめな新秩序が決定的に瓦解するのに立会うことになったのである。クローチェはといえば、彼は最初ファシズムを歓迎したが、ついに以下のようなことを認めるようになる。すなわち彼が、議会政治に対する侮蔑を投げかけつづけていたあいだ、

イタリアが多大の犠牲をはらい、そして彼の世代の人びとが、永遠に獲得したと思っていた自由が、イタリアから奪われるということが起りえようとは、夢にも考えていなかった。

また、急進主義の知識人として〔ジョヴァンニ・〕ジョリッティ〔一八九二年から一九二一年の間、五回にわたり首相をつとめた自由主義の政治家〕のイタリアを厳しく批判していたガエターノ・サルヴェミニは、一九四五年には、議会政治はその欠陥にもかかわらず、その後に来た政治よりも、現実においても可能性においても、はるかに良いということを確信するようになる。「形成途上のイタリア民主主義の成果と比較して、ファシスト独

裁政治の成果はといえば、それは今、目前に経験しているものである。イタリア国民だけではなくすべての国民が、このような恐ろしい経験から学んでほしい」とサルヴェミニは結論する。(1)

この種の目撃者の証言だけでは、もちろん十分ではないが、しかしそれらが、体制の変化ということにはたいした意味がないという考えを安易に受け入れないよう警告していることは、確かである。どの程度、またどういう条件の下で体制の変化は〈重要〉な意味をもつかということを、責任をもって分析しようとしたら、一冊の本が必要だろう。したがって、ここではその分析は控えることにしたい。さらに、もしさまざまな体制の発展にとってもっとも有利な条件を決定するための理論やデータがとても満足のいく状態にないとしたら、体制が異なることから生じる結果(現代政治学の流行語を使えば、〈出力〉)の違いに関しては、さらにみじめな状態にあるといえよう。それでもなお、抑圧体制からより競争的体制へ、あるいは、競争的寡頭体制からポリアーキーへの体制の変化は、重要な意味をもつと考えてよい十分な理由があるといえる。

一、まず第一に、公的異議申立てと参加の定義の一部分をなしている古典的に自由主義的な諸自由がある。すなわち、政府に反対する機会、政治的組織をつくる機会、政府の報復行為の不安なしに政治について表現する機会、多様な意見を読んだり聞いたりする機会、秘密投票で投票できる機会、そして選挙では、さまざまな党の候補者が票を争い、選挙後には、敗れた候補者は、平和裡に、勝った候補者に公職を譲るという制度等々である。十分に確立したポリアーキーでは、これらの自由は、すでに久しく新しい大義としての魅力を失い、ましてや革命的に訴える力などはもっていない。これらの自由は通俗化してしまい、しかも不完全にしか達成されず、また良き社会を保障するには明らかに不十分であり、数世代にわたって美辞麗句を弄されすぎて陳腐化したことなどによって、きわめて平凡な意味しかもたない遺産として、当然のごとく受けとられてきた。これらの自由は、それを失った人びとや、享有したことのない人びとにとっては、明らかにより大きな価値として映じる。モスカやクローチェ、サルヴェミニのようなイタリアにおけるファシズム以前の議会政治の批判者たちが、あまりに当然のことと考えていたために、それが奪われた新体制の下でイタリアがどれほど抑圧的になるか予想できなかったのは、この種の自由だった。革命がソビエトによって停止され逆転される以前に、チェコスロヴァキアで自由化勢力が求めていた自由化も、主にこの種の自由を拡大することであった。スペインにおいて、フランコの独裁に反対する人びとが共通してもっていた目標のひとつも、これらの自由を得ることだった。

二、政治的競争をともなった政治参加の拡大は、政治指導者の構成とりわけ選挙によってえられる国会議員などの公職に変化をもたらす。新しい集団に選挙権が与えられると、社会的特徴において新しく組み込まれた階層に近い候補者が、選挙を通じて従来より多く、公職を獲得する。競争的寡頭体制において、選挙権が中産階級まで拡大されると、中産階級出身の議員や党指導者の数も増大した。同じようなことが、労働者階級が選挙権を獲得した時にも生じた。労働党や社会党が、労働者階級の票を大量に獲得しえた国においてはとりわけそういえる(2)。アメリカでは、南北戦争後の再建時代、南部黒人が選挙権を獲得した時、彼らは初めて公職につくようになった。この再建時代が終った時、黒人は公職から姿を消した。一九六四年に公民権法が議会を通過し、黒人が再び選挙権を得るようになると、黒人はもう一度公職を獲得するようになった(3)。

だからといって、政治指導者や議会は、多様な社会経済的階層や、職業あるいは社会内のその他のグループをそれぞれサンプル的に代表しているというわけではない。そうだったことは決してなかった。現代の立法府では、数の面からいって、中産階級と専門職業者は過剰に代表されている。肉体労働者は他の多くの分類、たとえば農民や主婦など同じように〈労働党、社会党、共産党の議員においてさえも〉過少に代表されている。(4) たとえ〈政治的階級〉が、一国の社会経済的分類の公平な反映ではないにせよ——そして代議制民主主義の擁護者は、その必要はないしまたそうあるべきでもないと主張するだろうが(5)——政治的競争をともなう選挙権の拡大によって、一般に政治指導者とりわけ議会の構成は、純粋に統計的意味で、かなり反映的に代表されるようになるのである。

三、体制がより競争的、より包括的となるにつれて、政治家は政治に容易に参加できるようになった新しいグループの支持を求めようとする。しかし、参加と異議申立ての新しい機会の出現に対する政治家の反応の仕方は複雑であり、それは広範囲の影響をもたらす。これらの影響の一つは、先にふれたように、投票者がより〈身近〉であると感じる候補者を立てるようになることである。これまで代表されなかったグループや社会区分あるいは階層の要求や利益と思われるものに、演説、綱領、政策やイデオロギーを順応させることもそのひとつである。西ヨーロッパにおける、社会党や労働党の発達は、都市および農村の労働者階級に選挙権が与えられたことと密接な関係があった。現在ポリアーキーである多くの国家にあてはまるように、選挙権が拡大される以前に政党が比較的自由に組織されていた場合には、社会党や労働党がまず要求したものは、普通選挙であった。労働者階級が選挙権を獲得するや、当然のことながら、これらの政党はこの労働者階級の動員に最大の努力をかたむけた。

競争と包括性の拡大によって、政党組織それ自体にも変化が生じる。もちろん、最も劇的で目につく変化は、一党抑圧体制が急激にポリアーキーに変ることである。たとえば、第二次世界大戦の終結時におけるイタリア、ドイツ、日本では、一党抑圧体制が、急激に二つかそれ以上の政党による競争体制へと変った。より長い期間をかけて、参加と異議申立ての機会が拡大した国では、同じような展開がスローモーションで見られる。選挙権が名望家やその子分たちから、さらに拡大すると、名望家の社会的縁故、すなわち家柄、階級、居住地域、生活様式、伝統などの結びつきにもとづく旧い党や党派は、中産階級により効果的に訴える力をもつ党によって、取って代られるか補充されるようになる。この過程は、労働者階級に選挙権が与えられた時、再び繰り返される。イギリスでは、一八三二年の選挙法改正の後、ホイッグ党は自由党に席を譲った。そして一八六七年と一八八四年の選挙法改正によって、労働党が形成され、成長した。ノルウェーでは、一八六〇年代と一八七〇年代における農民の選挙動員争いを通じて、選挙および議会での左翼連合と右翼連合が発達した。成人男子の選挙権に関する闘争と、一九〇〇年のその実現によって、さらに新しい政党が形成された。旧右翼連合は保守党となったのに対し、旧左翼連合はその主要な構成要素である自由主義者、農村のキリスト原理主義者、と農民とに分裂した。一方、労働党は、労働者階級の票の大部分を獲得した。(6) 細かな点は国によって異なるが、ポリアーキーが、かなり長い期間かけて発達した国では、どこでも、これと同じような型がみられる。

政党の構造と組織もまた変化する。しばしば指摘されるように、多数の選挙民を動員する必要性がきっかけとなって、〈近代的〉政党組織が発達した。というのは、選挙民の拡大にともなって、少数の選挙民(その多くは名望家の支配下にある人びと)の間では有効に機能していた伝統的な非公式の組織方式が、全く通用しなくなったからである。この新しい競争の中で、政党が生き残るためには、区とか地区、〔党組織の〕細胞といったレベルの組織化を通じて、政党の党員、支持者、潜在的投票者に接触してゆかねばならない。これら、今ではなじみ深い形態の政党組織は、普通選挙権が始めて確立した国、アメリカでまず発達した。しかし、広範囲の有権者の中で政治的競争が行なわれねばならないところではどこでも、こうした形態の政党組織が急激に出現している。たとえば英国では、農村保守党組織や自由党組織そして有名なバーミンガムの幹部会が、一八六七年の広範な選挙権拡大と、一八七二年の秘密選挙の導入の後、直ちに形成された(7)。

政党組織に変化が生じ、またその都市や農村への浸透度が密になってゆくことによって、政治生活に、さらに新しい変化が生じてくる。政治的競争と政治参加はともに高度化する。全国的に組織化された政党が有権者を動員しようとするにつれて、無競争や無党派の選挙区は減少していく。党員、支持者、投票者などの獲得競争の激化は、少なくとも初期の段階では、選挙民の政治化をもたらす。たとえば、競争政党が存在する選挙区では、選挙への参加は、他の選挙区より高くなるのがふつうである(8)。

四、ある特定の国の中で、政治的要求を表現し、組織し、代表できる機会が増大すればするほど、それだけ政策作成過程に反映される要求や利益の数と種類は増大する。それゆえ、ある特定の国の特定の時代に、政策作成に反映される要求や利益の数と種類は、ポリアーキー体制である方が、混合体制よりも多く、また混合体制のほうが抑圧体制より多い。したがっていかなる国でも、抑圧体制から混合体制へあるいはポリアーキーへの変化は、政策作成過程へ反映される要求や利益の数の増大となってあらわれやすい(9)。

五、参加や公的異議申立ての幅を広げることが政策に与える効果は、残念ながら明確ではない。この領域での国家別研究(cross-national study)には、多くの障害がある。アメリカ五〇州にわたって、政策、政治過程、社会経済など諸変数を調べた結果でさえ、政策上の変化がどの程度まで、政治的競争や参加の変化と関連するのかについて今までのところ明瞭な結論を出していない。もちろんこれらの変数の州間の変化幅は、国家間の場合よりも著しく狭いことは確かである(10)。しかし、国家の社会経済的発達段階、社会的経済的体系の特質や、伝統のような要因が、国家の政策に与える影響力は強力であるため、体制が政策に独立した影響をほとんど与えないということも十分ありうる。

しかし、体制が政策に与える影響のうち、とりわけ政府が比較的多くの国民に厳しい身体的強制力を行使して実行する政策を採用するという問題については、体制の種類と直接の関連が存在する。公的異議申立てに対する障害が減少し、政治体系への参加が高くなるにつれて、政府は、人口のかなりな部分に対し極端な制裁を課さざるをえないような政策を採用したり実行したりすることがむずかしくなる。そしてまた、政府が実際にそうしようとすることも少なくなるだろう。

この点に関する証拠は印象的なものにすぎない。しかしながら、私の知る限りでは、一九三一年から三二年にかけて、ソ連が農業の強制的集団化に関して行なった強制のようなものは、その程度においても規模においても、いかなるポリアーキーでも行なわれたことはない。この期間に何百万という人びとが、シベリアの強制収容所へ収容され、処刑や飢餓によって死亡した。三〇年代のスターリンの粛清は、さらに何百万もの人びとを監獄、拷問、そして死へ追いやった。(11) ユダヤ人とすべての政治的批判者を絶滅しようとしたヒットラーの政策については、今さら強調する必要がないほどよく知られている。抑圧体制内で、指導者および基本的政策の変更がなされる場合には、しばしばかなりの流血がともなう。一九六五年に、インドネシアが、容共派から反共派の独裁に変った時、少なくとも二五万人の人びとが、ほんの数カ月のうちに命を失ったと推定されている。(12) 一九六九年の末には、約一一万六千人の人びとが、共産主義の同調者という嫌疑で投獄されている。(13)

このような大規模な強制が、抑圧体制の下や混合体制では必然的に起ると主張しているわけではない。しかし、その危険性はかなりの程度高い。それに対し、それはポリアーキーでは起りにくいのである。直ちに明らかな例外として頭に浮かぶ事例が、実際にはこの点をかえって証拠づけている。第六章で、私は、南部では白人が黒人を圧迫するために、白人には一種のポリアーキー、黒人には抑圧体制という二重の政治体系を発達させざるをえなかったことを論じるつもりである。この体制の区分の違いを頭に入れておくことは大切である。それは詭弁を弄したり定義の純粋性を保とうとしたり、いかなる犠牲をはらってもポリアーキーを〈擁護〉したりするためでもない。逆に、まさにこの事例によって、それはいっそう経験的な一般化が強化されているからである。南部で、もし解放された黒人が公的異議申立ての体系に参加を許されたとしたら、黒人は、迫害とテロによる組織的抑圧に服することはなかっただろうと私は信じる。というのは、南部の黒人は、少数者というには、あまりに数が多いからである。ポリアーキーから強制的に黒人を排除してはじめて、南部はあの迫害とテロの体系を維持しえたのである。それゆえまさに黒人が排除されていた分だけ、合衆国のポリアーキーの包括性は完全でなかった。(14) 事実、合衆国は、第一次大戦後のほとんどのポリアーキー諸国よりも、その包括性の程度が低かった。というのは、普通選挙の全般的な採用によって、ポリアーキーの国はどこも(スイスと過渡的ポリアーキーであるアルゼンチンは例外として)アメリカほど大きな排除グループをふくんではいなかった(もっともポリアーキーであるためには、合衆国におけるよりもっと高い包括性を必要とすると定義することも合理性がないわけではない。そのように定義した場合には、アメリカ合衆国は、準ポリアーキーとして分類しなければならない)。

合衆国の例は、体制の差異が政策に与える影響について、最後の論点を示唆している。

私は、ポリアーキーは、事実上市民権を奪われている人びとに対し、他の体制より思いやりがあるとは信じていない。これらの排除されたグループの中に、アメリカ南部に住んでいる黒人が入っていた(そしてある程度未だに入っている)。しかしすべてのポリアーキーにおいて、国境の外に住んでいる外国人は、排除されている。国境外の人びとの利益を考慮するという点に関しては、ポリアーキー体制は、他の体制よりも悪いと考える理由は全くないが、良いとも決していえないだろう。

六、体制の差異がもたらす他の効果について、考察することもできる。たとえば、体制の差異が長期間にわたれば、国民の信念、態度、文化、パーソナリティなどに影響がでてくる可能性がある。第八章でみることになるが、これらは、通常、体制に影響を与える干渉変数あるいは独立変数として扱われている。しかしこの種の要因と体制の性格との間には、相互作用が働くと考えることも十分成り立つ。たとえば、もしこれらの要因が、特定の体制が成立する機会と関連するとしたら、長期間のあいだにはその体制の性格は、信念や態度や文化、そして一国の中で発達するパーソナリティにさえ影響を与えるだろう。この仮定にそって魅惑的で重要な仮説を展開しうる可能性がひそんでいるが、そこには多くの相反する推論も可能であり、それらはいずれも今のところまだ、十分な証拠にもとづいていないので、ここではこれ以上とりあげない。

しかしながら、この論議が、重要な点を衝いていることは明らかである。体制の差異によって、異なる効果を生じるということは、自明のことに思える。これらの効果の重要性を否定する人もいるが、少なくとも、ポリアーキーの擁護者と、その敵対者の両者は、その効果に意義深い差異と重要性があることを認めている。もしポリアーキーの効果と、非ポリアーキーの違いが重要でないとしたら、一党独裁よりもポリアーキーを、あるいはその逆を擁護する理由はないであろう。おそらくほとんどの読者が、その効果の違い、とりわけ最初にあげた効果の違いは重要であるということに同意するだろう。

ポリアーキー対、抑圧体制あるいは混合体制の価値的比較に関する議論が生じる理由は、上述の論議のように、公的異議申立てや包括性から当然予期される効果にではなく、むしろ他の価値に対する効果の問題にある。たとえば、ほとんどのアフリカ国家では、一党体制が望ましい。なぜなら、一党体制は、自然なコンセンサスと連帯を表現しているとか、経済的発展のために、さまざまな下位文化を総合して民族国家を建設するために、あるいは政治的安定を得るために必要であるというような主張がなされているからである。S・E・ファイナーが説得力ある証明をしたように、こうした主張は、いくつかの点で自己矛盾に陥っている。つまり一党独裁を〈自然な〉コンセンサスの表現として、また種族的多様性や不一致から、国民的結束を建設するために、必要だとして論理的に弁護したり主張したりすることはできない。一党独裁のいわゆる利点は、事実によって虚偽であることが証明されているからである。(15)

しかしポリアーキーを弁護することが、ここでの私の目的ではない。私はただ、公的異議申立ての障害が減少し、参加の権利が与えられる人口の割合が増加すれば、重要な効果が生じるということを示せば、十分である。そしてこれらの効果は、重要かつ望ましいものである。またその利点は、通常(常にというわけではないが)欠陥を補ってあまりあること、そしてその差益は努力して得る価値があるということについて多くの人が同意すると思う。

この本の中で私が使用する概念枠組みは、民主化の程度の低い体制には好意をもたず、ポリアーキーには好意的(見る人によっては偏向的)な態度決定を反映している(ポリアーキーをさらに民主化したいというもうひとつの偏向については、この本の主題と関係が薄いのでそれほどはっきりとしないかもしれない)。とはいえ、抑圧体制からポリアーキーへの変化は、常に望ましいと前提するつもりはない。はっきりさせておきたいのだが、私の意見は、抑圧体制からポリアーキーへの変化は、望ましい場合が多いということである。この信念が、この本の主題をくわしく検討し、私がしてきたように中心的問題と概念を形成することの動機となっている。しかしながら、厳密にいえば、ある特定の方向への変化が望ましいという前提にたたなくとも、この本で提起されている問題を扱うことができるし、ここで提出されている概念を使用することもできる。実際、抑圧体制からポリアーキーへの変化は、決して望ましくないとする極端な立場をとる人にとっても、そのような変化を阻止するに必要な条件は、知っておきたいと思うだろう。この意味では、分析は、ポリアーキーに好意的な私の態度決定あるいは偏向とは独立に行われている。とはいえ、現段階でのデータ分析の困難さからして私が完全な分析に成功しているとは到底いえないのだが。

　最後に私は、抑圧体制からポリアーキーへの変化が、歴史的必然であると仮定していないことを、はっきりさせておきたい。第三の民主化の波の結果が、いぜんとして疑問のままであり、むしろ現在のポリアーキーで可能な公的異議申立ての機会を狭めるという退行現象さえひき起しかねないときに、ある歴史的発展法則によって、社会は必然的に、抑圧体制から、公的異議申立てのできる体制へと変化すると考えるのは、愚かというべきだろう。その逆方向への変化についても同様である。現代の民族国家はこの両方向への動きをみせてきている。二、三のよく知られた例をあげるだけで、歴史の単線的発展法則という単純な議論の誤りを示すのに十分だろう。たとえば、アルゼンチン、ブラジル、ドイツ、ロシア、チェコスロヴァキア、日本等の歴史を考察してみればよい。次にみるように、この本の分析が意味するところでは、ポリアーキーに最も有利な条件を比較的に共通してとりだすことは難しく、またそれらは容易につくり出せるものではないのである。

さて、公的異議申立てとポリアーキーの機会を増大するのは、どういう条件だろうかという前章の末尾で提起した問題にもどることにしよう。次の数章では、歴史的展開、社会経済秩序の集中化の程度、社会経済的発達段階、不平等性、下位文化の分裂、政治活動家の信念、外国支配という七組の条件の及ぼす効果について考察したい。

第二章　注

（1）モスカの引用は、James Meisel, *The Myth of the Ruling Class* (Ann Arbor: University of Michigan Press, 1958), pp. 225-26. クローチェの引用は、Giovanni Sartori, *Democratic*

Theory(Detroit: Wayne State University Press, 1962), p. 37. クローチェが初めファシズムを受け入れたことに関しては、Sartori, *Croce Etico-Politico e Filosofo della Libertà*(Florence: Universita degli Studi, n.d.), pp. 191ff. サルヴェミニの言葉は次の本への序文から引用、A. William Salamone, *Italy in the Giolittian Era: Italian Democracy in the Making, 1900–1914* (Philadelphia: University of Pennsylvania Press, 1945, 1960). サルヴェミニの短い序文は、次のようなことを述べている。イタリアに形成されつつあった代議制政府は、当時のイギリスやアメリカに比べて、はるかに劣るというわけではなかった。サルヴェミニの判断はまた、次のような彼の言葉によって要約できる。「イタリアの民主主義が、〈完全な民主主義〉ではなく、〈より不完全でない民主主義〉になるのに、さらにもう一世代の試行錯誤を必要としただろう。しかしながら、第一次大戦の後に起った危機は、民主化の過程にとって致命的だった」(二〇頁)。彼はさらに続けて言う。

三〇年後にあの革新運動の十字軍を振り返ってみて、私は何も後悔することはない。しかしながら、ジョリッティの体制を批判するにあたって、もう少し控え目にしておいたら、もっと賢明であったろうと認めざるをえない。イタリアにおいて、ジョリッティの後に登場した人びとと、この二〇年間私が住んださまざまな国について得た知識とを考え合せて、私は、ジョリッティが、後から登場して彼の道を歩んだ多くの外国の政治家よりも良いとはいわないまでも、悪いわけではなかったと納得した。われわれイタリアの革新運動者が、左翼の側から、ジョリッティは形成途上のイタリア民主主義を腐敗に導いている――そして実際彼は腐敗していたが――と攻撃していた時、別の一群は、右翼の側から、あまりに民主的で彼らの好みに合わないという理由で攻撃していた。われわれの批判は、イタリアの公生活をより不完全でない民主主義へと発展させるのに役立たなかった。むしろジョリッティの民主主義でさえあまりに完全すぎるとみなしていた軍国主義者、民族主義者、反動主義者たちのグループの勝利へと導いてしまった。

（2） こういう変化については多くの証拠がある。しかし知る限りでは、その比較分析はない。体系的な長期間にわたる研究としては、Mattei Dogan, "Political Ascent in a Class Society: French Deputies 1870-1958," in Dwaine Marvick, ed., *Political Decision-Makers: Recruitment and Performance* (Glencoe: The Free Press, 1961), pp. 57-90; W. L. Guttsman, *The British Political Elite* (London, MacGibbon and Key, 1963). 一八三二年以後イギリスで生じた変化についての証拠は豊富だが、それらは、明らかに体系化されていない。しかしながら、*The Structure of Politics at the Accession of George III*, 2d ed. (London: MacMillan, 1961), pp. 84ff. の一七六一年の選挙区（ボロー）出身の議員に関するルイズ・ネイミエー卿のデータと、W. Ivor Jennings, *Parliament* (Cambridge: Cambridge University Press, 1939), table II, p. 38, および、Guttsman, *The British Political Elite* とを比較してみよ。一九〇九年から一九六三年のイタリア議会（普通選挙は一九一三年に導入され、比例代表制は一九一九年に導入された）の職

業別・社会階級別構成における変化については以下をみよ。S. Somogyi, L. Lotti, A. Predieri, and G. Sartori, *Il Parlamento Italiano, 1946–1963* (Naples: Edizioni Scientifiche Italiane, 1963), pp. 160–62, 168–69, and 197–200.

　アルゼンチンにおいて、一九一一年の普選以前の議会を支配していた保守党出身議員の社会経済的水準と、一九一六年の選挙後に多数の議席を得た急進的社会主義政党出身の議員のそれとの違いを知るためには、Darío Canton, "Universal Suffrage as an Agent of Mobilization" (Paper presented to the VIth World Congress of Sociology, Evian, France, September 1966), p. 24.

(3)　再建時代の黒人の選挙権とその結果に関しては、C. Vann Woodward, *The Burden of Southern History* (New York: Vintage Books, 1960), pp. 98–103で論及されている。最近のものでは、The Voter Education Project, Southern Regional Council のデータに、一九六八年夏までに黒人が選挙登録した比率が、著しく増大したことが示されている。( )内に示される白人の登録パーセンテージと比較して、黒人の登録率をみると、アラバマ、五六・七(八二・五)、アーカンサス、六七・五(七五・二)、フロリダ、六二・一(八三・八)、ジョージア、五六・一(八四・七)、ルイジアナ、五九・三(八七・九)、ミシシッピー、五九・四(九二・四)、ノース・カロライナ、五五・三(七八・七)、サウス・カロライナ、五〇・八(六五・六)、テネシー、七二・六(八一・三)、テキサス、八三・一(七二・三)、ヴァージニア、五八・四(六七・〇)、以上の州を総計した率は六二・〇(七八・二)。以上は、Southern Regional Council, Voter Education Project, "Voter Registration in the South, Summer, 1968" (Atlanta: Southern Regional Council, 1968) による。一九六九年の夏までに、南部諸州で、四七三名の黒人が公職に選任された。この中で一七名は市長、二〇〇名は市議会議員である。"Black Elected Officials in the Southern States," a memorandum to selected members of the American Political Science Association, August 12, 1969, from Emory F. Via, Director, Labor Program, Southern Regional Council, Inc. による。

(4) イギリスに関しては、W. L. Guttsman, "Changes in British Labour Leadership," in *Political Decision-Makers*, pp. 91-137 をみよ。一九五〇年代と一九六〇年代の下院議員候補者と議員に関するデータは、J. Blondel, *Voters, Parties, and Leaders* (Baltimore: Penguin, 1963), pp. 135-45, Peter G. J. Pulzer, *Political Representation and Elections, Parties and Voting in Great Britain* (New York: Praeger, 1967), pp. 67ff. をみよ。

戦後イタリア議会に関しては、Sartori et al., *Il Parlamento Italiano*, pp. 93-97 をみよ。一九六四年のベルギーの国会議員に関しては、F. Debuyst, *La Fonction Parlementaire en Belgique: Mécanismes d'Accès et Images* (Brussels: CRISP, 1966), pp. 90-109 をみよ。デビストの著作には、一一〇頁に、ベルギー、フランス、イギリス、イタリアの下院およびアメリカの上院議員の職業的背景を比較した図が掲載されている。またヨーロッパの下院の社会、共産両党内の下層中産、労働者階級および党役員のパーセンテージが示されている(一一三頁)。

(5) たとえば、Hanna Fenichel Pitkin, *The Concept of Representation* (Berkeley: University of California Press, 1967), chap. 4, pp. 60-91 を参照。

(6) 参照――Stein Rokkan, "Norway: Numerical Democracy and Corporate Pluralism," in Robert A. Dahl, ed., *Political Oppositions in Western Democracies* (New Haven: Yale University Press, 1966), pp. 70-115, esp. pp. 75-81.

(7) たとえば、Pulzer, *Political Representation* をみよ。新たに選挙権を得た都市労働者に訴えかけるための組織である保守党の〈侍女〉国民連盟(the National Union)の起源に関しては、R. T. McKenzie, *British Political Parties* (London: Heinemann, 1955), pp. 146ff. をみよ。自由党組織とバーミンガム幹部会に関しては、Sir Ivor Jennings, *Party Politics*, vol. 2, *The Growth of Parties* (Cambridge: Cambridge University Press, 1961), pp. 134ff. をみよ。

(8) ここでも国家間の比較データが不足している。イギリスでは、国会議員選挙での無競争選挙区の数は、一八三五年、五七%、一八六八年、四三%、そして一八八〇年には二三%となった。――Pulzer, *Political Representation*, pp. 61-62. ノルウェーでは、労働党が、農村レベル(各村落)で、投票者を動員する部隊を作った時、対立政党も同じようにすることが必要であるとみた。このようにして、一九〇〇年以後は、無所属の複数候補者間の選挙を行う地方村落の数は減少していった(一九〇一年、七八%から一九五九年の二%まで)。一方、二党かそれ以上の競争政党による選挙を行う区の数は増大した。比例代表制の政党リストをもった村落より、無所属の複数候補者間の選挙の村落のほうが、投票率が著しく低かった。以下参照、Stein Rokkan and Henry Valen, "The Mobilization of the Periphery: Data on Turnout, Party Membership and Candidate Recruitment in Norway," in Stein Rokkan, ed. *Approaches to the Study of Political Participation* (Bergen: The Chr. Michelsen Institute, 1962), pp. 111-58, esp. tables 2. 2. 1, and 2. 2. 2, pp. 144-45. Torstein Hjellum, "The Politicization of Local Government: Rates of Change, Conditioning Factors, Effects on Political Culture," *Scandinavian Political Studies* 2 (1968): 69-93, tables 1 and 2, pp. 73-74.

(9) 私は、*Regimes and Oppositions* (New Haven: Yale University Press, forthcoming 1971) の序論で、さらにこの点に関しくわしく論及している。

(10) 最初の統計分析では、投票参加や政党競争のような政治的変数は、国家の政策とほとんど関係がないことがわかった。最も強力な説明的要因は、たとえば、国民一人あたりの収入によって示されるような、社会経済的発達段階であった。――Thomas R. Dye, *Politics, Economics and the Public* (Chicago: Rand McNally, 1966), Richard E. Dawson and James A. Robinson, "Inter-party Competition, Economic Variables and Welfare Policies in the American States," *Journal of Politics* 25 (1963): 265-89. Ira Sharkansky, *The Politics of Taxing and Spending* (Indianapolis: Bobbs-Merrill, 1969), pp. 121-45 を参照。しかしながら、さらに

最近の分析では、政治的変数も影響力をもつことを示している。——Charles F. Cnudde and Donald J. McCrone, “Party Competition and Welfare Policies in the American States,” *American Political Science Review* 53 (September 1969): 858-66; Ira Sharkansky and Richard I. Hofferbert, “Dimensions of State Politics, Economics, and Public Policy,” ibid., pp. 867-78; Brian R. Fry and Richard F. Winters, “The Politics of Redistribution,” ibid., 54 (June 1970): 508-22.

(11)　これらに関して、おそらく信頼できるデータは決して手に入らないだろう。ロシアの物理学者、アンドレ・D・サハロフは、その有名な手紙の中で、スターリンの責任とされる死亡者数は、一五〇〇万人にのぼると、ロシアの知識人の多くが認めていることを指摘している。——*New York Times*, July 22, 1968, p. 15. 几帳面なほど詳細だが、敵意ある記述の中で、ロバート・コンケストは集団農場化は「飢餓または飢餓から生じた病気によって、約五五〇万の死者」を生み出し、一方「未だ拡大しつつある強制労働収容所では、今までにおよそ三〇〇万人が死んでいる」と推定している。コンケストは、「非常に念入りな推定」によると強制収容所に入れられた人数は、一九三三年から三五年には、「おおよそ五〇〇万の水準」に達し、一九三五年から三七年には、六〇〇万に達していると記している。そして「一九三八年には、収容所への追放者は約八〇〇万人という数字」を認めている。一九三六年から三八年の収容所内への追放者のうち「約三〇〇万人」は死亡したと彼は推定している。——*The Great Terror, Stalin's Purge of the Thirties* (New York: Macmillan, 1968), pp. 23-24, 333, 335-36.

（12） 一九六七年の五月から一二月まで、インドネシアでインタビューを行ったドナルド・ハインドレーは、「合計でおそらく二五万人が殺され、それと同数の人びとが監獄や急造された強制収容所に送られた」と述べている。しかしながら、脚注の中で、彼は、消息通の外人観測者たちは、死亡者は一〇〇万人にのぼると推定している、と述べている。――"Dilemmas of Consensus and Division: Indonesia's Search for a Political Format," *Government and Opposition* 4 (Winter 1969): 79.

（13） *New York Times*, June 22, 1970, p. 8.

（14） 南部の黒人は、一九〇〇年には、合衆国総人口の一〇・三%であったが、一九二〇年には、八・四%、一九五〇年には六・八%になった。――U.S. Bureau of the Census, *Historical Statistics of the United States, Colonial Times to 1957* (Washington, D.C.: Government Printing Office, 1961), pp. 7, 12.

（15） S.E. Finer, "The One-Party Regimes in Africa: Reconsiderations," *Government and Opposition* 2 (July–October 1967): 491–508.

第三章　歴史的展開

歴史過程は、われわれの中心テーマに、二つの側面で関連すると考えられる。つまり体制変化の径路または順序と、新しい体制の成立方式の二つの側面である。

ポリアーキーへの径路

歴史的展開の問題は意味があるか。(1) 特定の歴史的展開は、他の展開よりも政府と対立勢力との相互安全保障へと導く可能性が高く、それゆえポリアーキー体制への変化をより強く促すといえるだろうか。前章の表は、今われわれがかかわっている民主化の二つの次元を表わしているが、もちろんそこには、無数の径路が存在しうる。歴史はそのうちのいくつかを実現した。しかし、たとえ歴史と常識のみにもとづいて想像力を働かせたとしても、誰でもひとりでは扱い切れないほどの径路を発見したり、発明したりするだろう。できるだけエネルギーを節約して扱い易い範囲で理論化したいという控え目な考えから、焦点を絞らざるをえない。そこでまず、ポリアーキーへの三つの可能な径路についてのみを考察することとしたい。

Ⅰ　自由化が包括性に先行する場合

A　閉鎖的抑圧体制が、異議申立ての機会を増大して、競争的寡頭体制へ変化する。

B　次にこの競争的寡頭体制が包括性を拡大して、ポリアーキーへ変化する。

Ⅱ　包括性が自由化に先行する場合

A　閉鎖的抑圧体制が包括的となる。

B　包括的抑圧体制が、公的異議申立ての機会を増大して、ポリアーキーへ変化する。

Ⅲ　近道——閉鎖的抑圧体制が、普通選挙と公的異議申立ての権利を一挙に認めることによって、ポリアーキーへ急転する。

これら三つの径路は、図3－1で表わされる。第一の径路は、イギリスとスウェーデンがたどった径路にかなり近い(2)。第二は、おおよそ、帝国期からワイマール期までのドイツがたどった径路である。第三は、たとえば、一七八九年から一七九二年までのフランスがたどった径路である（しかし、投票と組織の自由にさまざまな制約があったから、正確にいえば、その到達点は、準ポリアーキーとみなしたほうがよいだろう(3)。

歴史的に古く、より安定したポリアーキー諸国の中で、最も一般的な歴史的展開は、おそらく、第一の径路であったろう。つまり競争政治が、参加の拡大に先行したのである(4)。その結果、競争政治のルールや慣習あるいは文化は、初め少数のエリートの間で

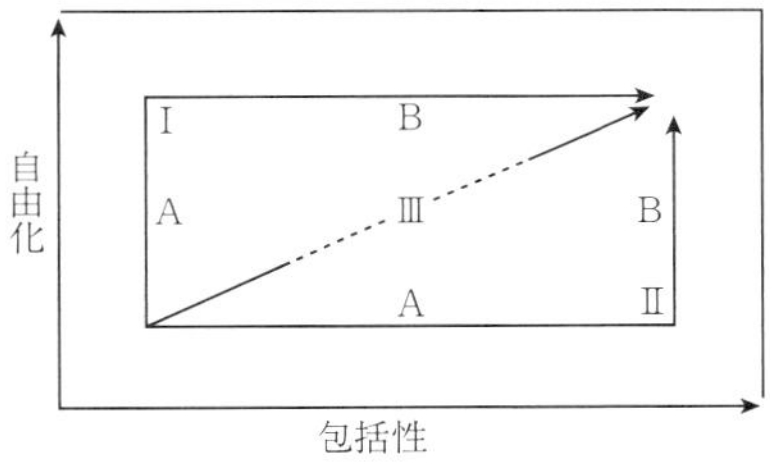

図 3-1　ポリアーキーへの径路

発達した。そして無党派の政治から、政党間の競争への重要な変化もまた、限られたグループの内部でまず生じた。この変化は、かならずしも容易なものではなく、政党対立もしばしば激しく、苦いものであった。けれども、この対立の厳しさは、当時の政治活動を支配していた限られた名望家層の友情、家族、利害関係、階級そしてイデオロギーなどの絆によって緩和されていた。後になって、新たな社会階層の政治参加が認められるが、そういう諸階層は、すでにエリートの間で発達していた競争政治の規範や慣習の中に、より容易に溶け込んでいった。そして一般に、これら諸階層は、数世代にわたって発達

をとげた政府と反対勢力の間の相互安全保障を、そのすべてとはいわないまでもほとんどを受け入れた。その結果、新たに参加した階層も、その階層に取って代られる脅威をいだいていた従来の統治者も、寛容のコストが、抑圧のコストよりも高くつくとは感じなかったのである。それはとりわけ抑圧が、十分に発達してきた相互安全保障の制度を破壊すると考えられたからである。

他の二つの径路は、同じ理由からより危険にみちている。そこでは相互安全保障の実行可能な体系に到達するのは、うまくいってもむずかしい問題である。というのは、参加する民衆の数や利害の多様性とその間の亀裂が増大すればするほど、安全保障体系に到達するという課題はますますむずかしいものとなり、長い時間を要するものとなるからである。寛容と相互安全保障は、さまざまに異なる目標、利害関係、政治思想をもった社会諸階層を代表する異質な指導者の大集合体よりも、同質の理念を分けもっている少数のエリートの中でのほうが、発達しやすい。この理由によって、第一の径路は、他の二つの径路よりも、抑圧体制からポリアーキーへの、安定した変化を生み出しやすいのである。第三の径路は、複雑な技術と理解を学習するための時間と、相互安全保障というこの上もなく精妙な体系に到達するための時間を、極端に短縮している。第二の径路は、少数の比較的同質的なエリートの間ではなく、社会諸階層と、政治思想をたとえ全部ではなくともほとんど反映する広範な代表者間で、相互安全保障の体系を創出することを必要としている。

この近道をたどって疑いもなく成功したといえる例は、ほとんどない(5)。なるほど、イタリア、ドイツ、日本では、抑圧体制は、第二次世界大戦の軍事的征服によって崩壊した。そして抑圧体制は、敗北後の占領時代に、包括的ポリアーキーに取って代られた。しかしこれらの事例は、非常に曖昧な例である。というのは、これら三国では、独裁政治が権力を掌握する以前に、すでに競争政治が成立していた。そして以前存在したこの競争政治の伝統は、部分的に、独裁制の崩壊後に再登場したのである。日本では、君主制の保存が、新しい競争政治に伝統的な正統性を与えるのに役立った。さらにこの三国では、その独裁制は、内部からではなく、圧倒的な軍事的敗北を通じて外部からの力によって倒されたのであった。たとえば、占領軍は、一時的にせよ、旧独裁制の指導者の公的活動を禁止し、数年の間重要な問題はすべて自分たちによって決定したのである。こうした理由によってこの新しい体制は、旧体制の指導者の反対運動によって生じる正統性についての重大な対立に悩まされることはなかった。にもかかわらず、これら三つの事例は、ある高度に例外的な条件下では、抑圧体制からポリアーキーに急激に変化した場合でも、かなり安定したポリアーキーの体制が成立しうるということを示している。しかしこれは、歴史的にまれな条件なのである。

第二の径路も危険にみちている。エリートの間で競争政治の技術が習得され、正統と認められる以前に選挙権が拡大された場合は、相互安全保障の体系の探求は、複雑かつ時間を浪費する作業になるだろう。変化の過程で衝突が生じた時、どちら側も、寛容にのぞむことが安全であるという確信がもてない。新しい政治ゲームのルールは不明瞭であり、競争政治の正統性は弱いので、抑圧のコストは過度に高く感じられないかもしれない。そこで対立者間に相互安全保障の体系が機能しないうちに、形成されつつあるがまだ不安定な競争政治の体制は、対立者の一方が支配する抑圧体制に代えられてしまう危険がある。

第一の径路は、三つの中で最も安全のようにみえるが、今後この径路がたどられる可能性は少ない。というのは、すでにみたように、現在抑圧体制をとっているほとんどの国が、すでに包括的だからである。今日、一〇%以上の男子市民に選挙権を認めていない国は、ほんの少数である。そして全く選挙権を拒絶している国は、せいぜい六カ国ほどの、伝統的君主制国家と独裁国家にすぎない。さらに選挙権は、縮小するよりも拡大しやすいものとみえる。歴史的にみて、この過程は、典型的に単線発展的である。いったん選挙権が与えられると、めったに回収されることはない。この点では、一七八九年から一八四八年までのフランスにおける、男子普通選挙権と制限選挙との間のゆれ動きは、異例といえる。そしてまだ国民に選挙権を与えていない現存の少数の体制も、おそらくは、第一の径路はたどらないであろう。というのは、もし包括性と自由化の要求によって、体制が脅威を受けたとしたら、指導者は、最も安上りな譲歩をしようとすることは明らかだからである。つまり選挙権を与えることによって、指導者にとってはほんのわずかなコストで、抑圧体制を〈民主主義〉の象徴と正統性で飾ることができるからである。

以上の論議は、以下の四つの命題に要約できる。

一、第一の径路は、他の径路よりも、公的異議申立てを許容する安定した体制に必要な、相互安全保障を生みだしやすい。

二、しかし第一の径路は、現在、抑圧体制にあるほとんどの国家にとって、もはや利用できない。

三、それゆえ、準抑圧体制は、普通選挙と大衆政治の下で、相互安全保障の体系を創出することがむずかしいので、その自由化に失敗する重大な危険がある。

四、しかし、自由化への歩みが、相互安全保障の実行可能な体系を求める、献身的で知的な努力とともになされるならば、この失敗の危険性は弱められうる。

競争体制の成立

競争体制がいかに成立するかということは重要な意味をもつだろうか。成立(inauguration)という言葉によって、私が意味するものは、ある体制を導入し、正統化するために、権力、影響、権威を適用することである。今の場合、ある体制とは競争体制を指す。この意味では、成立とは、概念的にいって、今まで考察の対象としてきたポリアーキーへの径路と、それが成立した後の体制維持との中間のどこかの変化の過程を強調したものである。径路と成立と維持との間の境界線は、不明瞭であるが、成立という概念は、(6)競争政治の発達の重要な要素に焦点をあてるのに役立つ。

成立過程が重要な意味をもつかどうかを判断する一つの方法は、過去にポリアーキーあるいは準ポリアーキーが成立した時のいくつかの重要な形態を考察することである。

その主要な形態は、

Ⅰ　すでに独立している国民国家では、

A　旧体制が発達過程をたどって変化する。多少とも平和的に変化の要求に従い、そしてポリアーキーまたは準ポリアーキーの成立に参加した旧来の統治者によって新体制が成立させられる。

B　旧体制が革命によって変化する――旧体制を転覆し、ポリアーキーまたは準ポリアーキーを確立しようとする革命的指導者によって新体制が成立させられる。

C　旧体制が軍事的に征服されて変化する――軍事的敗北の後、戦勝国の占領軍が、ポリアーキーまたは準ポリアーキーの成立を促す。

Ⅱ　これまで他国に従属している従属国において、

D　旧体制が発達過程をたどって変化する――新体制は、植民地民衆の間で発達し、その指導者たちが、民族独立運動や植民地権力との間に重大な衝突なしに、ポリアーキーまたは準ポリアーキーを成立させる。

E　旧体制が、植民地権力に対する〈革命〉の過程で、民族独立闘争の一環として、変化させられる――民族独立運動の最中あるいはその勝利の後に、ポリアーキー

表3-1　ポリアーキー成立過程

I　独立国民国家において
A. 発達過程によるもの イギリス ベルギー チリ コスタリカ デンマーク 日本(明治維新から1930年代まで) オランダ ノルウェー スウェーデン スイス ウルグアイ B. 旧体制の崩壊あるいは革命による排除 フランス(1789-92, 1848, 1870) ドイツ(1919) オーストリア，第一共和制(1918) スペイン(1931) C. 軍事的征服によるもの(すべて第二次大戦後) オーストリア，第二共和制 ドイツ連邦共和国 イタリア 日本
II　従属国において
D. 発達過程によるもの オーストラリア カナダ アイスランド ニュージーランド フィリピン E. 民族独立運動によるもの フィンランド インド アイルランド イスラエル アメリカ合衆国

または準ポリアーキーを導入する指導者たちによって新体制は成立させられる。

ポリアーキー成立のさまざまな例は、表3-1に示される。

表3-1を見ると、ポリアーキー成立には、画一的な過程というものはないことが分る。しかしながらまた、その表は、多様な選択の余地もないことを示している。圧倒的

に多くの安定した、高度のコンセンサスをもつポリアーキーは、第一の形態、すなわちすでに独立した国民国家内の平和的発達か、あるいは第四の従属国の中での平和的発達から成立しているようである。その理由はおそらく、広くゆきわたった正統性の感覚に支えられるポリアーキーは、平和的発達から生まれる可能性が最も高いからだろう。なぜなら、旧来の統治者が概して平和的に変化に譲歩しそれに参加するので、新体制は旧来の統治者の同意がえられ、そのことによって旧体制に付着していた正統性が、そのまま新体制へ移行するし、ポリアーキーにとってきわめて重要な平和的変化の過程が、正統性をうるからである。

第一の過程に比較して、第二の過程——旧体制の突然の崩壊、あるいは革命的転覆の後のポリアーキーの成立——は数が少ない。三つの最も著しい例、フランス革命、ワイマール・ドイツそしてスペイン革命では、革命や旧体制の崩壊の後にできた不安定な体制は、直ちに抑圧体制へ逆もどりしてしまった。この逆もどりは偶然だろうか。おそらくそうではあるまい。平和的な発達が起きえないあるいは起きないところで革命がおこる場合には、新体制はその正統性を争われやすい。旧体制の突然の崩壊は、新体制に、正統性という遺産を残さない。つまり新体制の革命的成立は、新体制自体に対して、逆に革命を行うことを正統化するのである。新体制にとって最も危険な時期は、初期の時代である。それは新体制の正統性はまだ疑問視され、旧体制への忠誠がまだ生きつづけている時期である。

第三の過程は、今までのところ最近出現した四カ国にすぎないが、驚くべきほど安定したポリアーキーを生みだしていることが証明されている。第二次世界大戦後に、連合国の支配下で誕生したポリアーキーの安定性についていくつかの可能な理由はすでに述べた。これらの事例は歴史的に希少な例であることも示唆した。

第五の過程は、アメリカ人にとって最もなじみ深い、そして少なくとも弁舌の上では最も共感する過程である。合衆国と同様、フィンランド、アイルランド、イスラエル、インドでは、独立運動を通じて、民族主義と代議制政府および政治的自由のイデオロギーとが結びついた。民主主義のイデオロギーは、このようにして民族主義のイデオロギーによって補強された。代議制民主主義を攻撃することは、民族を攻撃することであった。民族独立運動の成功は、同時に、旧体制の正統性の主張者をほとんど一掃してしまった。植民権力の代理者は、大概のところ、本国へもどるか、あるいは新国家から永久に逃亡してしまった。たとえば、トーリー党は、アメリカ革命の後、カナダへ向った。

アイルランドやアルスターにおけるように、新国家の中で少数派の不満分子を構成して留まった場合もある。

しかしながら、今後安定したポリアーキーは、第五の過程を通じては成立しそうもない。というのは、一つには、国家意識の薄弱な多くの新国家では、独立闘争の最中には民主主義を目標として宣言した指導者たちも、弱体の新国家の指導者となったときに、反対勢力の組織化は、国家統合にとって脅威であるとみなしがちだからである。それゆえ新国家では、民族主義は反対意見や批判に対する寛容を促すよりも、むしろ非寛容と抑圧をたやすく正統化するための言い訳となる(7)(合衆国でも、その全歴史を通じて、国家の独立と忠誠心についての危惧から、反対意見を抑圧しようとするさまざまな試みが生まれ、それは時には成功したということは、留意しておいてよい。民族主義や忠誠心と、反対意見への恐怖との関連は、反対意見に対する敵意を、むきだしに表わしている「合衆国下院非米活動委員会」という、公的機関の本来の名称によって見事に象徴されている)。

第五の形態に関しさらに大きな制限と思われることは、世界の発展がそれを時代遅れにしてしまったことである。植民地帝国の消失にともなって、現在の世界は、ほとんど、名目上は独立国家から成っている。それゆえ民族独立運動が競争体制を成立させる機会はなくなってしまったといえる。

実際には径路の選択は、さらに狭められているように思われる。植民国家の消失はまた、第四の成立の機会も減少させた。もし第三の径路——軍事的征服を通じて——ももはやありそうにないとしたら、最もありそうな径路は、最初の二つとならざるをえない。つまり現存する抑圧体制の中では、より競争的体系は、発達か革命によって成立するだろう。革命的過程は、失敗の危険性が高いからといって、試みられないとはかぎらない。しかし革命後の新体制は、おそらく正統性に関する深刻な対立の重荷を負うことになるだろう。それゆえ、当初から抑圧体制へ逆もどりしてしまう公算が大きい。

したがって、過去においても将来においても、安定したポリアーキーまたは準ポリアーキーは、現存する抑圧体制の革命的転覆によるよりも、むしろ緩やかな発達過程から成立する可能性のほうが高い(8)。

もしこの解釈が、不当に限定していると思われるなら、あらゆる種類の反対に高い寛容性を示している現存するポリアーキーでは、その変化の過程が極端に遅かったことを、思いおこしてみればよい。イギリスでは、一七世紀末〈組織された〉反対は未だ違法であり、非正統的であった。一世紀後にいくらか組織された、議会における陛下の政府への〈忠実なる〉反対という観念が、かなりの合法性を獲得した。(9) イギリスが、今日のように、広範囲の選挙民の支持を求めて争う、高度に組織された競争政党の体系を発達させるためには、さらに一世紀の経過が必要であった。他の国、たとえばフランスのような国では、この緩やかな過程を革命によって短縮する試みは、ときに新体制に対する持続的な反対党を生みだすこととなった。一九六八年にソ連が、ボルシェヴィキ革命の五〇周年を祝ったことを思いおこしてみればよい。スターリニストの時代の極端な抑圧体制は替えられたが、それはいぜんとして準ポリアーキーにも変化していない。そしてソ連における準ポリアーキーの成立は、楽観的な観察者によってでさえ、さらに一世代以上はかかると見られている。

二〇世紀にポリアーキーと一党抑圧体制がともに発達したということは、発展にせよ革命にせよ、現存するモデルと全く無関係には起りえないということを意味している。しかし、こうしたモデルは、一八世紀には全く知られていなかったし、理解されることもなかったであろう。忠実な反対とか、二大政党制とか、一党独裁というものが、現在、模倣すべきモデルがないかのごとく再発明される必要はない。いかなる国も、高度に自由な体制に必要な基本的制度について、明確な認識なしに手探りで数世紀の経験をつむ必要はない。つまり政党間の競争も、強制なしの選挙も、単なる目標でなく、歴史的事実なのである。同じように、準ポリアーキーが崩壊した時に反民主主義的指導者が一党独裁体制の公式を模索する必要もない。

体制成立過程に、モデルの存在が与える効果は明瞭ではない。ポリアーキーへの発展過程は、今後は、イギリスやスウェーデンその他が必要としたように、数世紀をかける必要はないし、またそうすることもできない。最も全体主義的な統合的抑圧体制から、あらゆる種類の反対に異常なほど寛容な包括的ポリアーキーにいたるまで、根本的に異なるさまざまな体制の〈検証ずみ〉のモデルが、現代では入手できる。こうした再発明の必要のない〈検証ずみ〉のモデルが手に入ることによって、急速な体制変化は起りやすくなる。時には非常に短期間に、一方の極から、他方の極へ変動することさえ可能になる。たとえば一九一九年から一九五〇年にかけてのイタリア、ドイツ、日本の例をみよ。

この章の議論は、次のような命題群に要約できよう。

一、ポリアーキーに最も有利な成立過程は、以前は正統的だった抑圧体制の形態や構造を、競争政治に都合のよい形態や構造に変換し、それによって新体制の正統性についての永続的分裂や広範な疑惑を生みださないことである。

二、こうした結果に最も導きやすい成立過程は、独立国内の、また民族独立運動なしに独立を許された準独立国内での、平和的発達である。

三、ポリアーキーにとって、最も不利な成立過程は、競争政治の正統性に反対する、大量の市民を残す成立過程である。

四、このような結果は、ポリアーキーが、内乱や革命によって成立した場合に多い。そのような場合には、旧体制の正統性を支持し、新体制の正統性を否定する人びとが多数存在する。にもかかわらず、そういう人びとが敗北したまま新体制内に組み込まれるのである。

五、植民地帝国の衰退、さらに第二次世界大戦終了時、連合国が敗戦国にポリアーキーを導入したような環境が再来しそうもないことの結果、将来におけるポリアーキーの主要な成立形態は、独立した国民国家内での発展か、革命にしぼられる。

六、ポリアーキーあるいは一党独裁体制の現実に機能しているモデルが存在することによって、おそらく体制成立過程は影響を受けるであろうが、その効果は明瞭ではない。最小限いえることは、モデルの存在は、多分、体制をどちらの方向にせよ、急速に変化させうるという期待を高めるということである。

七、競争政治が機能した経験の遺産を、近い過去にもっていない国においては、抑圧体制からポリアーキーへの変化は、世代の尺度で計測されるように緩やかな過程にとどまるだろう。

八、もしその成立過程において、相互安全保障の国内的体系の探求が伴うならば、その過程を短縮し安定した変化への見込みを増大することができる。

第三章 注

（1） これはまた、Barrington Moore, Jr. *Social Origins of Dictatorship and Democracy: Lord and Peasant in the Making of the Modern World*(Boston: Beacon Press, 1966.『独裁と民主政治の社会的起源』宮崎隆次・高橋直樹・森山茂徳訳、岩波書店、一九八六年)の主題でもある。しかしながら、副題が示しているように、ムーアは、別の変数と、より長期の歴史過程に関心をもっている。さらに彼は、小国の経験を無視する方向を選んでいるので、説得的とは思えない(xiii頁)。

（2） これらの径路は勿論、図が示しているほど図式的ではない。たとえば、一八三二年の選挙法改正の選挙への影響がでる以前は、多くの選挙区で、名望家たちによってたてられた候補者が、無競争で当選した。「一〇〇〇人以上の投票者のいる二二の町のうち、一七六一年には、一一の町が投票に持ち込んだ。五〇〇から一〇〇〇の投票者のいる二二の町のうちでは、一二の町が投票できめている。残りの二〇一のイギリスの選挙区のうち、たった一八の選挙区が投票できめているにすぎない。つまり大きな選挙区では半数強が、それ以外の選挙区では、約一〇分の一の選挙区が投票で争っている」。Sir Lewis Namier, *The Structure of Politics at the Accession of George III* (London: MacMillan, 1961), p. 83 による。一八三〇年になっても地方での選挙は未だほとんど投票で争われていない。たとえば、「イングランドとウェールズの四〇州のうち、一八三〇年には、一八二〇年と同数のたった九州が投票を争った。一八三一年には、一八二六年より一州多いだけの一一州であった。ほとんどの州で、競争選挙の費用の支出をさけるために、またその州内の平和を乱さないようにするため、大土地所有者たちはしばしば、相互の合意の下に候補者を指名した」。Sir Ivor Jennings, *Party Politics* (Cambridge: Cambridge University Press, 1961), p. 81 による。改正法の下で初めて選挙が行われた一八三三年においてさえ、選挙区の三分の一以上が投票を争っていなかった(同書八四頁)。

（3）　一七八九年の選挙法の下では、成年男子の約六〇%が選挙権をもっていた。間接選挙制度の下で、これら〈市民活動家たち〉(active citizens)は、代議士を選出するための代表を選んだ。その数字には疑問の余地があるがこの代表になる資格があったのは、おそらく、成年男子の四五%以下だった。R. R. Palmer, *The Age of the Democratic Revolution: The Challenge* (Princeton: Princeton University Press, 1959), appendix V, pp. 522ff., and Peter Campbell, *French Electoral Systems and Elections, 1789–1957* (London: Faber and Faber, 1958), pp. 50–57 による。一七九二年の選挙法は、成年男子選挙を導入し議会(convention)を選出した。しかしいぜんとして間接選挙であった。一七九三年の憲法によって、成年男子普通選挙が成立した。しかしその憲法は実施されなかった。「この期間のすべての選挙で、大多数の選挙民は投票しなかった。一七九二年には、七〇〇万人の選挙民のうち、たった七〇万人しか投票しなかった。引続く憲法に関する国民投票では、選挙民の三分の一あるいは六分の五が棄権した。この共和国の下では、腐敗、不正手段、脅迫、暴力が、あらゆる党派の候補者とその支持者によって使われた。たとえば、異なる意見をもった選挙民は、投票を阻止された。またその可能性のある市民は、選挙権を剥奪された」、Campbell, p. 57. さらに、ル・シャプリエ法は、労働者の経済的組織を禁じた(そして実際にはそうではなかったが、原則として、企業家、商人の組織も禁じた)。Val R. Lorwin, *The French Labor Movement* (Cambridge: Harvard University Press, 1954), p. 4.

(4) この要約的説明は、たとえば、政党制度のような現代ヨーロッパの諸制度の違いを説明するには重要であろう差異を、明らかに無視している。私の気付いた中では、ヨーロッパ諸国の、さまざまな歴史的な径路が政治に及ぼした効果についての最も広範な分析は、スタイン・ロッカンの著作にみられる。Stein Rokkan, "The Comparative Study of Political Participation," in A. Ranney, ed., *Essays on the Behavioral Study of Politics* (Urbana: University of Illinois Press, 1962), pp. 45–90; "Mass Suffrage, Secret Voting, and Political Participation," *Arch. Eur. Sociol.* 2 (1961): 132–52; "Cleavage Structures, Party Systems, and Voter Alignments" (with S. M. Lipset), in Stein Rokkan and Seymour Martin Lipset, eds., *Party Systems and Voter Alignments* (New York: The Free Press, 1967), pp. 1–64; and "The Structuring of Mass Politics in the Smaller European Democracies: A Developmental Typology" (Paper presented to the International Political Science Association, Brussels, September 1967).

（5）　熟知しているといえないので、確実な評価を下すことはできないが、デンマークの例はいく分異例だと思われる。一六六五年の体制の下では、王権は絶対であり、これにつづく二世紀の間、デンマークは、高度に中央集権的な君主の統轄下にあった。フランスの一八三〇年の七月革命に促されて、デンマーク王は、諮問の目的から、四つの地方議会を設立した。同じフランスの一八四八年革命に刺激されて、王制は、デンマーク議会(Rigsdag)に立法権を委任する憲法を制定した。選挙権は、三〇歳以上のすべての男子に与えられた。ただし、召使や農業補助労働者など自身の家庭を持たず、救貧者保護を受けている者、あるいは受けたことのある者は除かれた。この意味で、デンマークは確かに近道をとったといえる。しかしながら、下院への投票は、挙手による公開投票であり、上院への投票は、間接的だった。そして一八六六年の憲法下では、土地所有者と多額納税者は、上院において優越的な勢力を保障されていた。さらに、国王は、彼の大臣たちが議会に対して責任をもつことを拒絶し超然主義をとった。しかし一九〇一年の後には、事実上議会に対し責任を負うようになり、一九一五年後には、法的にも責任を負うようになった。一九一五年の憲法では、二九歳以上の男女の普通選挙が確立し、そして上院に対する特権的選挙権は廃止された。このようにしてデンマークは、一八四九年、広範囲の選挙権と、公的異議申立ての機会の拡大へと近道をとった。しかし表1－1で挙げているような八つの制度的保障への最後の変化は、半世紀おくれた。デンマークの政治的経験は、ほとんど体系的に分析されたことがないので、この節では議論とどのような関係があるのか、明らかとはいえない。

(6) 競争体制とその成立の仕方との関連性については、同僚のファン・リンス教授の指摘に負っている。

(7) Edward Shils, "Opposition in the New States of Asia and Africa," and Hans Daalder, "Government and Opposition in the New States," *Government and Opposition* 1 (January 1966): 175-226.

(8) ムーアが、民主主義への道の一段階として、暴力革命の決定的重要性を強調していることは、とりわけそれが成立過程に適用される場合には、誤りであると信ずる。ムーアは、イギリスの内乱とフランス革命と、そして非常に疑わしい例ではあるが、アメリカの南北戦争を強調している。*Social Origins of Dictatorship and Democracy*, passim. 小国の経験は、どういうわけか、関係がないとする彼の信念により、彼のこういう主張は弱められていると思う。問題は、何と関係がないのかである。

(9) Archibald Foord, *His Majesty's Opposition* (Oxford: Oxford University Press, 1964).

第四章　社会経済秩序――集中か分散か

社会経済秩序は、どのような相違をもたらすだろうか。特定の社会経済秩序の下では、他の場合よりも、抑圧体制から競争体制へ変化する可能性が高いだろうか。ポリアーキーを維持できる見込みは、社会経済秩序にどの程度依存しているだろうか。

仮説

私は第一章で、多少自明と思われる公理を紹介した。その公理で、政府は、その反対勢力に対し、抑圧の期待コストが増大し、寛容の期待コストが減少すると思われる場合には、寛容になる可能性がより高いと述べた。ところで寛容と抑圧に要するコストは、政府とその反対勢力が利用できる相対的な資源の量に依存しているのであるから、次のことが明らかとなる。

公理四　抑圧のために政府が入手できる資源が、その反対勢力の資源に比較して減少するにしたがって、政府が寛容になる可能性は高くなる。

政府がその反対勢力を抑圧するために、利用する資源のうち重要なものは、大きく二つの型に分れる——一つは、強制、説得、誘導に要する暴力手段で、典型的には、軍隊や警察によって行使される。もう一つは、強制、説得、誘導のために要する非暴力手段で、主に、経済資源やコミュニケーション手段や教育制度や政治的社会化についての支配という形をとる。それをここで社会経済的制裁手段とよぶことにしよう。それゆえ、

公理五　反対勢力を抑圧するための暴力や社会経済的制裁手段を政府が使用する能力が低下するにしたがって、政府がその反対勢力に対し寛容になる可能性は高くなる。

政府が、その反対勢力に対し暴力および社会経済的制裁手段を使用する能力を低下させる二つの非常に一般的状況がある。まず第一に、これらの要因が、時として政治資源として利用不可能になってしまうことである。この可能性は、とくに軍隊や警察が、政府の批判者に対して行使する暴力と関連する。というのは、そうした軍隊や警察力が、事実上は非常に小さい場合があるからである。あるいは、結果はそれとほぼ同じことになるのだが、軍隊や警察が完全に非政治化され、したがって政治指導者が、もはや国内

の政治目的に使用できなくなることがある。第二に、これら（あるいは他の）政治資源が非常に広範囲に分散してしまって、政府を含むどのような単一グループ（あるいは政府内の指導者のどの単一グループ）も、それらの政治資源を独占的に使用できなくなる場合である。

一八世紀には、イギリスの〈職業的〉軍隊および警察は、海軍を除いて、各州に分散し地方の郷士階級の支配に服していたばかりでなく、事実上、ほとんど存在していないに等しかったのである。イギリスで最も大きな組織された暴力手段は海軍であった。この海軍に対し、政府は独占的な支配権を有していたが、それは国内向けの強制には効果的手段ではなかった。合衆国は、常備軍や国家警察をもたず、市民の間に広く武器を分散させたままで、ポリアーキーを発展させた。たとえアメリカ地方社会の警察が時には政治に巻き込まれたとしても、警察への支配権は、アメリカ中の無数の地方政府の間に分散されていた。スイスでは、国民皆兵制度によって国の防衛をまかなっているので、職業的常備軍は極少となった。

今日のほとんどの国家がそうであるように、軍隊が比較的大きく、中央集権化され、階統的組織となっている場合には、文民支配を許すほど十分に軍隊が非政治化されていないとしたら、ポリアーキーは勿論不可能である。なぜ、高度に組織化された軍隊が、ある国では政治に介入し、他の国ではしないのかという問題は、厖大な研究と論争と当惑にみちた主題である。その重要な中間要因は、明らかに信念である。しかしなぜ、政治的中立とか、立憲主義とか、文民権威に服するというような信念が、ある特定の国家の軍隊の間でのみ発達し維持されるか(そういう国のすべてが、必ずしもポリアーキーとは限らない)という問題は厖大な範囲にわたる問題を伴ってくるので、重要ではあるが、ここでは検討しない。ここで主張されていることは、単純かつ明瞭である。つまり今日、ポリアーキーの可能性は、市民の間ばかりではなくあらゆる階級の軍人の間の、ある信念の力に直接に依存しているということである。このようなわけで、軍隊が伝統的に政治的領域へ介入することを嫌ったチリでは、ポリアーキーが可能になった。一方、隣国のアルゼンチンでは、軍の指導者が選挙結果をアルゼンチンにとって悪い兆候であるとみなす時は、いつでも無効にする権利と義務があるという信念を抱いている限り、ポリアーキーは不可能なのである。

政府が暴力と社会経済的制裁手段を独占的に支配し、その反対勢力を抑圧するために、これらの政治資源を自由に用いることができる場合には、競争政治の可能性は、事実上存在しないことは明らかだ。しかしこれらの重要な資源を政府が独占していないからといって、必然的に競争政治に向うというわけではない。というのは、特定の状況の下では、このような重要な政治資源が欠如しているため、弱く不安定な競争政治しか生み出せない場合があるからである。表の4－1がこの点を明らかにしている。

暴力や社会経済的制裁手段への接近が分散している時、あるいは反対勢力にも政府に対しても閉ざされている時が、競争政治にとって最も有利な状況である(1)。暴力や社会経済的制裁手段を、もっぱら政府だけが使用でき、反対勢力に対しては閉ざされている時が、最も不利な状況である。しかしもうひとつの場合、すなわちこれら重要な資源が、政府の反対勢力に独占されている時はどうか。この純粋な事例はほとんど存在しないだろう。なぜなら、こうした条件の下では、政府は〈政府〉としての定義的な性格を欠くことになるからである。しかしながら、そのような状況は、一時的には存在することもあろう。たとえば経済的資源が、少数の国内あるいは外国の資本家や経営によって独占されている場合、あるいは、軍隊が特定の社会階層やイデオロギーの防衛に政治的にふみきっている場合である。このような状況に直面した時、政府は弱く不安定にならざるをえない。というのは、政府の行動が、反対勢力にとって気にいらない場合、反対勢力

表4-1　暴力と社会経済的制裁への比較接近度

		政府が利用可能か	
		可	不可
反対勢力が利用可能か	可	分散	反対勢力が独占：政府の接近は拒否されている
	不可	政府が独占：反対勢力の接近は拒否されている	中立化：両者の接近がともに拒否されている

表4-2　暴力と社会経済的制裁の配分

		暴力への接近が	
		分散あるいは中立化している	独占化されている
社会経済的制裁手段への接近が	分散あるいは中立化している	A	B
	独占化されている	C	D

は容易に政府を転覆することができるからである。

多くのラテン・アメリカ諸国は今私が頭にえがいているような状況にほぼ近い。それは、社会経済的制裁手段が独占されているというよりも、むしろ軍の伝統的介入があるからである。軍隊がある特定の利益あるいは国家利益と彼らが考えるものを防衛して、政治活動に介入するところでは、軍に気に入らない政策をとる政府はいずれも、たとえばアルゼンチンのように、短命に終る可能性がある。

しかしながら、暴力や社会経済的

制裁手段は常に同じように配分されていると結論するのは誤りである。表4－2をみて考えてほしい。

明らかに、競争政治にとって有利な状態は、Aである。このAを、私は多元的社会秩序とよぶ。抑圧体制にとって最も有利な状態がDであることは、これも同様に明らかである。このDを、私は中央支配的社会秩序とよぶことにする。他の二つの状態は、A、D、よりも不明瞭である。両者とも、多元的社会秩序よりも、競争政治にとっては不利である。しかし、両者とも、抑圧体制にとっては、中央支配的社会秩序よりも不利である。現在のスペイン、ポルトガル、アルゼンチンは、ほぼBに近い。このBは、抑圧的暴力を備えた、準多元的社会秩序とよんでいいだろう。残りの可能性のCは、抑圧的暴力をもたない、準中央支配的社会秩序とよんでいいだろう。しかし、この状態はほとんど起りえないように思う。というのは、おそらくそのような大きな資源を独占している統治エリートが、主要な暴力手段を分散させておいたり、政治的に中立のままにしておくような誘因はないだろうからである。またおそらくそれを阻止するだけの資源(たとえば法的権威、昇進、給料、富)などを十分にもっているだろうからである。

農業社会

今日、世界の非常に多くの国では、今だに農業が支配的であるか、あるいは工業段階にようやく入りかけているかであるから、農業社会がどういう傾向をもつかは、純歴史的興味以上の問題である。歴史的には、農業社会は、もちろん多くの変種はあるが、およそ二種類の極限型に整理されるように思われる。最も一般的な類型は、伝統的農夫社会とよべるもので、不平等、階統制、抑圧政治体制の傾向が強い[2]。

もう一つの類型は、自由農民社会とよぶつもりであるが、前者よりかなり平等で、民主的である。農業社会を論議するに際して、自由農民社会はしばしば無視されているが、それには多くの重要な歴史的実例があるので、無視することはできない。主要な例をあげれば、スイス、合衆国[3]、カナダ、ニュージーランド、ノルウェーがそうである[4]。

伝統的農夫社会あるいは自由農民社会がどうして成立したかを解く試みは、大きな魅力ある仕事となろう。そういう野心的理論家にとっては、明らかに、トクヴィルがその出発点である。しかしながら、それは、この論文の範囲を越えているので、私は、要約的説明にとどめたい。

三つの潜在的な条件がここでとりわけ関連があると思われる。それはまた、われわれの叙述に、いくらかのダイナミックスを与えるのに役立つだろう。信念ということの独立した効果を無視して、合衆国の政治的発達を(たとえば南米諸国と比較して)説明することはむずかしいと、初めて指摘したのはおそらくトクヴィルであろう。信念の中には、もちろん〈平等〉への信念が、当然ふくまれる。(5) そして土地配分の平等性の度合は、トクヴィルもあげているように、第二の説明的要因とみなしてよい。農業社会では、土地の所有と、土地からの生産物に対する権利は、身分、収入、富の主要な源泉であるから、土地の不平等は、政治資源の配分における不平等と等しい。別ないい方をすれば、農業社会では、不平等は蓄積的であって、分散されていないのである。そして、一七世紀のイギリスの哲学者、ハリントンが主張したように、権力は土地所有と深い関係にある。第三の要因は、トクヴィルはあまり注意をはらわなかったが、軍事技術の状態、すなわち強制力を使う個人の能力に関係する技術の意味である。ある時代には、少数者の間で、強制手段の独占を可能にすることによって、軍事技術は不平等を強化する。たとえばよく知られている例では、高価な装備をして馬に乗った騎士の例がある。そういう騎士に対しては、装備のないあるいは軽装備の中世農夫は、ほとんど無力であった。他の例をあげれば、当初、馬とマスケット銃を独占していたことによって、スペインの征服者はメキシコやペルーの高度のインディアン文明を征服し、服従させることができた。また他の時代では、軍事技術は、民衆の間に広範に効果的な強制手段を分散させることによって、平等を強化している。たとえば、一八、九世紀のアメリカにおける、比較的安価で性能のよいマスケット銃やライフルがそうである。

伝統的農夫社会では、これら三つの要因がすべて、同じ方向へ働いている。地位、富、収入、強制手段などの蓄積的不平等は政治資源の著しい不平等を意味し、それは、広くゆきわたっている信念によって、さらに強化される。優越した政治資源をもった少数グループ(しばしば単一の支配者を頂点にもつ)は、抑圧的政治体系を発達させ維持する。その体系によって、また社会秩序は強制的に維持され、当初の不平等はいっそう強化される。無限に増加する不平等のとめどもない悪循環は、農夫たちの大衆的飢餓、受動的抵抗、散発的一揆、農産物の生産低下や、人心の離反によって外国の侵略を受けやすくなることなどの危険によって、ようやく限界に達する。しかし人口の大部分の生活は、苦難、搾取、他者依存、抑圧された不満そして無知にとりかこまれたものであり、(6)他方、ほんのひとにぎりの人びとの生活は、異常なほどの力と富と社会的尊敬にみちたものだった。(7)

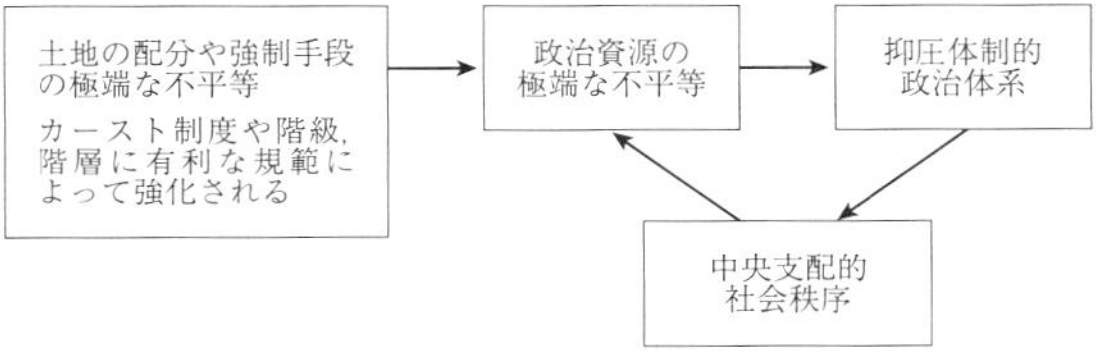

図 4-1　伝統的農夫社会の力学

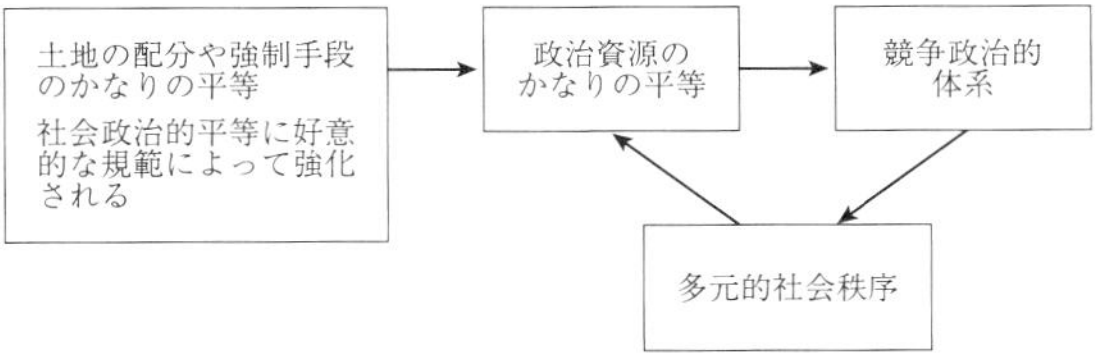

図 4-2　自由農民社会の力学

こういう伝統的農夫社会の力学は、おおよそ図4－1で表わされよう。

これに比較して、自由農民社会では、土地は完全な平等にははるかに及ばないが、より平等に配分されている。もし、たとえばトクヴィルが合衆国について主張したように、社会の規範(信念)が民主的で平等ならば、それは政治資源の平等という現実と相互に強化しあう。最後に、多くの事例において、平等(あるいは不平等の範囲を狭めること)へ向うこの二つの傾向は、軍事技術の特定の局面によって強化される。合衆国では、マスケット銃が、後にはライフル銃が、一世紀にわたって、強制手段にある程度の平等を与えるのに役立った。スイスでは山岳、ノルウェーとニュージーランドでは、山岳とフィヨルド、チリでは、大陸的広さと厖大な長さによって、人口の一階層が、暴力手段を独占する見込みが少なくなった。(8) これらの要因が、自由農民社会の中で、相互に作用する仕方は、図4－2で表わされる。

商業的および工業的社会

歴史的に、商業的かつ工業的社会は、農業社会よりも、競争政治を快く受け入れてきた。古典的な自由主義理論は、多元的社会秩序と私的所有にもとづく競争経済との間の関連性を論証することで、これを説明しようとした。すなわち競争政治は競争経済を必要とする。実際、古典的自由主義学説は、次のような図式が成り立つと説いた。

競争政治⟹多元的社会秩序⟹競争経済⟹私的所有(9)

なぜなら、あたかも反対勢力に対する寛容と、競争的代議制政府の存在が多元的社会秩序を必要とするのと同じように、後者は、競争的資本主義経済を必要とするからである。同時に、社会主義経済が存続するためには――社会主義は、資本主義に代る唯一の現代的体制と考えられていた――中央権力が社会的、経済的、物理的制裁手段を一手に集中する完全な中央集権的社会秩序が必要であろうと自由主義理論は主張した。そして明らかにそのような社会秩序は、抑圧体制を必要(そして可能)とするだろうと。そこでもうひとつの対になる図式は次のようになる。

社会主義経済 ⟹ 中央支配的社会秩序 ⟹ 抑圧体制

かように、古典的自由主義は、競争的資本主義のみを、競争政治すなわちポリアーキーの前提としたのであった。もし競争的資本主義経済を選択しないならば、論理的に、競争政治とそれに伴う自由を選びとることはできない。もし社会主義経済を選択するなら論理的に、政治的自由を圧殺する抑圧体制を選択することになる。ボルシェヴィキ革命後のソ連は、これら二つの図式の証拠として引用することができる。そこでは、高度の抑圧体制的政治体系が、中央支配的社会秩序を維持したからである。そしてその鍵になる要因は、完全に中央集権化した社会主義経済であると。

しかしこういう分析は一見説得的であるが、この図式の正しさを論証してはいない。そして他の歴史的展開の例が、この図式の誤りを明らかにしている。

アダム・スミスのような古典的自由主義経済学者は、重商主義の歴史から私的所有が必ずしも、経済競争のための〈十分〉条件ではないことを知っていた。最初の図式は、それが〈必要〉条件であるとしているにすぎない。さらに、イタリア、ドイツ、日本、スペインその他の国における無数の独裁政治の経験は、私的所有が、競争経済、あるいは公的異議申立てを許容する政治秩序ましてやポリアーキーの保障たりえないことを示した。イタリア、ドイツ、日本のような極端な例は、ある種の私的所有は[10]、中央支配的社会秩序とさえ共存しうることを立証した。この図式が十分条件ではなく必要条件について述べているとするなら、これらの歴史的展開もこの図式を否定することにはならない。しかしさらに別の歴史的展開が、現実にこの図式が誤りであることを証明する。その一つの例は、混合経済（厳密にいって競争的資本主義ではない）の国で、包括的ポリアーキーが維持されていることである。混合経済は、厖大な種類の技術と管理を駆使して運営され、それとともに多元的社会秩序を維持し、強化すらしている。この原型として、たとえばスウェーデンが考えられる。スウェーデンでは一九五九年の政府財政支出と、社会保障としての公企業支出の合計は、国民総生産の五三％に達している[11]。しかし、実際のところ、ポリアーキー的体制にあるすべての工業諸国は、純粋な競争的資本主義から、混合的体系に変わっている。そしてその過程の中で、多元的社会秩序を何とか維持してきたのである。

古典的自由主義の図式が誤っているのは、競争的資本主義に代わる形態はどれも、必然的に中央集権的経済を必要とすると仮定した点にある。ところが実際には、私的企業間の競争のみが、経済を分散させる唯一の方法ではなかったのである。事実近年になって、東ヨーロッパのいくつかの共産主義体制の国が、中央集権から分権化の方向へ進んできている。とりわけユーゴスラヴィアは、経済組織に関する管理を、分権化する方向へ最も進んでいる。もし分権化した社会主義経済が、それなりに成功裡に主要な経済問題を処理できることが証明されれば、社会主義が高度に多元的な社会秩序、つまり競争政治を生み出し、維持することはできないとする、本質的理由はなくなる。

正確な図式は、要約すれば次のようになると思われる。

競争政治⟹多元的社会秩序⟹分散化経済

高度に中央集権的経済⟹中央支配的社会秩序⟹抑圧体制

この章の議論は、以下のように要約できる。

一、競争政治としてポリアーキーは、多元的社会秩序がなければ、維持しえない。中央支配的秩序は、競争体制(それゆえポリアーキー)よりも、抑圧体制にとって有利である。

二、競争体制は、軍と警察が政治に介入する習慣のあるところでは、たとえ社会秩序が、他の点では多元的で中央支配的でなくとも、維持することはできない。

三、農業社会は、二つの極限類型に分れる。すなわち、抑圧的政治体制と特徴的に連係している伝統的農夫社会。競争体制と包括的ポリアーキーの発展と連係する自由農民社会である。ある農業社会がどの方向をとるかを決定する主な要因は、平等についての規範、土地の配分、軍事技術の種類である。

四、私的所有は、多元的社会秩序の、それゆえ公的異議申立てとポリアーキーのための、必要条件でも十分条件でもない。

五、多元的な社会秩序、つまり公的異議申立てとポリアーキーは、その所有の形態が何であれ、分権的経済の国で存立しうる。

六、しかし公的異議申立て、つまりポリアーキーは、その所有の形態が何であれ、経済が高度に中央集権化している国では存立しそうにない。

第四章　注

（1）この点での理論と説明を単純化するため、〈政府〉とその〈反対勢力〉をそれぞれ、単一の統一した行為者として扱う。これは明らかにまれな例である。

(2) Gerhard Lenski, *Power and Privilege* (New York: McGraw-Hill, 1966), chaps. 8 and 9; Kaare Svalastoga, *Social Differentiation* (New York: David McKay, 1965), chap. 3.

(3) 合衆国における自由主義的民主主義の発達の説明として、ルイス・ハーツは、封建制の欠如を強調している。Louis Hartz, *The Liberal Tradition in America* (New York: Harcourt Brace, 1955.『アメリカ自由主義の伝統』有賀貞訳、講談社学術文庫、一九九四年).

(4) 他にもこれに関連する例はある。より大きな限定が必要だろうが、たとえば、オーストラリア、チリ(一九世紀および二〇世紀初期)、アイルランド(二〇世紀)、そして奴隷の存在をあらかじめ無視するならば、紀元前五世紀と六世紀のアテネ。歴史的には、スウェーデンは、おそらくこの両極限類型の境界線にあった。ラテン・アメリカの中では、コスタリカが最もこれに近い。

(5) 比較分析に対する卓越した能力を示しているこの彼の指摘は、*Democracy in America* (New York: Vintage Books, 1955), vol. 1, chap. 17, "Principal Causes Which Tend to Maintain the Democratic Republic in the United States," pp. 298ff. にみられる。ラテン・アメリカへの言及は、三三一頁にある。そこで彼は、彼の知的実験のための、〈一種の対照規準〉として、ラテン・アメリカを用いている。

(6) Mehmet Beqiraj, *Peasantry in Revolution* (Ithaca, N.Y.: Center for International Studies,

Cornell University, 1966), passim.

(7) 「最近の研究によれば、たとえば一九世紀中国において、支配階級を構成していた紳士や進士は、その世紀の前半には、全人口の約一・三%、後半には、一・九%であった。一九世紀中葉のロシアでは、貴族は、全人口の一・二五%を構成していた。フランスでは、革命前夜には、あらゆる階層の貴族は、当時、多くの富裕な商人が貴族に流入したにもかかわらず、〇・六%にすぎなかった。ローマ帝国の最後の時代には、支配階級は、ローマ市人口の約一%と推計される。最後に一七世紀イギリスでは、貴族、従男爵、騎士、そして郷士あわせて、全人口のおよそ一%であった」。Lenski, *Power and Privilege*, p. 219.

(8) 暴力的強制の行使に関して、法、秩序および個人的暴力に対する信念と規範の与える影響力を過小評価すべきではない。北アメリカの二つの英語国のうち、カナダは、伝統的に、より法遵守的であり、非暴力的である。たとえば、Seymour Martin Lipset, *Revolution and Counterrevolution* (New York: Basic Books, 1968), pp. 37-39をみよ。カナダの一著者は、これら二つの文化の相違は、ゴールド・ラッシュの中にさえ現われていると述べた——。

カナダとアメリカの鉱山町が、さまざまな法的慣習をもって発生した。それは、かなりの程度まで、カナダ人とアメリカ人の性格の違いを、現実的に表わしている。植民地的束縛とみなしていたものを、自らの意志で解放したアメリカ人は、常に徹底的に自分のことは自分でやると主張する。とりわけ開拓地ではそうである。革命の血なまぐささを経験したことのないカナダ人は、法と秩序を草の根から成長させるよりも、上から与えられるほうを好む。

ブリティッシュ・コロンビアにおける三つのゴールド・ラッシュでは、警察と法廷は、英国植民地の伝統をもつただ一組の法を行使した。鉱山法は、どの場所でも同じであった。そこで、金担当の長官は絶大なる権力をもちい、アメリカのゴールド・ラッシュの歴史によく知られているような無法状態は、ブリティッシュ・コロンビアには生まれなかった。

しかしアメリカのロッキー山脈の鉱山町では、そして後にはアラスカでは、おのおのの町は、そこでつくられたそれ自体の習慣と法をもった。権威は鉱夫自身に与えられ、彼らは、ニュー・イングランド風に、不正を正し、正義を実行するタウン・ミーティングを開いた。アラスカ准州では、一八九七年から九八年の熱狂の時代には、政府とよべるような、組織された機構はなかった。つまり、法は地方委員会によって作られた。時には賢明に、時には気まぐれに、そして常に略式の法であった。カナダでは、ドウソン・シティにおける収賄事件の例が示すように、どちらかといえば、政府の力が強すぎた。しかし、あらゆる川の曲り角には、奇妙に安心感を与える制服の馬上警官の姿がみられた。

Pierre Berton, *The Klondike Fever* (New York: Knopf, 1958), pp. 23–24.

（9）　二重の矢印は、〈含む〉と〈必要とする〉の両方に読める。下から上へ逆方向に読むと、この二重の矢印は〈必要条件である〉ことを示す。

（10）　もちろん、この種の所有は、〈私的〉所有の定義と同等でないかもしれない。中央支配的社会秩序は、生産と分配の手段としての私的所有の存在を〈定義により〉除外するように、言葉を定義することもできる。

(11) 他の数字では、イギリス、四五%、オーストリア(すべての公共事業が必ずしも含まれていないが)、四四%、ニュージーランド、四三%。Russett et al., *World Handbook of Political and Social Indicators* (New Haven: Yale University Press, 1964), table 15, p. 63 による。オーストリアでは、「全法人資本の七五%が、直接間接に、公的である」と推計されている。Alexander Vodopivec, *Wer Regiert in Österreich?* 2d ed. (Vienna: Verlag für Geschichte und Politik, 1962), p. 255, cited in Frederick C. Englemann, "Austria: The Pooling of Opposition," in Robert A. Dahl, ed., *Political Oppositions in Western Democracies* (New Haven: Yale University Press, 1966), p. 270.

第五章　社会経済秩序――発達段階

社会経済的発達段階が高いことは、抑圧体制からポリアーキーへの変化に有利であるばかりでなく、ポリアーキーを維持するのに役立つ、あるいは必要でさえあると、一般に仮定されている。この仮定はどこまで正確だろうか。

最近ますます多くなっている国家別データと、これらデータを扱うのに適しているコンピューター・プログラムが利用しやすくなったため、かつての印象的解釈や一、二の国の事例研究にかえて、より野心的な実証研究が生まれてきている。たとえ、データ、方法そして解釈が明瞭で反駁の余地のない解答がまだ生み出されていないとしても、最近の研究によって(1)、いくつかの命題が強力に支持されるようになっている。

解決ずみの諸問題

第一に、社会経済段階のさまざまな測度は、強い相関関係がある。ラセットは次のように記している。

百カ国以上の国家や植民地の研究において、一人あたりの国民総生産と、他の社会的、経済的発達の諸指数との間には、強い相関関係がみられる。たとえば、人口二万以上の都市に住む人口の割合（r＝・七一）、成人の識字度（・八〇）、高等教育機関在籍率（・五八）、人口一〇〇〇あたりのラジオ数（・八〇）、そして住民一人あたりの病院ベッド数（・七七）。これらの変数は、農業労働力の割合、賃金労働者の割合、マスコミュニケーションや衛生の指数などと共に、経済発達の段階に応じて変化する傾向がある。(2)

ある国の相対的貧しさあるいは豊かさは、一人あたりの収入の他に、他のあらゆる点に表われる。各国は、経済的、社会的発達においてさまざまな〈段階〉にあるという常識は、データによって豊かに実証される。(3)

第二に、社会経済的段階と、〈政治的発達〉との間には、あきらかに重要な関連がある。この論文の用語で表現すれば、競争政治と社会経済的段階が連動する傾向にあることには、疑問の余地がない。データは、次のことを結論的に示している。

一国の社会経済的段階が、高くなればなるほど、その国が競争政治体制になる可

表 5-1 経済的発達と政治体系

政治体系	発達の〈段階〉				
	I	II	III	IV	V
競争的	13%	33%	12%	57%	100%
準競争的	25	17	20	13	0
権威主義的	63	50	68	30	0
実　数	(8)	(12)	(25)	(30)	(14)

出典：Bruce M. Russett, *Trends in World Politics* (New York: Macmillan, 1965), table 8. 2., p. 140.
注：四捨五入したため必ずしも 100% にならない.

能性は高くなる。

一国の政治体制が、競争的になればなるほど、その国の社会経済的発達段階は比較的高い可能性がある。

このようにして、ラセットは次の関係を見出す。経済的発達の二種類の最も〈進んだ〉段階(それをラセットは、工業革命社会と高度大衆消費社会とよんでいる)の国では、〈競争的〉および〈準競争的〉体系の比率は、三種類の後進段階の諸国よりも高い。後進段階の国では、〈権威主義的〉体制が支配的である(表5-1)。(4)

社会経済的発達と、包括的あるいは準包括的ポリアーキーとの関係は、データ(表5-2と5-3)の中に、さらにはっきりと表われている。

競争体制についてあてはまることはポリアーキーについてもあてはまる。

表 5-2 社会経済的発達段階による 29 のポリアーキーの分布

	総数	国民 1 人あたり総生産の			社会経済的同段階の国におけるポリアーキーの割合	全ポリアーキーの中での割合
		範囲	平均	総数		
		ドル	ドル		%	%
〈伝統的原始〉社会	11	45-64	56	0[a]	0	0
〈伝統的文明〉社会	15	70-105	87	1[b]	6.7	3.5
〈過渡的〉社会	31	108-239	173	1[c]	3.6	3.5
〈工業革命〉社会	36	262-794	445	13	36.0	45.0
〈高度大衆消費〉社会	14	836-2,577	1,330	14	100.0	48.0
計	107			29		100.0

注：著者によってポリアーキーとされている国名については，本書 352 頁の表 A をみよ．表 A での 6 つの準ポリアーキーは，上の図のポリアーキーからは排除されている．社会経済的発達段階は，Bruce M. Russett et al., *World Handbook of Political and Social Indicators*(New Haven: Yale University Press, 1964), p. 294 からとった．この表の国数は，表 5-1 よりもわずかに多くなっている．5-1 はラセットの，*Trends in World Politics* からとったものである．ラセットの 5 段階は，6 つの社会経済的指数と，3 つの政治的指数(投票率，軍人の率，中央政府の財政支出)をもちいている．6 つの社会経済的指数間の関連性は強いが，他方これら特定の〈政治的〉変数との関連は非常に弱い．そして 5〈段階〉の中での国の位置は，3 つの政治的指数とは無関係のようである．したがって，われわれのポリアーキーの尺度では，〈投票率〉にわずかな問題が残っているけれども，ポリアーキーと，ラセットの 5〈段階〉との間の関係は，みせかけのものとは思われない．

a) 1960 年の独立から 1969 年まで包括的ポリアーキーを維持してきたソマリアは，ラセットによれば，この分類の中に含まれない．ソマリアの 1 人あたり総生産は，57 ドルとされている(同 p. 157)．1969 年 10 月，ソマリアの軍は権力を掌握，すべての大臣を逮捕し，国民会議を解散した．b) インド．c) フィリピン．

表 5-3　ポリアーキーと社会経済的発達

社会経済的指数	すべての国		ポリアーキーと準ポリアーキー	
	数	平均	数	平均
2 万人以上の地方都市の成員	120	23%	31	38%
1 人あたり国民総生産(1957)	122	377ドル	32	822ドル
賃金労働者	79	35%	31	42%
農業労働力	98	50%	27	19%
労働人口中の非農業雇用者の割合	77	36%	31	46%
労働人口中の工業雇用者の割合	78	15%	31	20%
10万人あたりの高等教育機関在籍者	105	281	33	499
5-19歳人口中の初等・中等教育機関在籍者の割合	125	43%	33	62%
15 歳以上人口中の識字率	118	52%	33	82%

注：すべての国についての数字は，Russett et al., *World Handbook* による．ポリアーキーと準ポリアーキーについての数字は，イエール大学政治データ・プログラムによるデータから算出したものである．国の数の変動は，不明データのためである．著者によるポリアーキーの分類は，本書 352 頁の表 A をみよ．

一国の社会経済的水準が高くなればなるほど、その体制は、包括的あるいは準ポリアーキーとなる可能性が高くなる。

もしある体制がポリアーキーであるとすれば、その国の社会経済的水準は、比較的高い可能性がある。

ここまでの定理は、証拠にもとづいており、反論の余地はない。〈水準〉とか〈段階〉に分けて論じることは主要な社会経済的指数が高い相関関係を示しており連動する傾向にある以上、意味がある。

一般に、競争政治、特にポリアーキーは、社会経済的発達の比較的高い水準と、強い関連性がある。この章の初めで提出した問題に対する答えは、十分あきらかである。すなわち、競争政治の可能性は、その社会の社会経済的水準に依存している。

ここまでは、現在手に入る証拠によって支えられているが、これだけではたいして進んだとはいえない。事実、競争政治と社会経済的〈水準〉との間の、一般的関係の強度と特質に関する多くの重要な問題は、解答されないまま残されている。

未解決の諸問題

〈しきい値〉は存在するだろうか

問題の一つは、その上下の領域では、競争政治あるいはポリアーキーへの可能性がそれぞれほとんど変らなくなるような〈しきい値〉があるかどうかということである。別な言い方をすれば、社会経済的発達段階とポリアーキーとの関係は、直線的か、曲線的かということである。

証拠(たとえば、表5-2、5-3)を検討してみれば、この関係は、直線的ではない。その代りに次のことが強く示唆されている。

おそらく、一人あたり国民総生産が、約七〇〇ドルから八〇〇ドル（一九五七年アメリカ、ドル）の領域にその上方しきい値が存在する。それ以上になると、ポリアーキー（それゆえ競争政治）の可能性は、非常に高くなり、そこで一人あたり国民総生産（およびそれに連動する変数）がそれ以上増大しても、結果に重大な影響を与えることはできない。

おそらく、一人あたり国民総生産が、一〇〇ドルから二〇〇ドルのあたりに、下方しきい値が存在する。つまりそれ以下では、ポリアーキー（必ずしも、競争政治の別の形態にはあてはまらないが）にとっての可能性は、あまりに少ないので、一人あたり国民総生産あるいは、それに連動する変数の相違もたいして重要ではない。

逸脱例についてはどうか

たとえ〈しきい値〉という概念を受け入れたとしても、競争体制、あるいはポリアーキーでさえもが、社会経済的発達がしきい値をこえた水準の国にのみ存在するとは、決していえない。また社会経済的発達段階が高い国がすべて、ポリアーキーあるいは競争体制であるともいえない。多くの国を、経済的あるいは社会経済的発達と、競争政治あるいはポリアーキーの二つの次元にそって順位づけてみれば、かなりの逸脱例があらわれる(5)。それらのうちの一つはインドである。ここでは、一九五七年の一人あたり国民総生産は七三ドルで、しかも競争政治——実際にはポリアーキーが存在する。ソ連と東ドイツは、両者とも抑圧体制であるが、社会経済的段階は高い(一九五七年度、一人あたり国民総生産、六〇〇ドル)。社会経済的段階が比較的高いラテン・アメリカの四カ国——アルゼンチン(四九〇ドル)、チリ(三七九ドル)、キューバ(四三一ドル)、ウルグアイ(四七八ドル)は、政治体制の上では、とまどいを感じるほど対照的である。〈過渡的〉社会の中では、フィリピン(二二〇ドル)、トルコ(二二〇ドル)、セイロン(一二八ドル)において競争体制が存在するが、パラグアイ(一一四ドル)、インドネシア(一三一ドル)、エジプト(一四二ドル)、ポルトガル(二二四ドル)には存在しない。

現代世界は多くの矛盾例を示しているが、歴史上にも、同じような例外がある。どのようにして、初期アメリカに、包括的ポリアーキーが存在しえたのか、社会経済的次元からだけで説明できるだろうか。ゴールドスミスは、トクヴィルが『アメリカのデモクラシー』を書いた当時、アメリカの一人あたり国民総生産は、約三五〇ドルから四〇〇ドルであったと推算している(6)。しかし、トクヴィルがくる前に、合衆国では、競争政治が十分に確立していた。アメリカは、一八〇〇年までには、すでに(白人のための)包括的ポリアーキーを生み出していた。当時一人あたり国民総生産は、一八四〇年よりかなり低かったであろう。さらに社会経済的段階の全般的指数にしたがえば、一八〇〇年には、合衆国は、明らかに農業的、前近代的、非工業的国家であった。一八二〇年までは、五万人以上の都市は、たった五市にすぎなかった。人口のおよそ三%だけが、二万五千人以上の都市に住んでいた。九三%もの人口が、純然たる農村地区に住んでいたし、全労働人口のうち、約七〇%は、農業に従事していた。(7)そしてもちろん、電話、ラジオ、自動車をもっている家族はなかった。これまで検討したデータ――そしてそれらデータを説明するために使われた理論――のみしかもたない社会科学者は、一九世紀初期のアメリカには、民主主義が発達する可能性はほとんどなかったと結論しても当然だろう。しかしながら、われわれのほとんどは、トクヴィルの説明のほうが納得できると考えるだろう。合衆国についていえることは、オーストラリアやニュージーランドやカナダばかりでなく、ある程度、一九世紀に競争政治(包括的ポリアーキーではないが)が存在したイギリス、ノルウェー、スウェーデンその他ヨーロッパ諸国にもあてはまる。現代世界に適用された指標によれば、これらの諸国は、当時、社会経済的発達の低い段階にあったとされねばならない。

競争政治は、疑いもなく社会経済的発達と何らかの形で関連しているというのは、明らかに十分満足のゆく結論ではないし、ましてや興味ある結論でもない。さらに困ったことは、その関連が弱いという事実である。なぜならこの結論は、多くの重要な逸脱例を無視しているし、また両者の関連の仕方を説明していないのである。この関連の仕方についての問題の中には、因果的方向性の問題がある。

因果的方向性についての問題

社会経済組織と生産性の水準の高さは、競争政治の〈原因〉となるであろうか。逆に競争政治が、社会経済的発達の原因となるのだろうか。あるいは、両者は相互作用し、互いに相手を強めるのだろうか。それとも両者とも、他の何らかの原因によって引き起されているのだろうか。

これまで引用した研究の著者たちが、しばしば警告しているように、関係の存在を示すことと、因果関係を示すこととはちがう(8)。因果関係は、理論の力を借りてはじめて、データから引きだすことができるのである。

しかしながら、一つだけはっきりしていることは、因果関係がどのようなものであれ、それは単純ではなくまた一方向へ向うものでもないということである。

一般的傾向と逸脱例の両方を説明できる因果の理論は、複雑なものにならざるをえないだろう。というのは、証拠は、高水準の社会経済的発達は、競争政治の必要あるいは十分条件であるという仮説を支持していないし、またその逆、すなわち競争政治は、高水準の社会経済的発達の必要あるいは十分条件であるということも支持していないからである(9)。

あらゆる事例を説明するような、満足のいく因果の理論を、現時点で提出することは、不可能であろうと思う。ここで私は、ただ、一般的な傾向と逸脱例との両方の理解に役立つような説明をいくらか提供できればと望むだけである。しかし以下の説明を決して完璧な説明と受けとらないでほしい。

前工業社会は、本質的に、競争政治に適していないか

競争政治と前工業社会との関係は、逆説的である。一九世紀には、いくつかの前工業社会において、競争政治や、場合によっては、ポリアーキーさえ存在した。数例をあげ

れば、アメリカ合衆国、オーストラリア、ニュージーランド、カナダ、ノルウェー、スウェーデンである。しかし現代世界において前工業社会の国は、ほとんどポリアーキー体制ではない。事実そういう国の多くは、抑圧体制もしくは権威主義的体制の下にある。

この逆説への解答は、一九世紀のヨーロッパあるいは英語圏の前工業的農業社会(ペリクレス時代のアテネは言うまでもなく)は、多くの点で、現代の前工業社会と違っていたという事実にある。明らかに、前工業的合衆国と、現代の前工業社会とは、するどい対比関係にある。たとえば後者は、広範な非識字率、伝統にしばられ、教育の普及していない非科学的な文化、弱体かつ分断されたコミュニケーションのシステム、富や地位や権力のはなはだしい不平等の下にあり、独立した中産階級は少ないか全く存在せず、そしてしばしば専制的あるいは権威主義的な支配の伝統をもっている。トクヴィルを読みさえすれば、これらの特徴のおのおのに関して、彼の見たアメリカが、どれほど違っていたかが直ちにわかる。(10)

これらの構造的相違に加えて、社会経済的発達の中で、国家に課せられた役割の相違も重要である。確かに、一九世紀から二〇世紀にかけて農業社会から、都市化した工業社会に変る複雑な過程において、国家は無視できない力であった。合衆国の政府でさえ、一般的には、重要な役割を演じた。しかし通常では、政府は、支配的役割は演じなかった。経済的発達は、〈誘導される〉よりも〈自律的〉であった。[11] これと対照的に、多くの現代の前工業国では、政治指導者たちが、手に入るあらゆる誘導手段と強制力を用いて、旧社会の伝統的かつ、しばしば頑固に抵抗する諸制度を変革したり、置き替えたりしようと努力している。

このように、一九世紀の前工業社会の中で、競争政治の高度の発達をみたところでは、どこでも、政治指導者たちは、本質的に、発達のためのほとんどの主導権を、非政府グループに委ねるという思想と戦略に立った。現代の前工業社会の間では、指導者は、指導主義の思想と戦略をとる傾向が、はるかに強い。前者の思想は、かなりな程度自律的、分権的社会秩序を生みだすのに役立つ。これに対し後者では、自律とか分権は、単に伝統的社会を永続化し、経済成長に必要な変革の妨げとなるだけである。それゆえ、現代の前工業社会の指導者は、戦略としての中央集権化と抑圧体制の不可避的必要性を強調する。

今世紀のいくつかの逸脱例は、工業化と都市化が、競争政治にとって十分条件ではないことを完全に明らかにしている(たとえば、ソ連や一九三〇年代のドイツ)。他方、歴史的逸脱例は、工業化と都市化が、競争政治の必要条件でさえないことを示している。[12] 前工業的農業社会は、本質的に、競争政治やポリアーキーに適さないというわけではないからである。いくつかの前工業的農業社会は、競争政治的体系をもっていたし、時には、包括的ポリアーキーのためのすばらしい基礎をつくり出しさえしている。

もし前工業社会が、現代世界では、競争政治やポリアーキーにとって、不利な環境であるとしたら、それは、非識字とか貧困、中産階級の弱体、そして権威主義的政治文化というような、社会的特性の結果である。今日これらの特性は、弱い工業的都市的基盤と連動している。しかしながら、それらは、前工業社会の本質的特徴ではないし、絶対にそうではなかったのである。

関連性の説明

公的異議申立て(そしてポリアーキー)と、社会経済的発達段階との間には関連があるが重要な例外もあり、またそれ以上あるいは以下になると、ポリアーキーあるいは公的異議申立ての可能性がほとんど変らなくなる、しきい値があるという仮定を、すべてどのように整合的に説明できるのだろうか。

政治体系と社会経済的水準との関連性を説明するためには、次のような一般的な仮説が役立つと思う。すなわち、

ある国が、競争政治の体系(ポリアーキーの場合は、なおさらそうであるが)を発展させ、維持する可能性は、その国の社会と経済が、政治に関係をもつ階層の間で、

(a)読み書き、教育、コミュニケーションを与える度合

(b)中央支配的社会秩序よりむしろ多元的社会秩序を生み出す度合

(c)極端な不平等を阻止する度合

に依存する。

この章では、最初の二つの仮説を簡潔に検討してみたい。その重要さと複雑さのゆえに、第三の問題に関しては、次章全部をあてることにする。

読み書き、教育、コミュニケーション

市民の数が大きな場合にはつねに、包括的な参加と、高度の公的異議申立ての可能性は、読み書きの能力、教育、新聞などの普及に依存していることは、論じるまでもない。

私は、この依存ということの正確な内容や、インド、トルコのように、いろいろな方法

で非識字を補償する可能性をここで探求しようとは思わない。重要なことは読み書き能力、教育、新聞その他のコミュニケーションが、前にふれたように――都市化と工業化の形態に関連しているということである。都市、商業、産業、そして専門職の発達は、このような基本的必要条件を要するばかりでなく、発達させるのである。

しかしながら、ある程度教育があり、新聞(今日では、ラジオやテレビ)が十分手に入る人びとが生まれるためには、高度の工業化や都市化を必ずしも必要としない。結局、トクヴィルが指摘しているように、一九世紀初期に、ほとんどのアメリカ白人は読み書きができた。ある程度の教育の機会は(トクヴィルが考えたよりは少なかったかも知れないが)かなり広まっていた。新聞は一般に入手可能だった。そしてアメリカ人は、広大な地域に散らばっていたけれども、政治的コミュニケーションは、かなり有効であったと考えられる。他の諸国においても、広範囲の読み書き能力や教育の普及のほうが、一般的な工業化、都市の成長、高水準の一人あたりの収入に先行していた。その実例は、ニュージーランド、オーストラリア、カナダ、ノルウェー、アイスランド、フィンランドである。教育やニュースのメディアに一般的に接近する費用は、ある程度繁栄している農業社会が支出できぬほど高いものではなかった。それゆえ、次のように十分結論できる。

競争政治にとっての、仮説的な最低限のしきい値は、このしきい値以下の国では、読み書き能力、教育、伝達手段の普及に必要とされる資源を動員するのがむずかしいということで、部分的に説明できるだろう。この最低限のしきい値以上の国なら、その国が、たとえ基本的に農業的、農村的、前工業的であっても、競争政治そしてとりわけポリアーキーにとっての最小限の必要性は、満たすことができる。

このように、こういう最小限の必要性の存在は、最低限のしきい値を説明するのには役立つが、一般的な関連はいまだ明らかになっていない。

多元的社会秩序

比較的〈発達した経済〉は、その働きによって何を可能にし、その働きのために何を必要とするかを考えてみよう。発達した経済は、非識字の減少、普通教育の普及、広範な高等教育の機会、伝達手段の増大などを可能にするばかりか、必要ともする。それは、教育された労働力を生みだすばかりでなく必要ともする。つまり読み書きができる労働者、青写真を読み、文字で書かれた指令書に応じられる熟練労働者、その他さまざまな種類の技士や技術者、科学者、会計士、法律家、支配人などが必要なのである。それは、スピーディで、信頼できるコミュニケーション体系を生みだすばかりでなく、もたねばならない。この体系には、巨大な公共的あるいは準公共的情報伝達のシステムも含まれる。発達した経済は、多くの持続的かつ高度に専門化された組織を可能にするしまた必要とする。そしてこの組織は、その目的に忠実たるべく強力に動機づけられたスタッフで構成される。たとえば、工場、銀行、商店、学校、大学、病院、大量輸送システム、そして何千何万というその他の組織である。

その本来的必要性から、発達した経済とそれを支える社会構造は、自動的に政治資源と政治的技能を、厖大な種類の個人や集団や組織に配分することになる。これらの政治的技能や資源の中には、知識、専門グループ内での収入、地位、尊敬、組織とコミュニケーションの技能、組織や専門家あるいはエリートへの接近などがある。これらの技能や手段は、自分自身のため、集団のため、組織のために、有利に活用することができる。集団や組織は、自主性や内部的な忠誠心や複雑な形の結合や分裂を押し進める。紛争が生じた時(それは必然的に生じるが)、政治資源を手に入れることによって、個人や集団は、強迫や強制による紛争解決を阻止し、その代りに、明示的、黙示的、法的、実際的、そして時には不法な、何らかの交渉と取り引きによって、紛争を解決するように主張することができる。このようにして、協定と交渉の体系が、権威主義的な解決の制度の内側から、それと並行しあるいは対立して成長する。これらの体系は、一方的な権力や強制に反対し、交渉、取り引き、相互援助やギブ・アンド・テイクそして同意の獲得を正統化するような規範をもつ政治的下位文化を養成するのである。

明白に階統的な組織内においてさえ、指導者は、強迫や強制が、しばしば人びとのやる気を破壊することを知っている。発達した経済の下では、強迫と強制による長期間の成果は、自発的服従にもとづく成果よりも、あらゆる水準で劣っている。したがって低い成果に対する罰の恐怖は、高い成果に対する報酬の期待によって、補完されるだけでなく、多くの場でおき替えられるようになる。ちょうど奴隷労働が、概して自由労働より効率が悪いのと同様、低賃金で不満にみちた労働者は、高賃金で満足している労働者より、長期的にみれば、生産性が劣る。技術者、経営者、科学者、そして知識人の場合には、〈同意〉にもとづくある程度の自発的な作業の必要性は、さらに大きくなる。そして、自発性と自由裁量の度合が高いほうが、厳しく過度に集権化された管理よりも、よい結果を生むことが明らかにされている。

このように、発達した経済は、自動的に、多元的社会秩序に必要とされる多くの条件を生みだす。そして多元的社会秩序が発展するに従って、少なくとも始源的な形において、抑圧的政治体制よりも競争政治体制に適合的な手段による、決定参加を要求する成員がでてくる。

因果関係の方向を示すため、Cをはさんだ矢印を使うならば、この説明は次のようになる。

発達した経済 ― C → 多元的社会秩序 ― C → 競争的政治秩序の要求

この説明は、見たとおり、確かに単純化しすぎている。それは少なくとも、三つの留保を必要とする。

第一に、発達した経済は、たとえ、多元的社会秩序に必要な条件のいくつかを生み出すにしろ、必要な条件の全部を生み出すわけではない。たとえば、ソ連と東ドイツでは、かなり発達した経済と、中央支配的社会秩序が結びついている。

すでにみたように、経済的〈水準〉と、政治体系との間の結びつきは、ゆるやかである。しかしながら、低い経済水準（ポリアーキーは稀）と高い経済水準（抑圧体制は稀）では、結びつきは強い。われわれの説明は、私は正しいと思うが、次のようなことを内包している。すなわち抑圧体制の国が、経済的発達段階を高めるにしたがって（たとえば、ソ連や東ヨーロッパ諸国のように)、中央支配的社会秩序は、維持しがたくなる。というのは、われわれの議論が正しければ、経済的発達それ自体が、多元的社会秩序の条件を生み出すからである。抑圧体制の指導者が享有している社会経済的制裁手段の独占は、それゆえ、まさに彼らの経済政策の成功そのことによって、内側から崩される。その経済(そしてそれに伴い、必然的に社会の)変革に成功すればするほど、彼らは政治的失敗の脅威にさらされるのである。もし彼らが、社会経済的制裁手段を分散させながらも、暴力の独占を通じて、政治的抑圧体制を保持しつづけようとするならば、すなわち中央支配的社会秩序から、抑圧的強制力をともなった準多元的社会秩序と前によんだものへ変化させるとしたら、彼らは、暴力と圧迫と強制で発達した社会を経営するに際しての厖大な制約、費用そして非効率性の問題に直面せざるをえないだろう。というのは、そういう社会では、強迫や暴力によっては創出できない心理的動機と複雑な行動が必要とされるからである。(13)

高い発達段階にある社会での抑圧体制内の緊張は、次のように表わしうる(図5-1)。波型の両方向矢印は、衝突を示している。

第二に、経済的〈成功〉は、政治的自由化の要求を生み出すことによって抑圧体制を

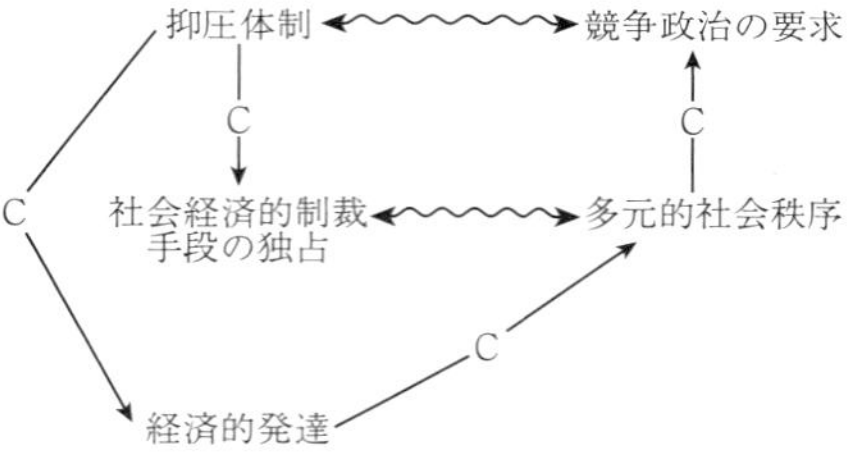

図 5-1

脅かすが、ポリアーキーを脅かすことはない。しかし経済的失敗は、ポリアーキーを脅かしてきた。というのは、経済的困難、とりわけそれがきびしい失業とか、急激なインフレという形をとった場合には、抑圧体制や、中央支配的社会秩序への要求が生れるからである。

第三に、しかし、この点での相違は、すでににぶくなりつつあるかもしれない。というのは、現在、豊かな社会はそれ自体の挫折と不満を生み出しているからである。今日、抑圧体制の国では、豊かさは、競争政治へ向う圧力をますだろうが、既存の包括的ポリアーキーの国では、豊かさが民主主義への忠誠心を強化しつづけるかどうかが明らかとはとうてい言えない。

第五章　注

（1） Seymour Martin Lipset, "Economic Development and Democracy," in his *Political Man*

(New York: Doubleday, 1960.『政治のなかの人間』内山秀夫訳、東京創元新社、一九六三年), pp. 45-76; Phillips Cutright, "National Political Development: Its Measurement and Social Correlates," in Nelson W. Polsby, Robert A. Dentler, and Paul A. Smith, *Politics and Social Life* (Boston: Houghton Mifflin, 1963), pp. 569-81; Everett E. Hagen, "A Framework for Analyzing Economic and Political Changes," in *Development of the Emerging Countries: An Agenda for Research* (Washington, D.C.: The Brookings Institution, 1962), chap. 1; Irma Adelman and Cynthia Taft Morris, *Society, Politics and Economic Development: A Quantitative Approach* (Baltimore: The Johns Hopkins Press, 1967); Deane E. Neubauer, "Some Conditions of Democracy," *American Political Science Review* 61 (December 1967): 1002-09; Bruce M. Russett, et al., *World Handbook of Political and Social Indicators* (New Haven: Yale University Press, 1964), pp. 293-303.

(2)　Bruce M. Russett, *Trends in World Politics* (New York: Macmillan, 1965), pp. 125-26.

(3)　たとえば、Russett, *Trends in World Politics*, p. 127で一〇七カ国に適用されている九つの指数は、経済的、政治的発達を、五〈段階〉に分けている。Adelman and Morris, *Society, Politics and Economic Development*, p. 170では、指数として使われた変数は、一人あたり国民総生産四〇ドル（一九六一年）のナイジェリアから、一人あたり国民総生産八一四ドル（一九五一年）のイスラエルまでの七四の発展途上国の社会経済的発達段階を、三段階に分けている。

（4） アデルマンとモリスは、七四〈発展途上国〉の因子分析の中で、一人あたり国民総生産は、社会的因子および政治的因子とに相関しているとみなしている。政治的要因は、実質上、競争政治体系の広がりと強度を示している。「この因子が増大することは、中央集権的権威主義的政治形態から、国民的政治参加機関を通じて、社会の多様な集団利益を代表し、統合することのできる、専門的政治機構、への階梯を登っていく動きを示すものと解釈できる。それゆえ第Ⅱ因子の積極的変化は、⑴民主的制度の効率・政治的反対と新聞の自由、政党間の競争、そして労働運動の強さなどの増大、⑵政党が、国民的統一への強調からイデオロギー的綱領を重視する方向への動き、⑶軍隊の力と中央集権化の減少、以上の三つから合成されている」（一五五―一五六頁）。さらに証拠をつけ加えるならば、Arthur S. Banks and Robert B. Textor, *A Cross-Polity Survey* (Cambridge: M.I.T. Press, 1963) がある。たとえば、「選挙制度が非競争的というよりむしろ競争的な政治社会」と、「選挙制度が競争的というよりむしろ非競争的な政治社会」の比較的特徴をみよ（FC 104）。および FC 101, FC 107, FC 139 をみよ。また、Cutright, "National Political Development: Its Measurement and Social Correlates," table 1, p. 577 をみよ。

（5） たとえば、Hagen, "Classification of Asian and African Countries by Type of Political Structure and Rank in Economic Development" およびラテン・アメリカ諸国についての同じような彼の分類、"A Framework for Analyzing," Tables 1. 1, 1. 2, pp. 2, 4; and figure 1.

"Relationship of Political Development to Communications Development: 71 nations," in Cutright, "National Political Development: Its Measurement and Social Correlates," pp. 572–73をみよ。および、James S. Coleman, "Composite Rank Order of Latin American Countries on Eleven Indices of Economic Development"と、Gabriel A. Almond and James S. Coleman, *The Politics of the Developing Areas* (Princeton: Princeton University Press, 1960), pp. 541–42のアジア・アフリカ諸国についての同じような順位づけをみよ。および、Adelman and Morris, "Scatter Diagram Relating per capita GNP and Country Scores on Factor Representing the Extent of Democracy," *Society, Politics, and Economic Development*, p. 262をみよ。

(6)　一九五七年の価格による。Raymond Goldsmith, "Long Period Growth in Income and Product, 1939–1960 in Ralph Andreano, ed., *New Views on American Economic Development* (Cambridge, Mass.: Schenkman, 1965), chart II, p. 357. ゴールドスミスは、一九二九年の価格のＧＮＰを算定した。私は、これを、U.S., Department of Commerce, *U.S. Income and Output* (Washington, D.C.: Government Printing Office, 1958), table VII–2, "Implicit Price Deflators for Gross National Product or Expenditure 1929–1957," pp. 220–21を用いて、一九五七年の価格に換算した。

(7)　U.S., Bureau of the Census, *Historical Statistics of the United States, Colonial Times to 1957* (Washington, D.C.: Government Printing Office, 1960), pp. 14 and 72のデータによる。

（8） たとえば、Adelman and Morris, *Society, Politics, and Economic Development*, p. 148 の否定をみよ。

（9） 同じ批判としては、一九六七年九月、ブリュッセル国際政治学会に提出された、Dankwart A. Rustow, "Democracy, Consensus, and the New States" および、彼の、"Transitions to Democracy: Toward a Dynamic Model," *Comparative Politics* 2 (April 1970): 337-64.

（10） トクヴィルの誇張は、当然斟酌するとしても、現代では、彼のような表現で、今日の前工業社会を記述しようとする者はいないだろう。つまり、「アメリカの社会状態は、著しく民主的である。これは、植民地創設以来の性格であった。そしてそれが今日では、さらに著しくなっているのである。……貴族の胚種でさえ、〔ニュー・イングランドには〕移植されなかった。……しかし富は、想像できないほど急速に循環している。そして経験の示すところでは、二世代続いて、その富を十分享受しつづけることはまれである。……人口に比較して、これほど識字率が高く、同時に、学識ある人間が少ない国を私は知らない。初等教育は、誰でもとどく範囲内にある。高等教育は、ほとんど誰の手にもとどかない。……アメリカでは、富裕な人はごく少数である。……アメリカでは、金持のほとんどが、以前は貧乏人であった。……アメリカでは、貴族的要素は、その建国当初から弱かった。……さまざまな事件の過程に、何らかの程度でも、貴族的要素が影響を与えたということは、ほとんどない。……アメリカには、歴史が記憶にとどめている、世界のいかなる国、いかなる時代よりも、財産、知識の点で、より平等な、いいかえれば、力において、より平等な人びとがいる」。*Democracy in America* (New York: Vintage Books, 1955,『アメリカのデモクラシー』松本礼二訳、岩波文庫、二〇〇五年), 1: 48-55.

(11)　Bert F. Hoselitz, *Sociological Aspects of Economic Growth* (Glencoe: The Free Press, 1960), pp. 74 and 97ff.

(12)　前工業的条件の中で、競争政治が発展した歴史的に重要な逸脱例を無視することは、民主的体系の発展について、都市化の重要性を強調しすぎることにつながると考える。たとえば、Donald J. McCrone and Charles F. Cnudde, "Toward a Communications Theory of Democratic Political Development: A Causal Model," *American Political Science Review* 61 (March 1967): 72-79.

(13)　同じような見解として、Alexander Eckstein, "Economic Development and Political Change in Communist Systems," *World Politics* 22 (1970): 475-95. ジョージ・フィッシャーは、ソ連当局は、経済的誘因をそこなうことなく、社会的多元主義と自由化への動きを抑えこむことができる、と主張している。私が、彼のいうところを正しく理解しているとしたら、「国家統制からの自律性」は「主要な社会集団」から奪われているが、「技術的活動（経済も含まれる）やある種の法や公共生活に関する、専門的かつ個人的生活」においては、それが許されるという〈限定された一元主義〉を彼は予見している。*The Soviet System and Modern Society*

(New York: Atherton, 1968), pp. 14-18, 142-53. しかしながら、ソ連における〈二重政府〉の出現に関する彼の著書の中での証拠が、彼の主張をどのように立証しているのか、私には理解できない。

第六章　平等と不平等

アリストテレス以来、そしておそらくソクラテス前の哲学者たち以来、政治理論家は、共通して次のように主張してきた。極端な不平等は、抑圧体制を生む。そしてより平等な非抑圧体制には、比較的平等な、圧倒的多数の中間層の市民が必要である。それゆえ、市民の間での身分、収入、富の極端な差があってはならないと。発達した工業社会は、極端な不平等へ向う強い傾向を内蔵している。しかし包括的ポリアーキーは、最も発達した工業社会の中で発展してきた。この現象は、ギリシャ人には予見できなかった。この一見矛盾とみえる問題について、多くの説明がなされてきた。ある人びとは、これらの国における不平等をうまくいいぬけることによって、また他の人びとは、それらの国での〈民主主義〉を、実は、抑圧体制の擬装にすぎない、と説明することによって問題を解こうとしている。

平等と、社会秩序および経済的段階との関係は、すでにわれわれの議論の中のさまざまな関連でふれられてきた。しかしそろそろ、未だ結論のでていない問題に鋭い焦点をあててみる頃だろう。

社会の平等と不平等とは、少なくとも二組の異なる媒介変数を通じて、抑圧体制あるいは競争政治の可能性に影響を与えているようにみえる。それは政治資源および技能の配分と、怒りと不満の創出である。

政治資源および技能の配分

収入、富、地位、知識、職業、組織上の地位、人気、その他さまざまな価値を配分するにあたって、すべての社会は、ある行為者が、少なくともある環境の下では、他の行為者の行動に影響をあたえうるような資源をも配分する。これらの資源は、政治資源となる。しかしながら、この資源配分において誰が、何を、そしてどのように受けるかは、社会経済体系の、単なる附随的出力ではない。国家に影響を与えたり支配したりしている行為者は、社会経済的な過程から生れる政治資源の当初の配分を再調整するため、国家のさまざまな権力を使うかもしれない。たとえば、所得税や、選挙献金を規制することなどによって、あるいは、選挙権のような、新しい政治資源を創出したり、割り当てたりすることによってである。

収入、富、地位、知識、そして軍事力のような、重要な価値の配分の極端な不平等は、すなわち政治資源の極端な不平等を意味する。政治資源の極端に不平等な国は、権力行使が極端に不平等となる可能性が、つまり抑圧体制になる可能性が高い。公理めいたことはこれくらいにしておこう。

農業社会では、前にふれたように、知識、富、収入、地位、権力のような重要な価値は、相互に強い関連性がある。つまり、豊かな者は、これらのすべてに関して豊かであり、貧しい者――農業社会では、通常、人口の大多数にのぼる――は、あらゆる価値において貧しい。それゆえ政治資源は、強い集積性を有する。つまり、もし行為者Aが、一つの政治資源、たとえば、富あるいは収入に関して、行為者Bよりも優越していれば、Aはまた、他のあらゆる政治資源、たとえば、知識や身分に関しても、Bより上なのである。しかしながら、前にみたように、農業社会は、二種類に大きく分れる。簡単にいえば、伝統的農夫社会では、価値の配分に極端な不平等があり、それゆえ、政治資源に関しても、そしてその結果、権力の行使に関しても極端な不平等がある。一方自由農民社会では、価値の配分について、かなり高い平等性がある。それゆえ、政治資源につい

表 6-1 土地配分の不平等によるポリアーキー，準ポリアーキー，非ポリアーキー(対象 47 国，1960 年前後)

ジニ指数a)	包括的ポリアーキーb)	準ポリアーキーb)	非ポリアーキーb)
43.7			ユーゴスラヴィア
45.0			ポーランド
45.8	デンマーク		
47.0	日本		
49.7	カナダ		
49.8	スイス		
52.2	インド		
56.4	フィリピン		
57.7	スウェーデン		
58.3	フランス		
58.7	ベルギー		
59.8	アイルランド		
59.9	フィンランド		
60.5	オランダ		
63.8	ルクセンブルク		
65.2			台湾
66.9	ノルウェー		
67.1			南ベトナム
67.4	西ドイツ		
70.0			リビア
70.5	アメリカ		
71.0	イギリス		
73.7		パナマd)	
74.0	オーストリア		
74.0			エジプト
74.7			ギリシャ
75.7			ホンジュラス
75.7			ニカラグア
77.3	ニュージーランド		
78.0			スペイン

79.2			キューバ
79.5			ドミニカ共和国
80.3	イタリア		
81.7	ウルグアイ		
82.8			エルサルバドル
83.7			ブラジル
84.9		コロンビア	
86.0			グアテマラ
86.3			アルゼンチン
86.4			エクアドル
87.5			ペルー
88.1			イラク
89.1	コスタリカ		
90.9		ベネズエラ	
92.9	オーストラリア		
93.8	チリc)		
93.8			ボリビア

出典：Bruce M. Russett, "Inequality and Instability: The Relation of Land Tenure to Politics," *World Politics* 16(April 1964): 442-54, table 2.

注：a)ジニ(Gini)指数は，一般に不平等性の測度としてみとめられている〔ジニ指数はジニ係数を％表示したもの〕．たとえば，Hayward Alker, Jr., and Bruce M. Russett, "Indices for Comparing Inequality," in Richard L. Merritt and Stein Rokkan, eds., *Comparing Nations: The Use of Quantitative Data in Cross-National Research*(New Haven: Yale University Press, 1966), pp. 349-82参照．b)ここでの分類は，ラセットと異なる．ラセットは，各国を安定民主主義，不安定民主主義，独裁と分類している．ここで使われている分類に関しては，本書352頁の表Aをみよ．c)読み書き能力にもとづく選挙権制限のゆえに，チリは公的異議申立ての次元では高いが，包括性では他国より低くなっている．d)後に非ポリアーキーとなる．

表 6-2　ポリアーキーと土地配分の不平等性

	中央値より上	中央値以下	計
包括的ポリアーキー	17	7[a]	24
準ポリアーキー	1	2	3
非ポリアーキー	5	15	20
計	23	24	47

出典：Russett, "Inequality and Instability."
注：a)チリを含む.

ても、そして権力の行使についてもより平等である。もし自由農民社会の、比較的平等であるという条件が、選挙権、競争政党、選挙、そして責任ある指導者などを通じて配分される高い政治的平等性と結びつくならば、不平等の集積はさらに阻止される。人気、支持者、投票を累積してゆくことによって、指導者は、富や地位の差のもつ潜在的効果のいく分かを補えるかもしれないし、またこれらの差や政治活動に与えるこれらの差の効果を減じさせるため、国家の規制力を使うこともできる。

ラセットによる、一九六〇年頃の四七カ国における土地配分の不平等と、体制との関連についての研究は、この点に関して、興味ある証拠を提供している。土地配分に関してより平等な国では、包括的ポリアーキーが一般的である。逆に、不平等性が強い国では、非ポリアーキーになる傾向がある（表6－1と6－2）。土地配分の平等度において中央値以上の二三カ国のうち、一七カ国が包括的ポリアーキーである。そのデータを別な見方をすれば、二四の包括的ポリアーキーのうち、一七は中央値以上である。中央値あるいはそれ以下の二四カ国のうち、たった七カ国が包括的ポリアーキーにすぎず、一五カ国は非ポリアーキーである。ポリアーキーの国は、平均して経済的に発達しているので、農業労働力の割合は少ない。それゆえ、土地配分の平等や不平等は、政治活動にそれほど影響を与えない。たとえば、土地配分の平等性が中央値あるいはそれ以下である七カ国のポリアーキーのうち五カ国では、農業労働力の比率は全労働力の三分の一以下である。対照的に、農業労働力の比率の高い抑圧体制の国では、政治活動に与える土地不平等の効果は強められる。アルゼンチンを例外として、平等性が中央値かそれ以下の抑圧体制の国ではすべて、三分の一以上の労働力が、農業に従事している。実際には、多くの国で、半分以上の労働力が農業に従事しているのである。

農業社会が、工業化されるようになるにしたがって、市民あるいは臣民の間の平等や不平等の質に、大きな変化が生じる。工業化は、急激に、報酬、特権の再配分をおこなう。確かに、これらの新しい配分は、しばしば高度に不平等である。しかしながら、私が前に述べたように、発達した工業社会の必要と、その社会が創出し、充足させる欲求によって、伝統的農夫社会ではごく少数のエリートに独占されていた多くの政治資源――読み書き能力、教育、技術的知識、組織的技能、指導者への接近など――は分散される。工業社会は、たとえ不平等を排除しないにしても、不平等の多くを大幅に減少させる。(1) 平均収入が、技術の向上と生産性の増大によって高くなるにしたがって、それまで、少数のエリートがわがものとしていた諸価値は、ますます、人口の広範な部分の手に入るようになる。収入(課税以前の)の不平等でさえも、一般に減少するのである。

この点に関する興味ある証拠が、一九五九年から六〇年にかけての合衆国における収入と不平等性についての研究によって、提出されている。五〇州と、コロンビア特別行政地区から成る五一の政治単位の間では、各政治単位の収入の中央値と、収入分布の不平等性の度合いとの間には、かなり強い負の相関(－.78)が存在している。当然予想されることであるが、州における収入分布が不平等になればなるほど、住宅や教育の分布も不平等になる(2)(表6－3)。

厳密ではないが、平たくいえば次のようにいえよう。ある国が、高度の工業化をすすめるにしたがって、重要な政治資源の極端な不平等は減少する。この工業化過程は、平等を生み出さないが、確かに、政治資源の配分に関して、より高い均衡性を生みだす。

さらに、初めに示唆したように、工業社会は、別な方法で、不平等の様式を変える。つまり、工業社会は、価値とりわけ、富、収入、地位の集積を完全に阻止するわけではないが、伝統的農夫社会に比較して、政治資源の集積を極端に減少させる。そしてその代りに、不平等の拡散体系を生みだす。その下では、ある一つの政治資源に関しては不利な行為者も、他の政治資源を入手して補償とするような見込みが十分ある。もしその政治体制自体がポリアーキーであるならば、不平等の拡散体系は、一層強化される。

工業社会の発達が、平等性を増大させるか、減退させるかは、その基盤となる農業社会の形態に依存している。伝統的農夫社会においては、工業化の導入は、遅かれ早かれ、平等化の力となる。つまり、工業化は、不平等が集積する社会構造を、重要資源に関してより均衡的に分配し、また政治資源一般に関しては、不平等を分散する（根

表 6-3　アメリカ合衆国の収入と不平等(州とコロンビア特別行政区, 1959-60 年)：相関係数

	収入におけるジニ係数
収入中央値	−.78
ジニ係数との相関度	
住宅 所有者	0.65
住宅 借家人	0.73
教　育	0.76
使用人の雇用(家庭内雇用者の割合)	0.77

出典：David I. Verway, "A Ranking of States by Inequality Using Census and Tax Data," *Review of Economics and Statistics* 48, no. 3(August 1966): 319-20.

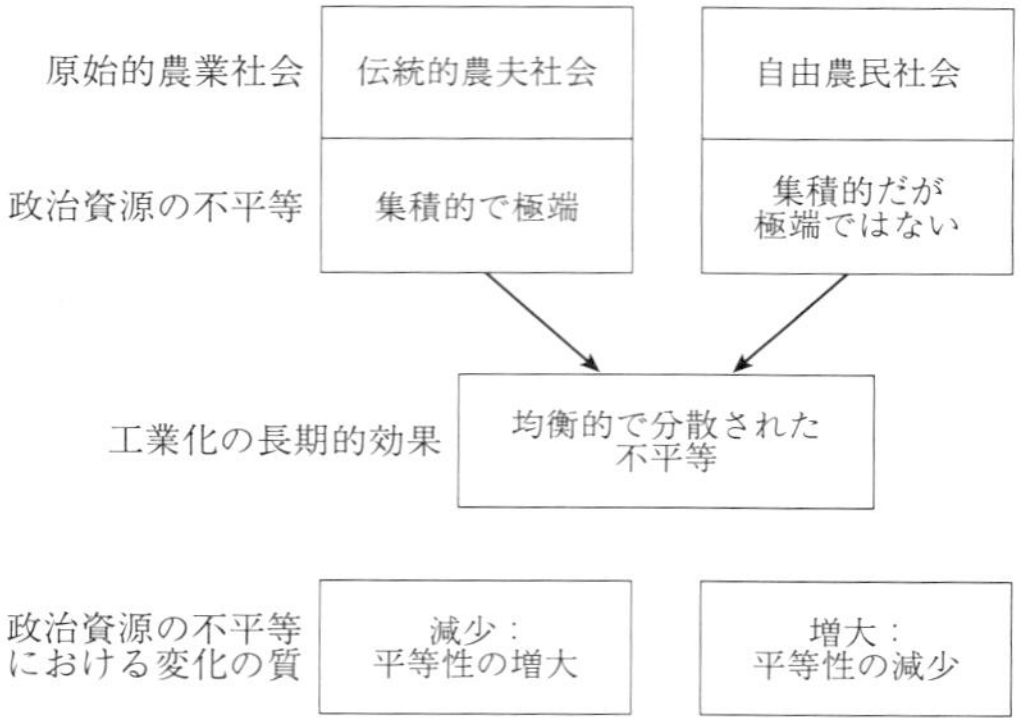

図 6-1　工業社会と不平等

絶はしない）社会構造へ変える。しかしながら、自由農民社会に導入されると、工業化は、事実上政治資源における不平等を増大する。もっともこれらの不平等は、集積されずに分散される[3]。

以上の議論は、図6-1に図式的に要約される。

怒りと不満の発生

不平等が怒りを生み出すとしたら、工業社会においてすら、不平等に対する怒りは、存在するにちがいない。工業社会では、伝統的農夫社会よりも、不平等は極端でなくより分散されてはいるが、残存する不平等はとても無視できるものではないからである。不平等は、より貧しい階級の、体制に対する忠誠心を減じないだろうか。もし減じるとしたら、おそらく不平等の危険に最も弱い体制であるポリアーキーが、実際には、きびしく広範な不平等の中で発展してきたという事実を、どう説明できるだろうか。さらにいえば、多くのポリアーキー体制は、今日、たとえば収入、財産、高等教育の機会などにおいて厖大な不平等をかかえている社会において存続している。こうした状態の中で、なぜポリアーキーは持続できるのだろうか。

これらのことを説明するにあたって、私は、それを正当化しようとしているのではないことを、読者に理解していただきたい。ポリアーキーがかなりの不平等を許容してきたということは、許容すべきであるということを決して意味しない。しかしながら、収入、財産、教育その他の価値配分におけるかなりの不平等が存在しているにもかかわらず、これらの不平等を許容している政策や体制自体について、これを変革するだけの反対を呼びおこさずに、ポリアーキーが持続できるという事実は、説明を要することである。

その説明は、二つの部分に分れると思われる。

より多くの平等を求める要求が生じた時、体制はその要求の必ずしもすべてに対してではないが、いくらかの部分に応じることによって、価値剥奪されている集団の忠誠心を獲得しうる。

しかしながら、ほとんどの不平等は、価値剥奪されている集団に、平等を求める政治的要求を生みださせないのである。

政府による対応

客観的不平等が存在する状態は、その原因を取り除くべきだという要求を生むかもしれないが生まない場合もある。要求は政府に向けられるが、そうでない場合もある。不平等は、政府の行動の結果、減少し排除されるかもしれないが、政府が何ら行動しなくとも、あるいは政府が誤った対策をとったとしても減少することがある。ある場合には、政府の対策が誤っていても、要求がそれ以上、出なくなる場合もある。利益を剥奪されている集団が、政府の対策を、政府が関心をもっていることの象徴と受けとめ満足するからである。実際、意図は良くとも誤った政策が、不平等の減少に完全に失敗することは、理論的に起りうる。しかし政府が関心を示したという事実によって、価値剥奪されている集団の忠誠心を維持、あるいは獲得さえできる可能性がある。

しかし、これらのさまざまな可能性のなかで、この章の問題と特に関連があるのは、二つの可能性である。その一つは、なじみ深い穏健な径路であるが、不平等（あるいは不平等感）を減少するような政府の対応を導き出し価値剝奪されている集団の体制に対する忠誠心を強化する道である。これについては、たとえば一九三〇年代、失業を減少させるのに成功したスウェーデン政府の努力が想起されよう。あるいは同じ年代に、アメリカ合衆国において、フランクリン・ルーズヴェルト政府が、経済的安定のためにとったさまざまな対応を思い起せばよい。

事実、現在、包括的で全く安定しているように見えるポリアーキー下のヨーロッパおよび英語圏の諸国では、自由化された体制は、前世紀と今世紀に、不平等の減少を求める諸要求にそれなりに対応してきた。典型的にいえば、これらの要求は、最初、政治体系への参加から法的に排除されている階層にまで政治的権利を拡大することを強調し、その結果それを獲得した。この過程は、これらの国では一九二〇年頃までには実質的に完了した。次に、これらの民主的体制は、さらに生活保障、福祉、教育などに対する〈社会権〉の拡大という、以前よりなされていた要求にも、対応するようになった。この過程は現在進行中である。しかしながら、多くの国で、すでに実行されている広範な

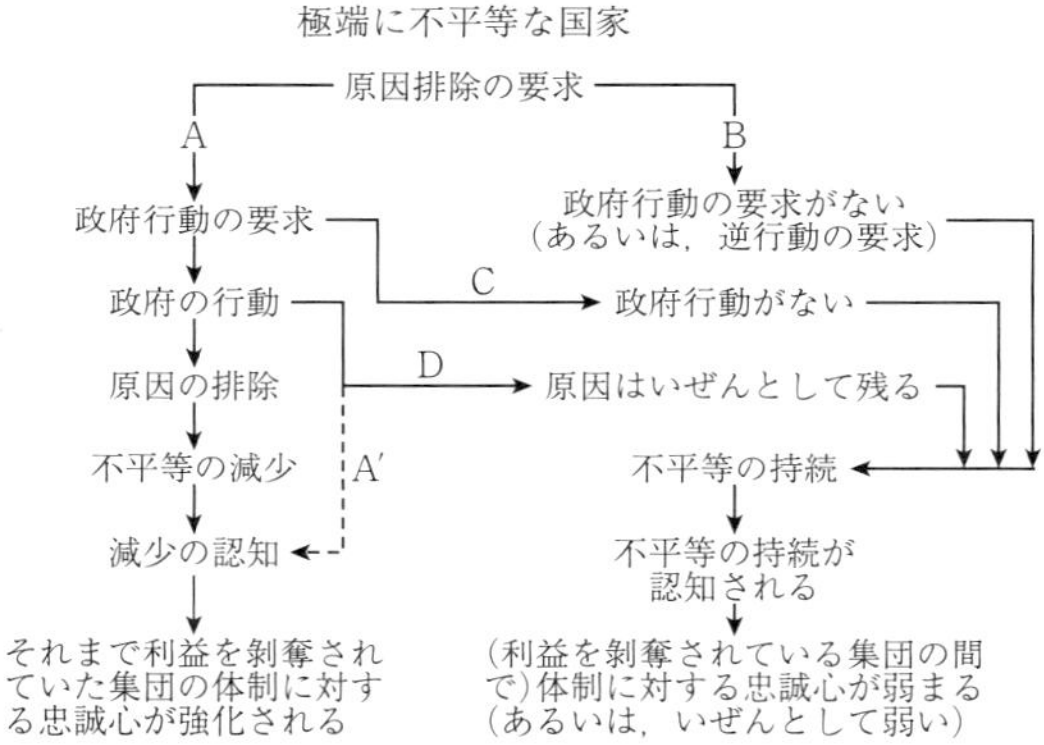

図 6-2　体制への忠誠心に対する不平等の効果

改革の結果、その速度はおとろえつつある。より大きな政治的、社会的平等を求めるこれらの要求に応ずることにより、多くの国は、これまで利益を剝奪されていた集団とりわけ労働者階級の忠誠心を得ようとする長期戦で勝利をえたようにみえる。これは、図6－2の左側にある径路で示される。この過程は、他の人たちによって適切に分析されているので、ここでは、これ以上論議の必要はないと思われる。(4) 径路A′は、たとえ政府行動が原因解決に失敗し不平等がいぜんとして変らずに残存しても、利益を剝奪されている集団の間で、不平等を減少させたものと認知されている政府の場合を表わしている。もちろん、政府が不平等を減少できなかったという事実は、早晩明らかにされうるし、多分そうなることだろう。しかしながら、その頃まで政府がかなりの忠誠心の維持に成功しているということは、大いにありうる。

しかし第二の可能性は、政府が行動するにせよしないにせよ、不平等が持続し、利益を剝奪されている集団の敵意の目標になることである。その場合、政府行動の要求も起らないし、少なくとも強く公然と主張されないかも知れない。あるいは、要求がなされたにもかかわらず、理由は何であれ、政府が、対応しないこともある。あるいは、政府は行動したが、誤っていたということもある。また政府が選んだ政策が、不平等の主要原因（たとえば、州政府によって課せられた人種差別）と意識されることもある。これらの可能性は、図6－2の径路B・C・Dによって表わされる。もし結果として不平等が持続したとしたら、その体制に対する、不利益集団の忠誠心は弱められるだろう。

いかなる体制も、疎外と離反の拡大によって危険にさらされるのであるから、多くの国民によって憤激される極端な不平等状態は、抑圧体制であろうと競争体制であろうと、その体制にとって脅威となる。しかしながら、競争体制、とりわけポリアーキーよりも、抑圧体制が不平等を〈より多く〉許容しうると考えてよい理由がある。というのは、抑圧体制は、特に中央支配的社会秩序の抑圧体制は、意のままに使用できる広範囲の強制手段をもち、不満の表現を抑えるのに、それを利用できるからである。不利益をこうむっている人びとの不満や攻撃は、このようにして封じ込めることができるし、彼ら自身の内部へ向けかえることさえできる。あるいは、絶望やアパシーや無力感へと変質させられるのである。競争政治体系では、人びとを強制するために意のままに使用しうる政治資源が少ない。なぜなら、競争体制、とりわけポリアーキーにとっての本質的な条件には、多かれ少なかれ多元的な社会秩序や、政府の強制力使用に対する、憲法上、法律上のさまざまな実質的制約がふくまれているからである。

この相違は、実際のものであり、決定的に重要なものであると私は信じる。しかしそれは誇張されるべきではない。アテネやアメリカの民主主義は、人口の一部分に関しては包括的だが別の部分(奴隷、そしてアメリカにおいては解放奴隷)に対しては、抑圧体制的な競争体制の例を提供しているからである。

アメリカの例は、あまりに顕著で無視しがたいばかりでなく、不平等と体制との間の複雑な関係を明らかにするのに役立つ。周知のように、アメリカの競争的ポリアーキーは、その奴隷時代もそれ以後も、黒人に極端な不平等状態を強制した。北部では、ほぼ一世紀間、かなりの包括的ポリアーキーが持続したが、それは内部での黒人に対する不平等を重大な問題として受けとめてこなかった。その理由は、おそらく第二次世界大戦の終結まで、北部では黒人は、あくまで小さい少数派であり、政治資源ももたず攻撃的でもなかったからである。他方、南部では、黒人は、はるかに大きい少数派であり、二州では、多数派でさえあった(5)。南部の黒人に、長期にわたる極端な価値剝奪を強要するために、南部の白人は(アテネの自由市民のように)一方が、他方の体系の上位にくる二重の政治体系を発展させなければならなかった。すなわち、ほとんどの白人がふくまれるともかくも競争的なポリアーキーと、黒人が服従させられる抑圧体制である。この体制に、南部の白人は圧倒的に忠誠心を抱いていた。この二重体制を維持するために、南部は、擬似多元的社会秩序内に、抑圧的暴力を発展させた。暴力とテロは一般に黒人に、時には抑圧体制に公然と反対する少数の逸脱した白人に対して向けられた。南部の二重体系の安定性は、黒人の間にあきらめと無力感を生みだし強化する過去、現在の脅迫的強制力の効果(そして「アンクル・トム」が示唆しているように、白人の優越性が正統でさえあるという感覚)に依存していたばかりでなく、北部の主要な政治的階層内における、南部体制に干渉しないという、了解の強さにも依存していた。二〇世紀の中葉までに、これらの条件の両者とも崩壊し始めた。そして一方の崩壊は他方の崩壊を一層加速させた。かつての抑圧体制は、決して全部が打倒されたわけではないが、一九六〇年代の一〇年間に、目に見えてその危機を深めた。一九六〇年代の終り頃には、南部黒人の競争政治体系への参加はかなり進み[6]、抑圧的暴力にもとづいていた政治的抑圧体制は、最終的に解体しつつある。

競争体制は抑圧体制よりも、価値剝奪の度合を低く押えておくことができるという仮説は、アメリカ合衆国の黒人の例によって、否定されるであろうか。その例は、実際には正しく、逆であることを意味していると私は信じる。つまり、人口のかなりの部分に、きびしい利益剝奪を課すことは、合衆国南部でのように抑圧政治体系と――擬似多元的であれ中央支配的であれ――抑圧的暴力をもった社会秩序を必要とするのである。

しかしながら、この例は、二つの重要な留保条件を示唆している。第一に包括的ポリアーキーにおいてさえも、もし少数派が第二次世界大戦前の北部の黒人のように、理由は何であれ、数においてばかりでなく政治資源、技能、要求に関して弱い場合には、かなり高い価値剝奪状態を彼らに課すことができることを示している。第二に、アテネとアメリカ南部がともに示しているように、支配層に関しては競争的、利益を剝奪された少数派には抑圧体制的、という二重体系を発展させ、かなり長期間にわたって維持することが、歴史的に起りえたということである。

被剥奪者の対応

客観的な不平等と、利益を剥奪されている者の対応との間には、彼の認識評価、期待――要するに精神状態――が存在する。利益を剥奪されている集団にその運命に抗して立ち上らせようと、やっきになる活動家たちが困惑し、驚くことには、平等を奪われている人びとが必ずしも常に、それを求めないばかりか、ときには欲しさえもしないというように、人間の精神状態は働くのである。(7) この現象には、ここで扱われるより、もっと十分かつ優れた扱われ方が必要である。なぜなら私はここでは、この現象の二、三の側面のみに、限定して言及しなければならないからである。

客観的不平等から、利益を剥奪されている集団がより平等を求めるようになるまでの、仮説的径路(図6－3)を考えてみよう。この径路を完了するには、全部の質問に、「イエス」の答えが必要とされる。しかしながら、いくつかのところで連鎖はとぎれがちになる。つまり「ノー」の答えに入りこむのである。

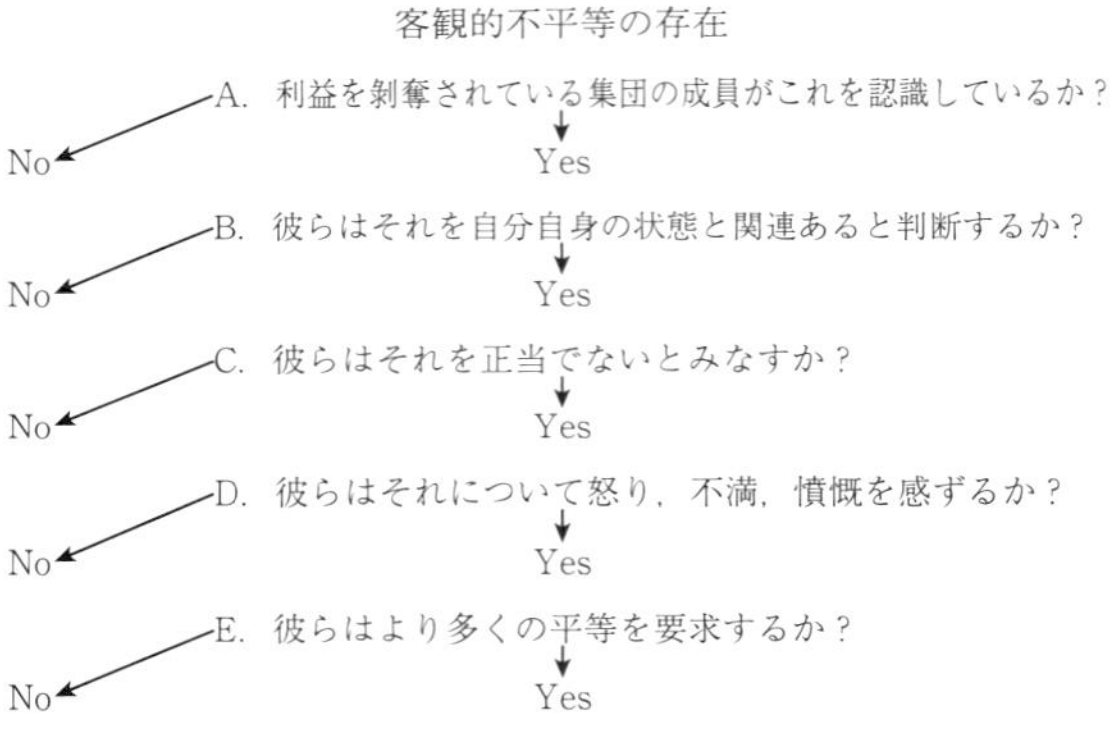
客観的不平等の存在
A. 利益を剝奪されている集団の成員がこれを認識しているか？
Yes
No
B. 彼らはそれを自分自身の状態と関連あると判断するか？
Yes
No
C. 彼らはそれを正当でないとみなすか？
Yes
No
D. 彼らはそれについて怒り，不満，憤慨を感ずるか？
Yes
No
E. 彼らはより多くの平等を要求するか？
Yes
No

図 6-3 客観的不平等から，より平等を求める要求にいたるまでの仮説的径路

客観的現実と主観的認識との間の関係が、完全に絶ち切られ利益を剝奪された者が自身の状態に全く気づかないと考えるのは、確かに現実味がない。幸福な貧乏人(そして不幸な金持)という神話を崩す必要がいぜんとしてあるとしても、ハドリィ・キャントリルは、現実の条件と願望との間のギャップは、客観的状況が改善されるにしたがって、世界的に狭められつつあるという確かな証拠を提出している。一四カ国の調査で、回答者は、「あなたにとって起りうる最もよい生活と、あなたにとって起りうる最も悪い生活」の間をかりに一〇段階に分けるとしてあなたは今どこに位置するかとたずね

られた。同様に、回答者の国が、全体としてどこに位置するかもたずねられた。その結果によれば、その国の社会経済的水準が、高ければ高いほど、人びとは、平均して、現在あるいは過去の位置を、高い満足の〈階梯〉におくこと、さらに客観的に、教育、収入、あるいは職業上の地位において恵まれている人びとは、それらにおいて恵まれない人びとよりも、平均してより高い満足度を示すことがわかっている。(8)

しかしながら、もし自分たちの状態に非常に満足していないとしても、利益を剥奪された集団の成員たちが仮説上の径路を完了して最終状態にいたるとは限らない。たとえば、Aでは、不平等の認識は、時に、自分〈自身〉の集団内での変化によって、曇らされてしまう。このようにして、ランシマンは、イギリスでは、「第二次大戦後、肉体労働者の階級的位置が漸次改良されたことと、実際におこったものよりも大きな価値の分配がおこりつつあるという確信によって、相対的な利益の剥奪感は下火となった」と結論している。(9)

Bでも連鎖はしばしばとぎれる。なぜなら、客観的に利益を剥奪されている人びとは、大抵、最も利益を受けている集団と、自分たちを比較することはないからである。彼らは、そういう人たちの幸運と自分たちの状態を関連あるものとは考えないで、代りに別の比較をしやすい。一つには、利益を剝奪された集団の中の人間は、ほとんど必ず自分の集団の現在の状態をその集団の過去（あるいは過去についての神話）と比較しようとする。もしその集団が、現在は過去よりよくなっていると信ずるならば、その信念は、ある他の集団が現在ずっとめぐまれているという事実を圧倒しはるかに関連性をもつのである。多くの人びとは、ときには、民族とか国家とかいうより大きな集合体と自分たちとを同一化する。それゆえ、個人や集団にとっての過去そして現在の不平等は、たとえば国のような全体としての集合体が、より豊かなあるいはより正しい状態に向っていると考えることによって、希薄化されるのである。最後に、自分をあるいは自分〈自身〉の集団を、他の人、あるいは他の集団と比較した場合でも、一般に社会的にいって自分から遠い人ではなく、非常に近いあるいは接している人との比較を行うのがふつうである。たとえば熟練労働者にとっては、自分のすぐ〈下の〉半熟練労働者や、すぐ〈上の〉職工長あるいは別の工場の熟練労働者の収入や権利は比較の対象になるが、社長の収入や特権は関連性がないと思われるのである。

これらのさまざまな比較のゆえに、不平等がゆきわたっている社会の中においても、人は、客観的にエリートに比較すれば重大な不利益をこうむっている場合でさえ、自分自身の位置について比較的満足した判断を下すのである。

　このような判断のあり方に直接関連する証拠が、ランシマンによるイギリスでの一四〇〇人の調査で提出されている。ランシマンは、個人が状態や特性について自身の集団と比較する〈比較準拠集団〉と、〈不平等について比較準拠集団と比較される出発点でありそこから相対的剥奪感が生じるもの〉としての〈成員準拠集団〉とを区別した。[10] イギリスでは、不平等によって生じる〈相対的剥奪感〉は、とりわけ、社会的に自分の集団と非常に近い集団と比較する傾向によって、かなり希薄化されていると見出している。さらに私が先に示したように、肉体労働者の間での相対的剥奪感がかなり低いのは、彼らの状態が最近改革されたことと、以前の不平等がいかに大幅に減少したかについて誇張して受けとっていることに原因があるとしている。逆に、中産階級の人びとは、上流階級の裕福さにではなく、労働者階級の急速な上昇について、怒りをいだいている。ランシマンはまた次のようなことを見出している。

> 　客観的不平等と、主観的な相対的剥奪感の間には、大きなくいちがいがある。中産階級は、自分たちの地位が悪くなっているかどうかに関係なく、他の階級の人びとが豊かになることに、苦痛を感じる傾向がある。

肉体労働者の頂点にいる人びとは、自分より良い暮らしをしている人がいるとは、全く考えてもいないようである。

肉体労働者の中で、最高水準の収入に達している人やその配偶者は、相対的にほとんど剝奪感をもっていない。なぜなら、彼らに自然な比較によれば、彼らは、良い暮らしをしているからである。かなりの比率の回答者が、望ましい収入として、彼らの実際の収入とほとんど変らない数字を出した。そしてさらに高い比率の回答者が、今自分が得ている額で満足していると答えた。

所得分布の各三分の一以下のグループを比べてみると、肉体労働者〈労働者階級〉の回答者は、非肉体労働者〈中産階級〉の回答者よりも、自分たちが現在かせげる額とほぼ同額の数字を、〈適切な〉収入としてあげる傾向が強い。

比較準拠集団は、不平等の現実に応じて選ばれていないばかりか、実際には、最も不平等に置かれている人びとの間で、現実との対応が最も弱い傾向にある。(11)いく分焦点がずれるが、キャントリルの国家別の調査からも、Bの連鎖に関する興味ある証拠がえられる。彼の調査は、人びとはしばしば、自分が同一化している、より大きな集合体、この場合は国家、の変化の方向と認知しているものによって、自分の状態を判断するという見解を実証している。彼は次のように見出した。

人びとが自分の現在の状態を、どれくらいの高さに位置づけているか――自分が〈階梯〉のどこに位置するか――は、自分の国の状態をどれくらいの高さに位置づけるかについての評価、つまり自分の国が〈階梯〉のどこに位置しているのか、と深い関連性がある。

人びとが、自分の状態は、この五年間にどれほど良くなったかと感じる度合は、国家がどれくらい向上したかと感ずる度合と、深い関連性がある。

もし人びとが、これからの五年間に、自分の個人的状態は高くなるだろう、という見込みをたてる場合には、自分の国もまた向上するだろうという見込みをたてていることが多い(12)。

これらの相互関係は、勿論、因果的方向性については、何も語っていない。それは明らかに、両方向へ向いている。しかしそれぞれの国家における人びとの自己評価を比較することは、示唆的である。たとえば、自分たちの現状を、最も高いと評価しているのは、イスラエルの一〇のキブツのサンプル――ここでは客観的平等が非常に高い――と、合衆国の成人のサンプル――ここでは、平均収入は非常に高いが、収入配分の不平等もはなはだしい――の二つである。三番目に、高いと自己評価している国は、キューバとエジプトである。キューバは革命を経験し、以前の不平等を大幅に減少した(しかし決して根絶はしていない、そしておそらく、平均収入をいくらか切り下げている)。エジプトも同じように革命を経験したが、今だに極端な貧乏と不平等に悩んでいる。将来に対する個人的期待が最も高いのは、(上から順に示せば)キューバ、エジプト、キブツ、合衆国、ナイジェリア、ブラジル、そしてパナマの順だった[13]。個人的評価による、過去から将来への変化の振幅の大きさ(つまり良くなるという期待)では、先頭に立つのは、ナイジェリアである。この国は、世界中で一番貧しい国の一つであり、調査当時、破滅的な内乱の状態にあった。ナイジェリアについで、キューバ、ドミニカ、エジプト、ブラジル、パナマがくる[14]。このように、将来への希望は、直接、革命、民族独立その他の急激な政治的変化に強く影響されているので、その国の社会経済的段階と、自分の将来や国の将来についての市民の期待との間には、事実上何の関連性もない[15]。

Cにおける連鎖の強さは、個人が社会化されている文化や下位文化での一般的な思考様式に依存している。利益を剝奪されている集団が、現在の劣悪な条件は、ある究極のおそらくは終末論的な救済のみによって正される事物の本来的秩序の一部であると信じることは十分ありうる。それは、ヒンズー教がカースト制に正統性を与えているように、しばしば宗教や宇宙観によって正当化される。不平等を正当化し合理化する世界観は、単に現状維持がエリートの利益になるということによってのみ持続するわけではない。利益を剝奪された集団の間でも、みじめで恥ずべき存在としての自分たちが、そのような自己否定的世界観によって、しばしば耐えしのぶことができ、了解可能になるのである。長期間にわたって、根絶しがたいと思われる不平等に立ち向ってきた集団は、しばしばその要求を低く下げ、可能性というきびしい限界線の中で、より多くの大衆を組み入れることを学ぶのである(16)。

キャントリルによる国家別調査は、この〈無力化〉過程に関して、興味深い例示的証拠を提出している。自由解答してよいが、しかし十分に工夫された一組の質問を通じて、人びとはその希望と不安を語るよう質問された。読者は、より高度に発達した国の人びとは、より貧しい国の人びとよりも、希望について多く語り、不安については語らないと推測するかもしれない。しかし、キャントリルは、一国の社会経済的発達段階と、その国民が自己と国家について語った希望の量との間には、確かに〈正だが弱い〉相関しか見出せなかった。他方、予想に反して、彼は、一国の社会経済的発達段階と、その国民によって語られる不安の量との間に、はるかに強い相関があることを発見した。要するに、国が豊かになればなるほど、希望と不安の両方が増すのである。人びとが、自己についても国家についても、語った不安が最も少なかったのは、インドとブラジルの二カ国である。とてもありそうに思えないかもしれないが、(希望であれ不安であれ)健康に関して語った量が最も少なかった国は、インドである。「この国は、被調査国の中で、最も健康についての条件が悪かった」(17)にもかかわらずである。そこでは、ヒンズー教による〈無力化〉の過程が、驚くべきほど長い間持続してきたのである。

径路の最後の連鎖(DとE)もまた、切れることがある。不満、憤慨、怒りは、より平等を求める要求を刺激しないで、代りに、あきらめ、アパシー、絶望、無力感、自己否定、空想、至福千年の夢、敬虔な受容、運命論、〈アンクル・トム〉的心的状態などに変質するかもしれない。これらの言葉は、きびしく価値剝奪されている農夫社会の、農夫の精神状態を記述するためにしばしば使われている。(18)

この章の要旨は、以下のような命題に要約できる。

抑圧体制の国では、重要な価値の配分についての極端な不平等は、公的異議申立ての安定した体系が発展する可能性を減少させる。

すでに公的異議申立てを許容する体制をもつ社会では、極端な不平等は、競争政治が抑圧体制に代えられる可能性を増大させる。

ポリアーキーは、とりわけ極端な不平等によって傷つきやすい。重要な価値の配分についての極端な不平等は、競争政治やポリアーキーにとって悪い影響を及ぼす。なぜならこのような事態は——

重要な政治資源の配分の極端な不平等と同じことになり、怒りと不満を生んで体制に対する忠誠心を弱めやすいからである。

しかしながら、競争政治や、ポリアーキーでさえ、かなりの不平等の中でも生き残ることができる。なぜなら

厖大な不平等の下でも、利益を剝奪された集団の中で、平等や体制変化の要求が生まれないこともあるからである。

より多くの平等を求める要求が生じたとしても、体制は、その要求の必ずしも全部ではなく一部に応ずることによって、あるいは、客観的不平等を減少しなくとも、相対的剝奪感を減少するような対応によって、価値剝奪された集団の間に、忠誠心を獲得できる場合もある。

第六章　注

（1）　レンスキーの結論をみよ(Gerhard Lenski, *Power and Privilege*〔New York: McGraw-Hill, 1966〕, p. 437)。

（2）　David I. Verway, "A Ranking of States by Inequality Using Census and Tax Data," *Review of Economics and Statistics* 48, no. 3 (August 1966): 314-21. ヴァーウェイの研究(三二〇頁)の中では、収入における不平等性のジニ係数は、他の標準的測度と、次のように相関する。

上位二〇%の独占率、〇・九八
上位一〇%の独占率、〇・八八
上位　五%の独占率、〇・七二

（3）　*Who Governs?* (New Haven: Yale University Press, 1961, 『統治するのはだれか』河村望・高橋和宏監訳、行人社、一九八八年)の中で、ニューヘブン(この町は、東海岸の最も古い町の典型と思うが)から引き出した歴史的証拠を、私は、一八世紀から二〇世紀の間の、集積的不平等から、分散的不平等への変化を示すものとして解釈した。これら少数の古い都市とは別個の農業的アメリカでは、一八世紀から二〇世紀にかけて、相対的平等から、拡散的不平等へ変化した、という見方と、これは矛盾するものではない。植民地マサチューセッツ州の町の生活を、高度に合意形成的で、比較的に平等であるとしたマイケル・ズッカーマンの注目すべき解釈は、この説に支持を与えている。彼の *Peaceable Kingdoms: New England Towns in the Eighteenth Century* (New York: Knopf, 1970)をみよ。

（4） T. H. Marshall, *Citizenship and Social Class* (Cambridge: Cambridge University Press, 1950) and Robert A. Dahl, ed., *Political Oppositions in Western Democracies* (New Haven: Yale University Press, 1966), pp. 359-67. 判断するのは早すぎるが、一九六〇年代の後半に、階統的な権威が支配的であった社会的、経済的、政治的諸組織の民主化を強調する新しい局面が始まったという可能性はある。

（5） 一八六〇年、主要な奴隷州の間での、総人口のうちの奴隷の占める割合は、サウス・カロライナ、五七%、ミシシッピー、五五%、ルイジアナ、四七%、アラバマ、四五%、ジョージア、四三%、ヴァージニア、四〇%、ノース・カロライナ、三三%であった。Richard B. Morris, *Encyclopedia of American History* (New York: Harper, 1953), p. 516; U.S. Bureau of the Census, *Historical Statistics of the United States, Colonial Times to 1957* (Washington, D.C.: Government Printing Office, 1960), p. 13.

（6） データは第二章の注（3）をみよ。

（7） Robert E. Lane, "The Fear of Equality," *American Political Science Review* 53 (March 1959): 35-51.

（8） Hadley Cantril, *The Pattern of Human Concerns* (New Brunswick: Rutgers University

Press, 1965), pp. 194, 258-59. キャントリルの社会経済的指数にもとづく順位づけによると、アメリカ合衆国、西ドイツ、イスラエル、日本、ポーランド、キューバ、パナマ、ユーゴスラヴィア、フィリピン、ドミニカ共和国、ブラジル、エジプト、ナイジェリア、インドの順である。

(9) W. G. Runciman, *Relative Deprivation and Social Justice* (Berkeley: University of California Press, 1966), p. 94.

(10) 同一二頁、傍点は著者。

(11) 同一九七頁から二一〇頁。

(12) Cantril, *The Pattern of Human Concerns*, pp. 184-94.

(13) 同表Ⅸ－4、一八七頁。

(14) 同表Ⅸ－6、一八八頁。

(15) 同一九四頁の順位相関係数をみよ。

(16) このようにして、農夫社会で「常に個人の権利を主張する力の思考複合」と対照して、マーメット・ベキラージは、現存する体系の枠組を支持する〈無力化〉の思考様式について説明する。

社会問題は、現在の社会組織によるよりもむしろ人間の欠陥によるのである。誤りなく計画されたはずの社会組織が失敗する理由は、人間にある。新しい欲望を刺激して、社会の平衡を失わせるものは、力の思考である。これに比較して、無力化の思考は、満足を後にし、欲求を最小におさえる力を人間に与える。……低水準の知識という条件下では、無力化思考は、力の思考よりも重要な機能をはたす。人間は、それ自体「目的」となる。彼らは、現存する社会組織形態を強固にすることを目ざすのを美徳とするようになる。……力の思考による影響をまぬがれて、美徳にまで強化された無力化の思考は、その体系のための知識の、それ以上の発展を阻止する。

Peasantry in Revolution (Ithaca: Center for International Studies, Cornell University, 1966), pp. 31-33.

(17) Cantril, *The Pattern of Human Concerns*, p. 164.〈関心〉(希望と不安)の量と、その国の社会経済的指数との間の順位相関係数(一九九頁)は、

個人的希望、〇・二四　国民的希望、〇・二五

個人的不安、〇・四六　国民的不安、〇・五一

関心量の報告では、日本とポーランドは省略されている。総計した関心量については、一五五頁をみよ。

(18) たとえば、ベキラージのすぐれた、農夫に関する描写をみよ。*Peasantry in Revolution*, especially pp. 1-43.

悲観的哲学も、敬虔に向う傾向も、ともに農夫集団の中では一般的である。……自身の目から見ても、農夫は〈愚か〉で〈野卑〉であり、時には〈悪漢〉でさえある。彼は、自分の集

団が無能であるという仮定にもとづいた悲観的哲学の助けをかりて、この自己卑下とともに生きることを学んだ。そしてその哲学を、個人的な失敗を弁解するのに用いている。この弁解によって、彼は、本当は、不正で、節度がなく、残酷であると正しく認識している社会に順応することができた(一一―一二頁)。……社会慣習についての、ユートピア的倫理的教訓と結びつくことによって、農夫は、自らの行為の常態的失敗の影響から、自らを守る。〈善なる秩序〉がいつかはこの世に訪れるかもしれないという信念によって、善と神聖なるものを尊重し、このようにして、敬虔へと向うのである。この〈善なる秩序〉の中に、自らの位置を投射することで、自分自身に価値があるという信念を支える。それは、毎日経験する自己卑下の埋め合せとなる(一九頁)。

もちろん、農夫は、つねにどこでも、このような考え方にしがみついているとするのは、誤りである。ベキラージも指摘しているように、ときには、善なる秩序に対する彼の信念が崩れたときには、一揆や革命へと走ることも起る。五三一年から一九〇八年までの、フランスにおける一七三の騒擾事件に関する、ソローキンの表の中に、多くの数の農民一揆が入っていることから分るように、農民一揆は、実際かなり一般的であった。Pitirim A. Sorokin, *Social and Cultural Dynamics* (New York: American Book Co., 1937), vol. 3, appendix. George Rude, *The Crowd in History, 1730–1848* (New York: Wiley, 1964), chap. 1, "The French Rural Riot of the Eighteenth Century."

第七章　下位文化・分裂形態および統治効率

いかなる体制といえども、極端に敵対するいくつかの集団に分裂すると、明らかに危機にひんする。きびしい分極化に直面すると、競争体制は、崩壊しやすくなり、クーデターや内乱が発生する。たとえば、一九一九年から一九二三年までのイタリア、そのわずかな存在の全期間を通じての第一次オーストリア共和国、一九二九年から崩壊にいたるまでのワイマール共和国、一九三四年から一九三六年までのスペイン共和国、そして内乱に先だつ一〇年間のアメリカ合衆国がそうである。

アメリカ合衆国では、勝利者は、包括的ポリアーキーの側に立っていた。そのため戦争終結後の一〇年間には、解放奴隷さえ包括するにいたった。しかし他の場合には、勝利は、反民主主義運動の側にゆき、彼らはそれぞれ抑圧体制を導入するのに成功したのである。

競争政治体系が、たやすくとり扱うことのできない、あるいは、全く扱うことのできない種類の対立がある。一国の人口のある大きな部分が、別の部分から、生活様式や最高の価値とするものについて、重大な脅威を受けていると感じるような衝突が生じると、競争体制に危機が生れる。その最終的結果が何であれ、歴史は、その体制が内乱によって崩壊するか、抑圧体制によっておき替えられるか、あるいは両者がともに起ることを立証している。

このようにきびしく敵対する陣営に人びとを分極化しかねない社会内部の相違は何であれ、重大な意味をもつ分裂である。とすれば、ある国が、理由は何であれ、するどい分極化に向いかねない相違が存在するという理由で競争体制よりも、抑圧体制をとる可能性が他国よりも高いといいうるだろうか。

この疑問に対する答えは、不幸にして、マルクス主義者の思想のある劇的側面が、社会思想に与えた大きな衝撃によって、あいまいにされてしまっている。一世紀以上もの間、分極化と内乱についての考察は、非マルクス主義者の間でさえも、マルクスの経済的階級という結節点——つまり労働者階級とブルジョア階級——をめぐって分極化するという概念によって支配されてきた。しかし、共産党宣言が出版されて以来、一二〇年間に、一つとして、マルクス的衝突のモデルに従って発展した国はなかったし、またいかなる体制も、それが抑圧体制であれ競争体制であれ、労働者階級とブルジョア階級への明瞭な分極化によって、崩壊したり、変化したりしたものはなかった。

階級対立についての既成概念、しかもすぐれた社会理論家の中にさえ存在する筋道の通らない仮説、つまり階級は工業社会における相違の〈現実的〉基礎であり、その他の相違はともかくもすべて〈究極的には〉そこに還元されるという仮説、この仮説のために個人が社会化される持続的下位文化を生み出す他のさまざまな相違から注意がそらされてきてしまった。これらの相違とは、宗教、言語、人種あるいは種族的集団そして地域である。(1)

これらの軸にそった相違、しばしば相互に強化し合う相違は、多くの国の政治生活にとって、明らかに重要かつ持続的な効果をもっている。確かに、世界中のほとんどの国においてといっても、いいすぎではないだろう。しかしながら、この種の相違は、しばしば、無視されるか、あるいは、〈実際には〉階級の相違が偽装されているにすぎないとか、階級ほどには〈現実的〉ではないとか、たとえ同じくらい現実的だとしても、階級ほど持続的ではないゆえに、工業化、都市化そしてマスコミュニケーションの衝撃の下に、急速に消えざるをえないというような反論を受けてきた。しかしながら、これらの相違や、その相違が生みだす対立は必ずしも消え去らないばかりでなく、そして現代のベルギーやカナダそしておそらくイギリスなどの国におけるように、時が経過するとともに、その対立は激化する可能性さえある。

〈階級〉の相違が重要ではないと論じているわけではない。ただ経済的階級は、単なる要因の一つにすぎず、そして明確な下位文化すなわち生活様式、政治思想、規範、同一化、忠誠心、組織、社会構造などを生み出すことができ、そして事実生み出してきている他の相違よりも、多くの場合重要ではないのである。さらに、これらの下位文化は、しばしば、異常なほど長く、個人の生活の中に持続するばかりでなく(階級帰属のほうが、母国語や宗教よりも簡単に変えうる)、社会生活の中でも、長く生き続ける。たとえば、数千年の間に、階級とか帝国は、いくつも興亡してきたが、現在のスイスやベルギーにおけるような言語圏は、ほとんど変らなかった。

おそらく、人種的あるいは宗教的同一性は、個人の人格の中に早い時期に深く組み入れられるので、人種や宗教的下位文化間の衝突は、それが地域と結びついている場合には、とりわけ危険をはらんでいる。人種的、宗教的下位文化の間での衝突は、最も基本的な自我に対する脅威とみなされやすいので、敵対者は、すぐにも有害かつ非人間的な

〈あいつら〉に変わる。そしてその脅威は、暴力や野蛮行為を生みだし、それを正当化する。それは、内部集団の外部集団に対する、人類の共通した反応である。人種的集団や宗教と、地域的下位文化が結びつくと、その指導者が、自治を、そして独立さえも要求するようになる国家の前段階が生れる。それゆえ、政治学者の中には、代議政府をもつ国の境界線は、民族の境界線と一致しなければならないという、ジョン・スチュアート・ミルに同意する者が多い。そして多民族国家でのさまざまな経験が、こうした主張を強く支持してきている。(2)

下位文化の多元性は、公的異議申立ての体系に必要とされる寛容と相互安全保障に、危険な緊張を与えることに、ほとんど疑問の余地はない。ポリアーキーは、とりわけ、下位文化的多元性がはなはだしい国よりも、比較的同質的な国に多く成立している。おそらく、これについての最良の証拠は、多元性の指数にしたがって、一一四カ国を分類している、マリー・R・ハウグの研究と、バンクスとテクスターの『国家間調査』(*A Cross-Polity Survey*)によるデータの中にみられよう。このデータが集められた一九六〇年代初期から、諸国の体制には、いくつかの変化があったけれど、これらの変化は、一般的関係を無効にするほど、大きな変化ではない。文化的多元性(数的な意味での)を無視しうる二六カ国と、多元性が極端な三四カ国とを比較すると、次のようなことが明らかとなる。

下位文化の多元性を無視しうる国の間では、半数以上が、極端な反対、共同体主義、分裂主義、あるいは政治的非同化などがほとんどか全くない(政治文化への同化が高い)統一的、同質的政治社会として、バンクスとテクスターによって分類されている。

これらの国の中で、国民の多数あるいは準多数が極端な反対や、共同体主義、分裂主義、市民権の剝奪、あるいは政治的非同化(政治文化への同化が低い)などの状態にあるという理由で、相対的に解体した、あるいは限定された政治社会として分類されている国は一つもない。

逆に下位文化の多元性が極端な国の間では、政治文化への同化の高いのは、たった一〇%にすぎない。ほとんど三分の二の国において政治文化への同化が低い。

下位文化の多元性を無視しうる国の間では、六〇%が、バンクスとテクスターによって、自立的な立法、行政、司法機関に、機能的に権力の効果的分配(重要な水平的権力分散)がなされていると分類されている。

表 7-1　ポリアーキーと下位文化の多元性

	下位文化の多元性の量			
	低い	若干	著しい	極端
総　計	26	28	27	33
ポリアーキーと準ポリアーキー	15	10	3	6
割合(%)	58	36	11	18

注：ハウグの多元性指数で，低いは 0-1，若干 2-3，著しい 4-5，極端 6-7 あるいは 8 までと定義されている．

これらの国の間では、たった一八%が政府の一機関あるいは政府外の一機関による完全支配(水平的権力分散はほとんどない)として分類されている。

逆に下位文化の複数性が極端な国の間では、意味ある水平的権力分散を行っているのは、たった三分の一にすぎず、他方、五七%の国では、政府の三権のうち一部門が純粋に機能的自律性をもっていないか、あるいは、二部門が制限された自律性しかもっていない。(4)

政治体系のわれわれの分類(ふたたびほとんどバンクスとテクスターにもとづく)では、一九六〇年代初頭において、およそ三四のポリアーキー、あるいは準ポリアーキーが存在している。(5) これらのポリアーキーの大部分は、下位文化の多元性(ハウグの下位文化の多元性指数によって計測された)の低い国から生れている。そして下位文化の多元性の著しい、あるいは極端なポリアーキーの国は比較的少ない(表7-

1)。

表7－1で著しい、あるいは極端な多元性(一九六〇年代初頭)と分類されているポリアーキーと準ポリアーキー諸国について考察することは意義深い。著しい多元性をもった三カ国の中で、ベルギーでは、下位文化間の衝突が、一九六〇年代初頭から激しくなっている。フィリピンでは、地方でのゲリラ活動が復活している(第三番目はレバノンである)。極端な多元性をもった六つのポリアーキーの間では、シエラレオネは準ポリアーキーでさえなくなってしまった。マラヤは二国に分裂した。インドでは、言語に関する根深い対立がある。セイロンでは、共同体間紛争と、批判に対するきびしい制限によって、当分の間、準ポリアーキーの基準に合うかどうか、疑わしくなっている。カナダでは、フランス系カナダ人の民族主義が噴出している。六つの中では、スイスのみが、比較的平穏である。しかし、スイスでさえも、最近フランス語系のジュラの市民の間に、州分離の要求が生まれている。

それにもかかわらず、たとえ下位文化の多元性の著しい国では競争政治体系の可能性が低いにしても、それが不可能であるとか、下位文化の多元性は必然的に包括的ポリアーキーを排除するとか言うのは言いすぎだろう。

表 7-2　下位文化の多元性と社会経済的発達(I)

	多元性		χ^2
	無視しうる	極端	
1913 年かそれ以前の独立	72.0%	24.2%	27.33 (d.f.6)
1945 年以後	8.0%	69.7%	P<.001
(全数)	(25)	(33)	
1 人あたり GNP			
600 ドルかそれ以上	50.0%	6.1%	42.08 (d.f.9)
150 ドル以下	3.8%	75.8%	P<.001
(全数)	(26)	(33)	
66% 以上の農業人口	3.8%	72.7%	
33% かそれ以下	50.0%	9.1%	
(全数)	(26)	(33)	

出典：Marie R. Haug, "Social and Cultural Pluralism as a Concept in Social System Analysis," *American Journal of Sociology* 73, no. 3 (November 1967), tables 5, 6, 7, pp. 301-03.
注：パーセンテージは縦に計算されている.

下位文化の多元性は、発展途上国の間で最も大きい傾向があることは、念頭におくべき事実である。極端な下位文化の多元性の国は、新しい国家が圧倒的に多い――七〇%が、一九四五年以降独立を達成した国である。これらの国は、新興国家としての、あらゆる典型的な不利益をこうむっている。たとえば、低い一人あたりの国民総生産、高い農業人口、低い都市化、低い識字率、低い新聞普及率など。その上これらの国は、比較的面積が広い(表7－2と7－3)。

今までみてきたように、社会経

表 7-3　下位文化の多元性と社会経済的発達(II)

	多元性		全数 N	χ^2
	無視しうる	極端		
都市化				
2万人以上の都市人口が 20% 以上	% 41.1	% 12.5	56	40.92 (d.f.3)
2万人以上の都市人口が 20% 以下	0.0	51.0	49	P<.001
読み書き能力				
90% 以上	52.0	8.0	25	37.68 (d.f.9)
10% 以下	0.0	57.7	26	P<.001
新聞普及度				
1000 人につき 300 部以上	57.1	7.1	14	49.57 (d.f.9)
1000 人につき 10 部以下	0.0	57.1	35	P<.001
面　積				
30 万平方マイル以上	9.7	48.4	31	15.73 (d.f.6)
7 万 5000 平方マイル以下	29.8	12.8	47	P<.02

出典：Haug, "Social and Cultural Pluralism," tables 4 and 5, pp. 300-01.
注：パーセンテージは，横に計算されている．

済的発達が、低い水準にあることは、競争政治にとって、不吉な徴候である。事実、国家建設の初期の段階では、典型的にさまざまな要因が相互作用して、競争政治の可能性を掘り崩し、代りに抑圧体制を生み出している。下位文化の多元性は、これらの要因の一つにすぎない。それゆえ、下位文化の多元性と、抑圧体制との間の関連性のうちある部分は、社会経済的水準のような、他の要因に起因するものとしたほうが、合理的である。

しかしながら、下位文化の多元性の度合がかなり高い国においてすら、競争政治は存在しうる。とりわけ、ベルギー、カナダそしてインドは、どうにかポリアーキーを発展させ、維持してきた。さらにオランダという注目すべき例がある。そこでは、言語、人種、体格、習俗同一性あるいは地域などの相違は、重大な役割を果たしてはいない。それゆえ、数量的にいえば、下位文化の多元性は、極端ではない。しかしながら、宗教的には、分裂に近い局面で、この国を三つの大きな精神的家族(カトリック、正統派プロテスタント、および残りの部分)に分けている。これら三つの下位文化は、他のいかなる包括的ポリアーキーにも見られない程度に、自発的に分離されている。にもかかわらずオランダは、代議制民主主義をがんこに維持しつづけている。(6) 最後に、数量的な意味で、下位文化の多元性の高い国の中では、スイスが印象的な例になっている。

下位文化の多元性の高い国が、ポリアーキーを維持できるだけの低い水準にそれら相互の衝突をおさえておくためには、少なくとも三つの条件が、本質的に必要とされているように思われる。(7)

第一に、もし種族的、宗教的、地域的下位文化が政府に参加する機会、つまり、そのリーダーたちが〈政府〉や統治を構成する多数派の連合に参加する機会を、必ずしも〈無制限に〉拒絶されているわけでないならば、衝突は、穏やかな水準に止められる可能性がある。

このためには各下位文化のかなりの成員の間に、そしてとりわけその指導者の間に、時には、その下位文化間の違いをのり越えて協力することへの欲求が存在しなければならない。協力へ向う誘因となるいくつかの一般的原因がある。一つは、民族、民族の統一、民族の独立、政治制度などを維持することへの献身である。第二に、他の下位文化の代表と連合することなしには、統治しうる多数派の支配を形成できないという認識が、各下位文化の側にあることである。もし各下位文化が、少数派を構成している場合には、この条件は満たされる。

こうした見込みは、基本的に二つの下位文化に分裂している国では、三つ以上に分裂している国よりも薄いようにみえる。というのは、もしある国が、二つの下位文化に分裂している場合、一つが多数派、他は少数派となってしまうからである。たとえ、ある国が、三つ以上の下位文化に分裂しているとしても、一つの下位文化が多数派を形成することがある。そこで厳密にいえば、各下位文化が少数派になるためには、三つ以上の下位文化の存在は必要条件だが、十分条件ではない。

ある国の下位文化が、多数派と少数派に分れているとしたら、多数派の成員は、少数派と和解する必要が少ない。なぜなら、多数派は、自分たちの中だけで多数派連合を形成できるからである。その結果、少数派の成員は、多数派の政治支配から解放される見込みがない。それゆえ、少数派もまた、妥協的になる誘因がほとんどなくなる。これは疑いもなく、今日、アメリカ合衆国での人種問題爆発の一因である。もし少数派の下位文化が、フランス語系カナダ人のように、地域的に集中しているならば、危険はさらに大きい。というのは、少数派に軍事的闘争精神が育ってくると、彼らは、ほとんど確実に、より大きな自治を要求しはじめる。そして極端な場合には、完全な独立を要求する。同じように地域に根をもつ二つの下位文化が存在するベルギーでは、国家的分裂への傾向は、ベルギー・ナショナリズムによってばかりでなく、いくつかの他の要因によって抑制されている。その一つは、ワロン語少数派が、当然ではあるが、自分たちを抑圧された少数派であるとは全然考えなかったことである。というのは、ワロン語少数派は、社会的、文化的、経済的に優勢であり、そして数十年にわたって、政治的にさえ優勢であったからである。最近では、フランダース人が自己主張し始め、ワロン語少数派は、脅威を感じ始めているが、完全な分極化は、第三の要素ともいうべき、ブリュッセルの住民の存在によって弱められている。人口の一六％を占めているこの首都には、両方の下位文化がふくまれている。ここではワロン語派が多数派で、フランダース語派が少数派である。ブリュッセルは、それ自体、二つの下位文化の争いの中で、重要な争点ではあるが、また和解のための力としても役立っている(8)。

三つ以上の下位文化を生み出し、その各々が少数派になるようにするためには、主要な分裂線が二つ以上ある必要はない。この点では、分裂の型の数は、ある社会の下位文化の多元性の度合を測定するには、不適当である。先にふれたように、オランダでは、宗教が唯一の分裂線となっている。そしてそれが、三つの構成要素――カトリック・正統派プロテスタント・および残りの部分――を生みだし、そのどれもが多数派でない(9)。二つ(あるいはそれ以上)の分裂線が交差すれば、人口は二つ以上、たとえば四つの集団に分けられうる。このようにして、スイスでは、ドイツ語系多数派と、フランス語系少数派がともに、カトリックとプロテスタントに分れている。それゆえこうしてできた四つの集団は、どれも多数派ではない。そしてこれら四集団は、さらに、地域によってもっと小さく分割されている(10)。

インドでは、言語と、カーストと、地域が、下位文化のモザイク模様を生みだしている。そしてそのどれも、比較的小さな少数派なのである(五億の国民の中では、比較的小さな少数派といっても、絶対数からしたら、しばしば、世界中の多くの国の人口より多い)。コタリが述べているように、インドの極端な多元性は、困難の源であるばかりでなく、何らかの形でインドのポリアーキーをささえる力の一つとなっている。というのは、極端な多元性のゆえに、あらゆる集団の指導者は、妥協と連合形成の技術を、いやでも学んで実践しなければならないし、また、いかなる単一の集団も、政治資源を独占しようとすることはできないからである。(11)

いかなる下位文化も、政府に参加する機会を必ずしも〈無制限に〉拒絶されない条件は、二つの方法によって達成できる。一つは、スイスのように、村落、州、連邦の統治においてすべての主要な政党が、代表され、そこで全員一致を強調する体系である。他の一つは、ベルギーやオランダのように、時間の経過とともに、各集団が、野党から与党に移ることのできる、連合移動の体系である。この体系に対し、ローウィンが〈短くて、覚えやすい名称〉「一般的連合可能性」(*Allgemeinkoalitionsfähigkeit*)をあたえている。(12)

下位文化の多元性のかなり大きい国で、衝突を減少させるための、第二の必要条件は、必ずしも公式の憲法条項として成文化されていなくてもよいが、さまざまな下位文化に、比較的高度の安全保障を与えるという了解や約束である。

最も一般的な相互安全保障取り決めの形態は、主要な下位文化が、ほぼその数的重みに近い数で、議会に代表されるという保障である。この保障は、選挙の際にさまざまな形の比例代表制を採用することで得られる。この種の保障は、スイスの全政党連邦評議会のように、あるいは、第二共和制下のオーストリアの比例協定(Proporz)のように、行政府にまで拡大できる。行政府への参加が保障されている場合には、それは、全員一致制、あるいはいいかえれば主要な下位文化の利害に関する決定をするにあたって、少数派が拒否権を行使できることが必要条件である。その下位文化が多少とも地域的な場合には、相互安全保障は、カナダ、インドあるいはスイスのように、連邦制によって与えられることもある。スイスでは、地方自治が、さらに高い保障を、下位文化に与えている。[13] 最後に、相互保障は、特別の憲法的規定協約、解釈などによってささえられることもある。これらは、議会内多数派が、少数派の下位文化にとっての重要事項を規制する権限に、憲法上の制限を課す。たとえば、スイス、インド、カナダにおける言語的保障や、オランダにおけるように、広範な取り決めを結んだ宗教、新聞、政党、労働組合、農場組織から国家補助の学校、社会保障計画、国有のラジオやテレビ放送にいたるまで、国家の三つの構成部分に多くの自治権を保障する場合がそうである。(14)

第三の必要条件は、想像上のものであるばかりでなく、正確に記述しにくいものだが、もしポリアーキーが、国民によってあるいは少なくともその政治的階層によって国家の主要問題とされるものに対し、効果的に対応できると国民が信じるならば、ポリアーキーの可能性は高くなる。(15)というのは、もし主要問題〈解決〉という政府に対する要求が、何年もの間、みたされないとしたら、忠誠は、幻滅そして軽蔑に変ってゆくだろう。とりわけ〈問題〉が、人口のかなりの部分に対する広範かつきびしい価値剝奪たとえば、急激なインフレ、広範な失業、きびしい貧困、はげしい差別、教育施設の悲しむべき不足などにかかわっている時には、その可能性は高い。

ところでこの要請は、ポリアーキーに固有のものではないし、下位文化の多元性が高い国に特有というわけでもない。それは、あらゆる体制にとっての一般的必要条件である。しかし、ここでとりわけこのことを強調する理由は、これが、最初の二つの必要条件と矛盾することがあるからである。というのは、全員一致と少数派の拒否権や移動連合によって機能し、いかなる多数派連合といえども、下位文化での少数派の不利益にならないように行動するという保障によってささえられる政治体系は、もっとも政府を金縛りにし、政治的階層が主要問題とみなしているものを解決されないままにしておきやすいからである。そこでは、あらゆる可能な対策が、自分たちの利益に反すると考える少数派の指導者によってひとつずつ拒否されてしまう。スイスやオランダの経験が示しているように、金縛りは必然的なものではないが、それはこの種の体系に対する重大な不満である。(16)

下位文化の多元性の著しい体系は、それゆえ、ときには不幸な、悲劇的でさえある選択に迫られる。すなわち(a)その少数派の相互保障は与えるが、主要問題解決の要求に対し、国民の忠誠を十分ひきとめておけるだけの対応ができないポリアーキーか、(b)もし必要とあらば、一つかそれ以上の下位文化の成員を圧迫することによって、これらの問題に応じようとする抑圧体制。またその下位文化が地域的なものであれば、(c)別々の国に分離する。この最後の選択のみが、少数派の中でもポリアーキーを維持することができるものだろう。このように、ポリアーキーの代価は、その国の分裂に終る場合がある。そして国家的統一の代価は、抑圧体制であるかもしれないのである。

政治制度と統治の効率

政治制度というものが、どの程度までこれまで論議したような社会経済的・文化的要因の結果にすぎないか、それとも独立した要因であるのかに関しては、政治学者が、まだ満足に解決していない問題の一つである。およそ一世代の間、政治制度は単なる従属現象として、一般に関心をもたれてきた。しかしこの政治学における還元主義の時期は、ようやく終りを告げようとしている。状況がいかなるものであれ、競争体制における統治の効率という問題を分析するためには、政治制度の問題をかなり強調しなければならないと私は考える。とはいえ、私は、競争体制の国がそれぞれ、どのようにしてその固有の統治諸制度をとるようになるのかを〈説明〉するという途方もなく厖大な課題は、完全に避けて通るつもりである。

ポリアーキーの下では、二種類の制度的整備が、統治の〈効率〉に対する重要な結果を生む。その一つは、行政権と国内の他の主要な政治諸力との間の関係にかかわっている。この関係の中には、競争体制の主要問題のひとつ、すなわち行政権と立法権の関係がふくまれる。一九世紀から二〇世紀へとポリアーキーとして生き残った競争体制はすべて、広範な権限で武装した強力な行政権を発達させてきたというのは確かなようである。フランスも含めて、すべての国が古典的な合議体政府のモデルを捨てた。事実上にせよ法律上にせよ、どこでも、政策を準備し優先順序を決定し、そして改革するということの責任は、ほとんど行政権に移された。

もう一つの重要な制度は、政党制度である。政党制度が、分裂と麻痺よりも統合と活動に貢献しているところでは、寛容のコストは減少するというのは、漠然とした仮説であるかも知れないが、擁護できる。操作的用語で、この命題を定義することは非常にむずかしいが、高度に分裂した多政党制度(サルトリのいう〈極端な〉あるいは〈分極化した〉多元主義)[17]は、主要な問題に対処できない不安定で弱い連合を生みだし、したがって公衆にあるいは、政治的エリートにとってさえも、政治生活の徒党的、ゲーム的側面を、誇張するものとして映じることは明らかである。その結果、今度は、代議制民主主義や、政治的衝突に寛容であることの信頼の喪失をまねきやすい[18]。

何らかの形の二大政党制をもつ現代のポリアーキーのうち約三分の一が、政党分裂の問題に直面している。残りの三分の二のうちかなりの数が、次のようにして、極端な分裂を回避するのに成功してきた。たとえば、ドイツ連邦共和国のように二つの大きな支配政党と、一つあるいはいくつかの小政党からなる政党制度。

投票と議席の五〇％近くを通常獲得する支配政党と、三つかそれ以上に分裂した野党をもつ政党制度。たとえば、インド、日本、スカンディナヴィア諸国。

二つの主要政党の特殊な大連合。たとえば、最近までのオーストリア、一九六六年から六九年までの西ドイツ。

スイスのように、全主要政党が、行政権に参加し高度の国民的合意と、全員一致を目ざす制度。

しかし競争政治の実験において、政党体系の分裂を阻止するのに必ずしも成功するとは限らない。競争政治が、高度に分裂的な政党制度を伴っている国(議会制度の下では、それは同時に弱い行政府を生む傾向がある)では、抑圧体制に変る可能性が、かなり強い。この一〇年間に、ギリシャとアルゼンチン両国の準ポリアーキーは、瓦解してしまった。その理由はおそらく、それが政党分裂によって国家の問題を効果的に処理できず、クーデターによる独裁の樹立を阻止しうるだけの国民の忠誠を獲得あるいは維持できなかったからである。合議体政府の古典的母国であるフランスでは、第四共和制が、アルジェリアという苦しい問題を解決できないために、倒壊した。

第七章　注

(1)　下位文化はもちろん、経済的、社会的〈階級〉あるいは〈身分〉(これはさまざまに定義されているが)をめぐっても形成される。あるいは、職業、教育水準、その他、厳密にいって、種族的、宗教的、地域的特徴と関連のないものをめぐっても形成される。しかしここで用いられているかぎりでは、下位文化の多元性という言葉は、種族的、宗教的、地域的下位文化の存在を指している。下位文化の多元性を、一つの仮説的抽象的次元において想定し、そこでの尺度を用いて実際のさまざまな社会の下位文化の多元性の〈量〉を比較することができる。

種族的下位文化の基礎となる特性のリストの中に、〈種族集団〉が入っているのは、重複であると抗議されるかもしれない。なぜなら、〈種族的〉一体感が、少なくとも、間接的に、他の相違の一つ、たとえば宗教、言語、人種あるいは、体格などに、基礎をもたないとは、想像しがたいからである。ここには、私が、ここで故意に避けようとしている定義の厳密性の問題がある。しかしながら、種族的下位文化と下位文化の多元性という言葉は、言語、宗教、人種、体格などの客観的相違が時とともに希薄化するにもかかわらずその〈歴史的〉集団への一体感をそれなりに強く残しているような集団まで含むように、広義に意図されている。たとえば、アメリカ合衆国内の無宗教ユダヤ人がいる。あるいは、イギリスでの英語を話すスコットランド人やウェールズ人、プロテスタントのアイルランド人やスカンディナヴィアの人びとが、民族としての一体感を分解せずに、他のスカンディナヴィア国家の支配下にある時のように、明確な地域的根拠をもってはいるが、地域ばかりでなく、歴史的に発展してきた一体感にもとづいている場合がある。

(2)　Walker Connor, "Self-Determination, The New Phase," *World Politics* 20 (October 1967): 30-53. コナーは、多民族国家の代議制の実行能力に関して、イギリスにおける論議の弁証法的発展を次のように要約している。アクトンは、ミルに反対して多民族国家の多元性は、専制主義に対する解毒剤であり、さらに文明化への力であると主張した。次に、アーネスト・バーカーが、ミルを支持して、アクトンに反対した。そして最後に、アルフレッド・コバンが、アクトンの側に加わって、ミルとバーカーに反対した。コナー自身は、ミルとバーカーを強力に支持し、アクトンとコバンに反対している。

(3)　"Social and Cultural Pluralism as a Concept in Social System Analysis," *American Journal of Sociology* 73, no. 3 (November 1967): 294-304. 指数の解釈は、二九七頁表2で示される。指数の中の変数は——言語、人種、宗教、派閥、そして「共同体的集団以外による利益結合」などである。最後のものは、親族、姻族、種族、宗教、地域的集団を含む。この純粋に数量的指数は、残念ながら、オランダにおけるような下位文化的分裂の深さや鋭さを示していない。

	多元性		χ^2
	無視しうる	極端	
政治文化の一体性：	%	%	
高い：統合的政治形態	52.6 (19)	0.0 (31)	31.92 (d.f.6)
低い：非統合的政治形態	10.5 (19)	63.3 (31)	P<.001
水平的権力分散			
意味をもつ	60.0 (25)	17.9 (28)	16.04 (d.f.6)
制限される	32.0 (25)	57.1 (28)	P<.02

出典：Haug, "Social and Cultural Pluralism," table 7, p. 303.

二一三頁以下の論議をみよ。

(4) この定義は、Arthur S. Banks and Robert B. Textor, *A Cross-Polity Survey* (Cambridge: M.I.T. Press, 1963), pp. 88 and 106による。

データが手に入る国の数はさまざまである。パーセンテージ、国の数、χ^2における有意性の水準は、上のようである。

(5) ポリアーキーと準ポリアーキーの分類が導き出された方法については、付録〔本書では割愛〕をみよ。表7-1の分類は、一九六〇年代初頭現在のものである。また本書三五二頁の表Aは、一九六九年現在のものである。

(6) Hans Daalder, "The Netherlands: Opposition in a Segmented Society," in Robert A. Dahl, ed., *Political Oppositions in Western Democracies* (New Haven: Yale University Press, 1966), and Arend Lijphart, *The Politics of Accommodation* (Berkeley: University of California Press, 1968). しかしながら、オランダの下位文化の分裂が、急速に弱まりつつある証拠が多くある。ダールダーは、たとえば次のように述べている。「ネ

イメーヘンのカトリックの大学は、新しい政治学の教授として、カルヴィン派の人を任命するだろう。分離組合の合同も、ほとんど間近かに迫っている。あらゆる集団は、首の骨を折りかねないスピードで、宗教のレッテルを強調しなくなっている」(個人的書簡、一九六九年)。

(7)　私の分析はここで引用したダールダーとレイプハルトによる著述にあるオランダの経験に強く影響されている。また Val R. Lorwin, "Religion, Class and Language in National Politics," in *Political Oppositions in Western Democracies* によるベルギーについての記述にも影響を受けた。特にダールダーの二一六頁から二〇頁の部分、レイプハルトの一九七頁以後と、ローウィンの一七四から八五頁をみよ。私はまた、これら三教授との長い討論から、また一九六九年九月の、世界政治学会トリノ会議に提出された報告である、Lorwin, "Segmented Pluralism: Ideological Cleavage and Political Cohesion" をふくむ、ダールダーとローウィンの目下進行中の研究を読む機会から利益を得た。非常に重要な資料は、Lijphart's "Typologies of Democratic Systems," *Comparative Political Studies* 1 (April 1968), pp. 3-44. ここで彼は、エリートの態度と行動に関係のある、四つの〈連合型民主主義にとっての必要条件〉を列挙している。すなわち、

一、分裂した体系に内在している危険を認識する能力。

二、体系の維持にかけて行動すること。

三、エリートの水準で、下位文化的分裂を超える能力。

四、下位文化の要求に対し、適切な解決を案出する能力。
さらに彼は、〈連合型民主主義へとみちびく条件〉を六つ挙げている(二五—三〇頁)。
一、下位文化の間の分裂線の明確さ。
二、下位文化の間に多元的な力の均衡があること。
三、大連合による政府に対し、一般民衆が好意的であること。
四、外部からの脅威。
五、適度のナショナリズム。
六、その体系に対する総負荷が、比較的軽いこと。
ユルク・シュタイナーは、「下位文化が分割されている民主主義的体系」における衝突の平和的解決に有利な条件についての一六の仮説を、スイスの経験を用いて、吟味した。そして彼は、レイプハルトが挙げた六つの条件のうち、残りのものは別として、第一番目のものに関しては、疑わしいとしている。*Bedingungen für Gewaltlose Konfliktregulierungsmuster in Subkulturell Segmentierten Demokratischen Systemen: Hypothesen Entwickelt am Beispiel der Schweiz* (Thun, Switzerland: mimeo, 1968), pp. 434-37. レイプハルトの他の条件に関しての彼の注釈については、四三二—三四、四三九—四一、四四六—五〇頁をみよ。
(8) ローウィンは、争点としてと、和解者としてのブリュッセルの二つの側面を強調している。争点として——「ブリュッセルとその周辺は、フランダースとワロンの緊張の主要な争点を生みだしている。……フランダース系の殖民の一つの中心であり、フランス語系住民による支配の中心地であるブリュッセルは、好戦的フランダース派(Flamingants)にとって、かちうべき対象であり、そして回復すべき〈未還の土地〉である」。和解者としては――「ブリュッセルは〈国家的使命〉をもっている。その正に首都としての存在が、国家的な政治、行政、商業、財政、そして文化的サービスの達成に依存している。利害と感情から、ブリュッセル(たとえ必要な言語的寛容性を示せなかったにしろ)は、単一の国家を維持したいと願っている。逆に〈両者〉の地域的分離の首唱者たちはブリュッセルをつまずきの石とみなしている」。Lorwin, "Religion, Class, and Language in National Politics," pp. 172, 177.

(9)　一九六〇年には、ローマ・カトリックは、人口の四〇・四％を構成し、二つの主要なプロテスタント・グループは、三七・六％、〈非教会〉は、一八・四％、そして他のプロテスタントの宗派、ユダヤ人そして〈その他〉が三・六％である。Daalder, "The Netherlands: Opposition in a Segmented Society," appendix table 6. 5, p. 425.

(10)　Steiner, *Bedingungen für Gewaltlose Konfliktregulierungsmuster*, pp. 6-7, 432-33.

(11)　Rajni Kothari, "India," in R. A. Dahl, ed., *Regimes and Opposition* (New Haven: Yale University Press, 1971).

(12)　Lorwin, "Religion, Class, and Language in National Politics," p. 178.

(13)　シュタイナーは次のように指摘している。ベルネーズ・ジュラ地方の不満の重要な原因は、カトリックのフランス語系住民が、国においてばかりでなく州の中でも、これらの重要な点に関して少数派となっているからである。その州では、ドイツ語系プロテスタントが多数派である。それゆえジュラ州民の意識では、多数派が完全に支配していると思っている。Steiner, *Bedingungen für Gewaltlose Konfliktregulierungsmuster*, pp. 433-34. この異例な事態を前にすれば、ジュラの住民がどうして、州の分離を望んだかの理由がわかる。分離という解決法は（部外者からみれば）全く、スイスの相互保障についての計画内にあると思われる。

(14) ラジオやテレビの国税収入でさえも、三構成要素の各放送局に分配されている。それらの放送局は、それぞれ研究所と職員ともちろん番組をもっている。

(15) 次章の二二二―二二七頁における議論をみよ。

(16) レバノンに関しては、たとえば、Michael Hudson, *The Precarious Republic: Political Modernization in Lebanon* (New York: Random House, 1968), pp. 11-12, 87-88, 328-31, and Ralph E. Crow, "Religious Sectarianism in the Lebanese Political System," *Journal of Politics* 24 (August 1962): 489-520. 一般的な点に関しては、Lorwin, "Segmented Pluralism," p. 16 をみよ。

(17) さまざまな研究の中で、ジョヴァンニ・サルトリは、高度に分裂した多党制の原因と結果について、広範な比較分析をおこなってきた。Giovanni Sartori, "European Political Parties: The Case of Polarized Pluralism," in Joseph LaPalombara and Myron Weiner, *Political Par-*

ties and Political Development (Princeton: Princeton University Press, 1966), pp. 137–76; his *Partiti e sistemi di partito* (Florence: Editrice Universitaria, 1965); and his "The Typology of Party Systems," in Stein Rokkan and Erik Allardt, eds., *Cleavages, Parties and Mass Politics* (New York: The Free Press of Glencoe, 1970).

(18)　この解釈を支持するデータと説明は、Jack Dennis, Leon Lindberg, Donald McCrone, and Rodney Stiefbold, "Political Socialization to Democratic Orientations in Four Western Systems," *Comparative Political Studies* 1 (April 1968): 71–101, esp. 91–92.

第八章　政治活動家の信念

これまでの章で述べてきたような要因が、一国を抑圧体制あるいは公的異議申立てとポリアーキーへ向わせるかぎりにおいて、これらの要因は、人びとの信念、とりわけ政治活動に深くかかわっている人びとの信念を通じて機能するはずである。したがって政治活動家の信念は、たとえば、歴史的展開や、下位文化的分裂が、特定の体制へのの支持に転換する複雑な過程において、どう少な目にみても鍵となる重要な段階だといえよう。

仮説

この章の中で検討される関連性は、図のように表わすことができる。矢印は〈説明する〉とか〈の原因となる〉という意味である。そして矢印 ─P→ は、〈の確率に影響を与える〉という意味である。

Ⅰ　　　　　　Ⅱ　　　　　Ⅲ　　　　　Ⅳ
信念を決定する要因 ―→ 政治的信念 ―→ 政治的行為 ―― P ―→ 体制

さて問題は、どの程度まで、信念（Ⅱ）は、ある国の人びとの政治的行為（Ⅲ）を決定するのか、そして特定の体制（Ⅳ）をつくる可能性に影響を与えるかである。ここで体制とは、抑圧体制やポリアーキーなどの枠組にしたがって定義されたものをいう。信念が、体制に影響を与えるというとき、われわれは、どのような要因（Ⅰ）が、信念を決定するのか知りたいと思う。このパラダイムに関しては多くの問題があるが、このパラダイムそのものが、これらの問題を発見するのに役立つ。

はじめに、この〈信念〉という言葉を、私は広義に使っていることをはっきりさせておきたい。私は信念と知識とを明確に区別するつもりはない。われわれは普通、知識ということばで、疑問の余地のない真実にもとづいていると思われる信念のことを指している。ほとんどの人が、物理学についての物理学者の信念を、彼の物理学の〈知識〉とよんでいる。ところが多くの人びとは、彼の政治についての信念については、それほど寛大ではない。政治において、ある人の〈知識〉は、しばしば別の人の不信なのである。

私の知る限り、思慮のある人なら誰でも信念が行動と関連するということを否定しない。信念は行動を導く、なぜなら、信念は、ひとの遠い目標や価値——たとえば、宗教的救済、老後の保障、あるいは国の独立——に影響をおよぼし、それを体現するばかりでなく、現実についての過去と現在の特徴について、未来への期待について、そして行動の方法や理由についてのわれわれの仮定、つまり〈知識〉を作り出すからである。

われわれの信念の中にあるこの純粋に認識的要素の重要性は、それが政治に関するものであれその他に関するものであれ、過小評価してはならない。たとえば、ゲームの規則についての知識は、規範的と同時に認識的意味がある。たとえば、初めてアメリカ合衆国で野球を見た外国人の多くの例が、そのことをあらわしている。彼らは、野球の規則が〈良い〉とか遵守すべきものであるかについてやじったりしないだろう。彼らはその規則を知らないので、自分の眼前で起きていることを理解するすべが全くないのである。クリケットのゲームを見るアメリカ人も、同様に途方にくれる。同じように、政治についても同じである。われわれが信じていることは、われわれが生起してほしいと願うことに影響を与えるばかりでなく、現実に生起すると考えていることにも、影響を与えるのである。〈あるべき〉ことよりも〈である〉ことを強調したマルキシズムは、極端な例かも知れないが、この点を明確にするのに役立っている。マルクスの著作には、疑いもなく、道徳的意味や訴えがふくまれているが、その著作の明示的内容は、ほとんどもっぱら認識的なものであって、道徳的なものではない。マルクス主義者にとっては、マルクスの著作は、生起してきたこと、生起しつつあること、これから起こるだろうことを説明しているのであって、ただその含みによって起るべきことを指摘しているにすぎない。

また、個人の信念は、集団行動に影響を与え、それゆえ制度や体系の構造や機能に影響を及ぼすことも明らかである。もし一国の政治的階層の大多数が、抑圧体制が望ましく、反民主主義的指導者と組織を支持することによってそれが達成できると信じているとしたら、ポリアーキーは、どのようにして存在できるだろうか。抑圧体制の下にあっては、少なくともその指導者たちは、他のいかなる体制よりも抑圧体制がよいと考えているはずである。

これらの例が示唆しているように、さまざまな信念が、国民の間に分布する仕方も重要である。ポリアーキーでは、おそらく抑圧体制を支えるに必要とされるよりもはるかに広範囲に、体制を支持する信念が普及していることが必要である。しかし、もしあらゆる体系の中で、政治的結果に与える影響力は人により違うということがいえるとしたら、誰が、どのような信念をもっているかを知ることはさらに大切である。レーニンの信念、後にはスターリンの信念は、たとえばロシア農民の中から無差別に選んだ二人の農民の信念よりも、今世紀のロシアの発展に大きな影響を及ぼした。一七八七年以来のアメリカ合衆国における政府の諸制度の機能の仕方は、一七八七年のフィラデルフィアの平均的五五人の市民よりも憲法制定会議に参加した五五人の人びとの信念によってははるかに大きく決定されてきている。こういう私の仮説が、歴史上の偉人の役割に関する、古くからの論争を再開する危険性のあることはわかっているが、この問題にここで立ち入るつもりはない。しかし、ほとんどの読者が、私の仮説と意見を同じくすることを希望したい。ともかくこの章では、私は、政治的行為に深く携わっている人びと、たとえば、活動家、戦闘的な人、そしてとりわけ、明示的にせよ黙示的にせよ、あるいは現実的にせよ潜在的にせよ大きな権力をもっている人びと、政治指導者、潜在的指導者、こういう人びとの信念に主としてかかわるつもりである。こうだからといって、影響力の小さい階層の信念が、この問題に無関係だというわけではない。ただ、政治的に最も活動的で、深い関わりを持つ層の信念を、重要な説明的要因として扱うほうが、より適切だと考えられるからである。

政治的信念のいくつかの他の側面についての証拠が、このことを立証している。一国の中で、個人の政治的信念が、未発達で組織だっていないほど、それだけ信念と行動との関係は、たとえあるとしても、不安定になる。二、三の仮説上の例をあげれば、自由についてのミルの主張の本質的部分を含んだ信念体系をもつ人であったら、出版の検閲を脅かす体制や政党の弾圧に反対する可能性は高い。共産党宣言の中心的主張を含む信念をもつ人は、労働者階級の組織が、ブルジョア政党や体制と闘争するということに好意を示すだろう。しかし、「今は悪い時だ。そしてこの国では私のような人間の生活は苦しい」というような言葉に要約される政治的信条の人間によって、反対あるいは支持される体制、運動、政党の種類は、予想しにくい(1)。

ほとんどの人は、大変未発達な政治的信念をいだきつづけているように思われる。豊かで複雑な体系としての政治的信念をいだいているのは、ほんのわずかな少数者にすぎない。現在ある証拠では、このことは、すべての国にあてはまるが、学校教育の平均水準が、低くなればなるほど、複雑な政治的信念をもつ少数者は、ますます少なくなるとするのが合理的である。一般に、政治についての相互に関連する複雑な信念の束をもつ可能性は、教育水準が高く、政治に関する興味と関心が深まるにつれて増大する。事実、純粋に認識的な構成要素――ゲームの規則をも含めて、政治生活のさまざまな側面についての知識――は、たとえば、政治に無関心な住民よりも、指導者あるいは活動家のほうが大きいというのは自明というべきだろう。(2)

要約すると、活動家や指導者は、他のほとんどの人よりも、次のような可能性が高い。

一、それなりに発達した政治的な信念体系をもつ。

二、政治的信念に導かれて行動する。

三、そして、体制の安定あるいは変化に影響を与える事件を含めて、政治的事件により大きな影響力をもつ。

さて以上のことからいくつかの問題が生じる――

第一に、活動家の間のどのような種類の信念が、公的異議申立てや、ポリアーキーの可能性に、決定的な影響を与えるのか。

第二に、どのようにして、そのような信念は生れるのか。

第三に、政治的信念がどのようにして抱かれるようになるかを説明することで、政治的信念は十分に説明しつくされ、その結果、それは単なる媒介変数として扱われるようになるか。別ないい方をすれば、これまでの章で述べてきた要因に重要さにおいて匹敵するような独立変数として、活動家の政治的信念を扱うことができるだろうか。

いくつかの決定的に重要な信念

残念なことに、これらの質問に、誰も十分に答えられないのが目下の現状である。なるほど、それぞれの国の人びとが、どのようにして特定の信念への愛着をもつようになるのか、つまり数頁前に表わされている、パラダイムⅡでの変動を説明することは、ある程度可能である。しかし、国家間で(そしてその内部で)[3]の信念の変動に関する満足のいく証拠は、未だ数カ国に限られている。そしてそのほとんどは、予想されるように、ポリアーキーである。抑圧体制における信念のあり方については、わずかな証拠しかない。そこでわれわれは、しばしば、ドイツやイタリアからの間接的証拠をいわば代用品として用いる。それは、イタリア人やドイツ人の信念は、ファシズムやナチズムの経験を説明するのに役立つだろうという仮定にもとづいてである。

これまで少数の国についてしか研究されておらず、またその研究がポリアーキーに集中しているため、現在のところ、(Ⅱでの)信念の変動が、(Ⅳでの)ポリアーキーや抑圧体制への可能性に、大きな影響を与えていると結論することはできない。（Ⅲでの）行動の干渉的関係が不確実であるので、この問題は、さらに複雑である。

そこで厳密にいうならば、体制の性格に与える信念の影響力についての主張は、関連する確かなデータに照し合せて十分吟味された仮説としては、未だ扱うことができない。それにもかかわらず、信念がはたす役割の可能性は非常に大きく、無視することはできない。というのは、ある種の信念が、抑圧体制やポリアーキーの可能性に影響を与えると考えるにもっともらしい理由があるからである。その証拠が断片的なので、例示的に二、三の説明をするにとどめたい。

ポリアーキーの正統性

まず三つの定理を提起したい。

第一に、ある国の中で、ポリアーキー体系の正統性についての信念が、大きくなればなるほど、ポリアーキーの可能性も高くなる。

この陳述は、ほとんど自明で、議論の必要はないようにみえるが、完全にするため、二、三の説明が役立つだろう。ポリアーキーの制度を信じるということは、少なくとも、公的異議申立てと、参加の正統性をともに信じるという意味である。実際には、これら二つのポリアーキーの次元は、一章で指摘したように、歴史的にばかりでなく、信念としても、いくらか独立している。一八三二年のイギリス議会の改革時代の頃、多くのホイッグ党員と自由党員は、言葉の上でも行動においても、イギリスにおいて一世紀以上の間、徐々に発展してきた公的異議申立ての諸制度の正統性に対する信念を披瀝した。これらの制度の法的基礎は今日ほど明確でなかったにせよ――たとえば政府批判の出版の自由――実際には、その範囲はかなり広く、これらの事実上の自由は、ほとんどのホイッグ党員と自由党員によって支持されていた。ホイッグ党と自由党が、急進党と最もするどく分れた論点は、急進党が、非常に広範な選挙権、いや普通選挙でさえ認めていたということにある。おそらく一八三〇年代において、ほとんどのホイッグ党員や自由党員は、選挙法改正は行き過ぎであると思っていたにちがいない。しかしながら、この改正によっても、成人男子七人のうち六人は、未だ選挙権をあたえられておらず、急進派のとうてい受け入れるところではなかったのである。したがって、一八三〇年代のほとんどのホイッグ党員と多くの自由党員は、ポリアーキーの正統性を信じていなかったといってもいいすぎではないだろう。彼らは、そのかわり競争的寡頭体制と私がよぶものを、かたく信じていたのである。

参加の正統性については信じるが、公的異議申立てについては信じないということも可能である。アルゼンチンのペロンの独裁は、それまでのいかなる体制もしたことのなかったことを、試みようとした。すなわち、労働者階級を、アルゼンチンの経済、社会そして政治生活に組み入れようとしたのである。逆説的に聞えるかもしれないが、一九三〇年以来のアルゼンチンで、それなりに正直、公平、かつ広範な選挙民の参加を伴った選挙が軍部によって排斥されなかったということは、ペロン独裁政権の下でだけ起った。それはペロンがポリアーキーを信じていたからでも、支持していたからでもない。彼の支配の下で、反対勢力への抑圧はますますはげしくなった。しかしペロン主義は、労働者階級が政治体系に完全に参加することの象徴となったし、それは今日でも続いている。それは、独裁に正統性を与えたが、労働者階級やその代表を排除したり、差別したりする体系は、いかなるものも正統だと認めない。

他の種類の信念に関しても、活動家や指導者の政治思想は、他の人のそれより決定的な役割をはたす可能性がある。しかしながら、非活動的、あるいは政治から排除されている階層でさえも、時には動員されることがあるので、彼らの信念が全く無関係ということはありえない。他の信念と同様、ポリアーキーの正統性についての信念の複雑さと豊かさも、教育、政治的関心そして政治への現実的関係に比例して強さをまして行く。どんなにしっかりと確立したポリアーキーでも、非常に小さな子供が〈民主主義〉を信ずるなどとは到底期待できない。ほとんどの四歳の子供にとって、その言葉も概念も意味をなさないだろう。しかしアメリカ合衆国、イタリア、ドイツなどにおける証拠が明らかにしているように、彼らが学校を終える頃には、ほとんど大多数の若者が、「民主主義は、最良の政府の形態である」ことを認めるようになる。そしてまた、この信念は、具体的な細部を欠いた空虚なものでもない。つまり彼らは、この態度決定の意味内容について、何ごとかを学び始めている。このようにして、アメリカの子供たちのかなりの部分は、政治的衝突が善よりも害をなすと低学年のうちは信じるようだが、その信念をはっきりと表明するのは、高学年の生徒ではごく少数にすぎない。多くのアメリカの子供たちにとって、政党が競争しあうことは、最初は、不必要であり望ましくないあるいは全く混乱を招くだけのように思える。しかし成長するにしたがって、政党競争が望ましいという信念を獲得していく。人びとが、「われわれの政府に反対して」演説することが許されるという考えは、小さな子供たちには、なじめないし、認めがたいのである。

しかしもっと大きな子供たちはほとんど、それを受け入れることを学ぶ。(4)

民主主義的イデオロギーが、数世代にわたって支配的信念体系であったアメリカ合衆国のような国においてさえ、多くの人びとが、複雑かつ精緻な民主主義理論を抱いているだろうと期待するのは、これまでの政治的信念の研究をふまえれば、ひどく非現実的である。アメリカの平均的民主主義者を調べてみれば、そこにロック、ルソー、ジェファーソン、あるいはリンカーンのかけらもみあたらないだろう。しかしながら、ポリアーキーの正統性や、「民主主義は、最良の政府形態である」という信念は、完全なる真空状態の中で、存在しているわけではないのである。一つの信念は、ふつう他の信念から全く孤立しているわけではない。それゆえ、もし人が、ある種の他の信念を抱いているとしたら、ポリアーキーの諸制度の正統性を信ずる可能性も高くなるということは、この後で示すように、かなりの量の証拠によって合理的に支持されうる推定である。しかしこれを検討する前に、さらに二つの命題を加えたいと思う。

どの程度まで、活動家たち(そして他の人びと)がポリアーキーの正統性を信ずるかは、国によって非常に差がある。

これらの変動は、ある程度、国の社会的、経済的特徴とは無関係である。たとえば、社会的、経済的秩序について、非常に多くの相似性をもっている二つの国で活動家たち(そして他の人びと)がポリアーキーの正統性を信じる度合が非常に違う場合がある。

アルゼンチン――それほど逸脱的でない例(5)

これらの命題、特に最後の命題を例解し、いくらかの弁証をするためには、たとえばアルゼンチンをスウェーデンと比較してみればよい。外見上は、一九世紀のアルゼンチンの政治的発達は、スウェーデンやイギリスそして数多くのその他の安定したポリアーキー諸国と、全く似かよった道をたどった。なるほど、アルゼンチンの初期の歴史は、ほとんどスウェーデンと似かよったところはない。しかし少なくとも、アルゼンチンは、スウェーデンで数世紀以上かかったことを、数十年に短縮した。つまり一八一〇年から一八二〇年までの、革命と独立闘争の一〇年間すなわちジェルミーニが、無政府、統領支配、内乱とよんだ一〇年間ののちに、二〇年間の統合的な強権政治(6)の時期があった。しかしながら、その後の八〇年間、アルゼンチンは、外見上、まったくポリアーキーを発展させていたように見える。ポリアーキーは、一八五三年の憲法(現在でも形式上は、有効)の下で機能した。なるほど、参加は、ごく少数に限られていた。しかし選挙の参加は、アルゼンチンにおいては、一八六七年の改正法以前のイギリス、あるいは一九世紀の終りまでのスウェーデンやオランダよりも制限が大きかったとは思われない。一九世紀の終り頃に、急速に拡大した中産階級が、政治生活に参入してきた。組織政党が、強力な選挙の力として登場するようになった。それはとりわけ中産階級の代表者として、政治体系への参加を要求しつづけてきた急進派にあてはまる。一九一一年、スウェーデンとほぼ同じ頃そしてオランダよりも数年早く、アルゼンチンは、男子普通選挙を確立した。その結果、選挙への参加は、飛躍的に増大した——一九一〇年の一八歳以上の男子市民の二一%から、一九一二年の六九%まで。次の一二年間、選挙の参加は減少したけれども、それはほぼアメリカ合衆国と同じレベルで、一九二〇年代のスウェーデンよりいちじるしく低いというほどではなかった。投票率は、一九二八年には、再び八一%に、そして一九三〇年には七五%に上昇した。このように、選挙参加においても、アルゼンチンは、多くのポリアーキーに比較しうる。さらに一九一六年の大統領選挙で、急進派が勝利したことによって、アルゼンチンは、競争的寡頭体制からポリアーキーへの危険な移行を、普通選挙を通じ暴力なしでなんとかなしとげたようにみえた。

さらに他にも、アルゼンチンのポリアーキーにとって有利な要因がある。今日〈安定した民主主義〉の可能性を予測するのにしばしば用いられる基準にしたがえば、アルゼンチンについては、楽観的になるべき確実な理由があった。すなわちその人口は高い都市化を示しており、識字率は高く、教育は普及し、経済は比較的豊かで(一人あたり国民総生産は、おそらく、ラテン・アメリカで最も高い)、多数の中産階級を擁していた。これらのすべての点で、アルゼンチンは、それよりポリアーキーが持続することとなった三国——コスタリカ、チリ、ウルグアイ——と少なくとも同じ程度であったといえる。さらに急場しのぎの民主主義理論構成を試みても説明にたいして役に立たない。たとえば土地所有は確かに集中してはいたが、明らかにチリほどではなく、おそらくは、コスタリカより集中していなかったし、ましてやオーストラリアほどでは、決してなかったのである。

他のほとんどの国でそうであったように、一九二九年の大恐慌の襲来は、アルゼンチンでも深刻な問題を生みだした。しかし他のポリアーキー諸国も同じように経済的危機にみまわれたのだった。スウェーデンのように国際貿易に高度に依存している国や、オーストラリアやニュージーランドのように農業生産物輸出に高度に依存している国でさえ、より困難な条件下にもかかわらず、政府は危機に賢明に対処し、その能力について、市民の信頼を保持し、回復し、強めさえしたのであった。しかし、アルゼンチンでは、事態の進行は違っていた。名望家層は、急進派の政府の下で、その特権をほとんど失わなかったけれど、彼らの政党は、着実に、票と議席とを失っていった。一九二〇年代の末には、保守派は、アルゼンチンのポリアーキーの諸制度――普通選挙、政党、下院そして大統領の無能と派閥主義をますます攻撃するようになっていた。そこに経済危機がきた。軍部の一撃は、アルゼンチンにおけるポリアーキーの実験に終止符をうった。一九三〇年以来、ポリアーキーは、事実上回復することはなかった。

ポリアーキーが、アルゼンチンで崩壊し、スウェーデンやオーストラリア、ニュージーランドでは、崩壊しなかったこと、そして同様にコスタリカでも、また全期間を考慮に入れれば、チリやウルグアイでも崩壊しなかったということは、謎めいている。アルゼンチンでポリアーキーが失敗したことについて、十分満足のいく説明を、私は知らない。しかし一つだけは、はっきりしているように思われる。つまりここにおける体制の相違は、普通の説明要因――社会経済的発達水準、都市化、教育、中産階級の大きさ、一人あたりの収入など――に頼っては、説明できないということである。完全な説明は非常に複雑になるだろうが、ここで一つの決定的な要因がこの上なくはっきりと浮び上ってくる。アルゼンチンは、ポリアーキーの諸制度の正統性について、強い信念を少しも発達させてこなかった。その結果、ポリアーキーの体制が重大な困難に直面した時、それは独裁によって、簡単に一掃されてしまった。独裁は、まず保守的なエリートによる寡頭支配体制によって、後には、ペロンの下での労働者階級によって支えられたが、この両者とも、ポリアーキーの正統性について、強い信念をそなえていなかったのである。

すべてのアルゼンチンについての歴史研究者が気づいているように、その表面的な見せかけにもかかわらず、標準的西ヨーロッパのモデルにしたがえば、アルゼンチンのポリアーキーは、一八五三年から一九三〇年にいたるまで発達していなかった。先に私が述べたことは正しいが、また非常に誤解も生みやすい。というのは、それは、アルゼンチンにおいて、ポリアーキーが正統性を得るのに失敗したことに深くかかわりのある、二つの要因についてふれていないからである。すなわち、(1)その支配の全期間を通じて、名望家層は、その政治支配の正統的な基礎としての選挙を、公然と否定していた。また(2)人口の大部分は、いぜんとして、政治体系から隔離され、疎外されていた。したがって、競争的寡頭体制からポリアーキーへの道をたどる過程において、ヨーロッパのいくつかの国がその移行期に達成したものを、アルゼンチンは達成できなかった。つまりアルゼンチンのエリートも中産階級もそして労働者階級も、ポリアーキーの正統性の信念へと改宗しなかったのである。

一、名望家層は、ポリアーキーの中心的な諸制度への信念を発展させ伝承することを、まったくしなかった。その遠因は十分には分らないが、(7)一つのことは、はっきりしている。名望家層は自らの行動を通じて、アルゼンチン人に、選挙による敗者あるいは潜在的敗者は、必ずしもその選挙によって拘束される必要はないということを教えた。このようにして、名望家層は、ポリアーキーの中心的制度の正統性を否定した。一八六〇年代から一九一一年の選挙法改正にいたるまでの、外見的〈立憲〉政府の長い全期間を通じて、名望家層は普通選挙を求める立憲的、法的要求を、つねに公然と侮蔑してきた。法と憲法に従えば「投票は、男子普通選挙で、読み書き能力、富、財産、その他に関して、何の制限もなかった」(8)。名望家層は、もしこれらの条項が現実に実施されたら、自分たちの支配的地位が弱くなり、破壊されると、明らかに疑いもなく当然のことと、考えていた。同じ時期のスペインと同じく(そして結果も同じく)、選挙は一様に大量の違反と暴力の下で行われた。名望家層は、人口の大部分を、政治生活への参加から排除したばかりでなく、自分たちの間の紛争でさえ、選挙によって解決しようという気がなかった。名望家層は、彼らの間での相違(たとえば、どの程度まで、ブエノス・アイレスは、地方の諸州を支配すべきか)を、単に選挙によって決めるには、あまりに重大な結果をもつ〈零和的〉な紛争だとみなしたのである。

このように、〈立憲〉体制の最初から、この国の指導者たちは、選挙が、政府交替の正統的手段であることを否定してきた。実際のところ、彼らは、革命に代る選択を準備しなかったことになる。

もちろん、ポリアーキーが後にかなりの正統性を獲得した他の国においても、名望家層が不法や腐敗、暴力にさえ訴えて、選挙に勝とうとしたことは事実である。一八世紀イギリスの選挙は、とても公平の見本とはいいがたい。しかしアルゼンチンは、三つの点で異なっていた。まず第一に、選挙違反と暴力は、その量と広がりにおいて、すべての点において途方もないものであった。それは、選挙結果が、あらかじめ発表された一九世紀スペインの有名な選挙にも劣らないものだった。(9) 第二に、スペインと同じように、表面上彼らの体制に正統性を与えていたその憲法と法を公然と侮蔑することによって、名望家層は、選挙にもとづくいかなる体制の正統性をも、掘り崩すのに力をかした。第三に、イギリスとは違って、アルゼンチンでは、名望家層の支配から、完全な普通選挙にいたるまでの間に、政治的階層が公正な選挙の正統性を受け入れるようになる移行期が存在しなかった。そこで、アルゼンチンの名望家層が残した教訓は、次のようなものだった。すなわち、選挙結果が不利だったら、敗北者は、それを受け入れる義務はない。

一九一一年の改正によって、ついに選挙に参加を許されるようになった時、中産階級と労働者階級が受けついだ遺産は、これであった。急進派の圧力(一八九三年と一九〇五年の失敗に終った反乱を含む圧力)によって生れたこの改正は、憲法の中にすでに存在していた男子普通選挙の条項を実施し、秘密投票を保障し、選挙を監視する連邦判事の選挙法廷を創設した。しかし選挙に敗けた者は、力によってその結果を逆転してもよいという規範のあるところでは、ポリアーキーは、脆弱な土台の上にあるにすぎない。それがアルゼンチンの例であった。一九三〇年以来状況はほとんど変っていなかったということは、一九五五年から六五年にかけての独裁制でなかった短い幕間期間に、はっきりと示されている。ペロン党が、国会といくつかの州知事に候補者を立てることを許された一九六二年、彼らは最大の得票をえた。そのとき、フロンデシ大統領は、選挙を無効にした。ところがそうしてさえも、選挙結果に不満で、ペロン主義の支配の再来を恐れた軍部によって、彼は逮捕され、公職を追われたのである。一九六三年にフロンデシに代るべき大統領の選挙が行なわれたとき、ペロン党の候補者は禁止された。しかし、一九六六年、ペロン党が次の選挙で、多くの州知事の職をかちとるようにみえはじめた時、軍部は、ペロン主義の再来を恐れ、分裂抗争している政党政治にあきていた名望家層と中産階級の広い支持の下に、選挙結果の無効宣言をまたずして、クーデタを行ない政権をとった。オンガニア将軍の下での新しい独裁制は、あらゆる政党と選挙を弾圧し、布告による支配によって、これらの諸悪を終らせるとしたのである。

二、選挙過程に対し公然たる侮蔑を示している名望家層によって政治から排除された厖大な数の人口は、政治体系から隔離され疎外されたままに止まり、軍の政権奪取に抗して、政党政治の防衛にかけつけることは期待すべくもなかった。しかし、隔離と疎外は、もう一つの要因によって、さらに巨大に増幅されている。それは厖大な数の無市民権者が、心理的にも、法的にも、選挙過程の外にとり残されていたことである。アルゼンチンへの移民の率は、アメリカ合衆国に対するよりもはるかに上まわっていた(10)。しかもアメリカ合衆国では、普通に近い選挙と政党競争が、移民が投票できるように速やかに市民となることを可能にしていた。一方、アルゼンチンでは、移民が市民権を獲得しようとする動機は、一九一一年まではたとえ市民になったとしても政治から排除されていたという事実やその他さまざまな要因によって、弱められている。ともあれ、ほとんどの移民が市民とならなかったので、人口の大部分が、法的にも心理的にも、アルゼンチンのポリアーキーの外に止まったままだった。一九一四年には、アルゼンチンの人口のほとんど三分の一が外国人であった。この国の政治生活を支配しているブエノス・アイレスでは、半数が外国人であった。成人の間では、その比率はさらに高くなった——ブエノス・アイレスでは七二%、最も移住者の多い五つの州では五一%、その他の地域で二〇%であった。男子成人(市民ならば選挙権をもてる)の間では、このパーセンテージはさらに高かった——おそらく、ブエノス・アイレスの成人男子五人のうち四人は市民権をもたず、それゆえ自動的に、この国の政治生活への参加から排除されていた。移民はもちろん各層に分散しないで労働者階級に集中していた。それゆえ、アルゼンチンには、アルゼンチンの政治体系にあまり愛着をもっていない労働者階級の多くの人、中産階級でさえかなりの人が存在していたのである。

したがって、アルゼンチンの政治的発展の鍵は、ポリアーキー諸制度の正統性への信念、とりわけ選挙の拘束的性格についての信念が、エリートの間でとくに、しかしまた国民全体においても、弱いということにある。たとえば、人口の重要な部分の間で、自由な選挙への信念が、あまりに弱かったので、アルゼンチンは、規則正しく選挙を行い、その結果に従うということができなかった。軍隊が政権奪取する直前の一九六六年三月に、ブエノス・アイレス大都市圏で行われた調査がこのことをよく示している(表8－1)。ペロン党は、その選挙で、三分の一以上を獲得すると予測されていたことに留意されたい。それゆえ、ペロン党の参加を禁止することは、アルゼンチンで最大の投票者集団が、その候補者を立てるのを禁じられたということである。ブエノス・アイレスのおよそ五分の一の人びとが、その禁止を正しいと考えていた。ほとんどそれと同じくらいの数の人が、それに反対を表明しなかった。しかし驚くべきではないが、興味あることは、ペロン党禁止の問題が、

表 8-1 「今後の選挙でペロン党の参加を政府が禁止するのは」(回答者数＝1004)

	悪い	良い	分らない 回答なし
全　体	64%	19%	17%
〈教育程度〉			
非識字あるいは初等教育	65	16	19
中等教育	63	24	13
高等教育	50	35	15

出典：Encuestas Gallup de la Argentina, March 1966, reported in *Polls* 2(Spring 1967), p. 22.

階級的な問題であったその度合である。表が示しているように、ペロン党の候補者禁止の考えは、ペロン主義に対する反対が最も強い上流階級の間にもっとも強く、ペロン主義への支持が最も強い最下層階級で最も弱い。そして高等教育を受けた者の半数しか、その禁止に反対していない。それはまた、軍部の政権奪取を支持した階層でもある。最も教育程度の低い人びとが、この禁止に反対したという事実も、彼らが自由選挙を支持していると解釈することはできない。ペロン体制の下で、どんな種類の選挙をも全く禁止することに、どれくらい多くの人びとが賛成したかわかったなら興味深いことだろう。

そこで、アルゼンチンの政治における基本的な規範についての、いく分つきはなした、しかし過度に誇張したものではない公式化は次のようになろう――私は私の批判者が、選挙に勝たないだろうと確信しうる限りにおいて、選挙を信ずる。

権　威

多くの研究者が、権威に対する信仰や態度の重要性を強調してきた。(11)このようにしてエクスタインは、ここ数年にわたって発展させてきた彼の理論の中で、一国内を支配している権威の諸様式に、中心的重要さを与えている。彼の仮説によれば、政府の権威の諸様式が、他の諸制度や集団の権威の諸様式と〈一致〉しているならば、民主主義は、より安定する。(12) おそらく権威の諸様式の〈一致〉によって、抑圧体制もより運営しやすくなるだろう。

政府と被統治者との間の権威関係の性格についての信念が、さまざまな体制の出現の可能性に対して、決定的に重要な役割をはたすという考えは十分に成り立ちうる。この論点を極端な形で明らかにしてみよう。もしある国の大部分の住民が、政府と人民との唯一の適切な関係は、支配者と臣民、命令と服従という完全なる階統的関係であると信じているとしたら、その体制が抑圧体制になる可能性は、たしかに強い。このような信念の下では、公的異議申立ての余地はほとんどない。そしてエクスタインから読みとれるように、人びとの間の権威についてのはっきりと異なった信念を、相互に和解させることがむずかしいのは事実である。つまり、ある関係では、抑圧的権威の妥当性を信じ、別の関係では、民主主義的権威の妥当性を信じるよう要請されることは、ストレスを増大させるものである。エクスタインは彼の理論を限定的にテストするため、ノルウェーを選んだ。ノルウェー人が、内部の衝突と分裂を処理するのに奇妙に成功してきているのは、彼らがほとんど一様に、民主主義的権威関係を信じ(そしてそれに固執し)ているからであると論じている。

民主的規範が、ノルウェーにおいては、家族、学校、経済、友人、圧力団体、政党、地方自治、中央政府など生活全般に行きわたっているので、ノルウェー人が、それを単に国の統治に有効な一形式としてではなく、自然かつ道徳的な、一般的〈生活様式〉とみなしていることは、驚くにあたらない(13)。

ノルウェーは極端な例かもしれない。ポリアーキーは、権威についてのかなり様々な形の信念と両立しうるようにみえる(14)。事実、ポリアーキーは、組織間の公然たる衝突と、妥協的解決を作り出しそれを受け入れる能力をともに必要とするのである以上、かなりの階統的権威が組織の中に許容されているならば、この衝突と、妥協の組み合せは、よりスムーズになされると論じることができる。レイプハルトは、オランダ人が「状況にかかわりなく、従順で忠実」な傾向を強くもっていることを強調している。これなくしては、強固に組織化された分裂によって、オランダのポリアーキーはずっと以前に、倒壊してしまっていたことだろう(15)。民主的なノルウェー人でさえ、エクスタインによれば、「専門的な職務上の権限」を尊敬するといわれている。それゆえ「熟練者や専門家に、とりわけ高い評価が与えられるようになっている」(16)。少なくとも、バジョット以来、イギリス人は〈社会的によりすぐれた者〉や、政府の権威に尊敬をはらうものとして、特徴づけられてきた(17)。アメリカ人は、政府や社会的エリートに対し、イギリス人ほど尊敬をはらわない(18)。そして専門家をノルウェー人ほど尊敬していない。

それにもかかわらず、ポリアーキーが、権威についてのあらゆる信念と両立するということは、とうていありえない。確かに、ある極端な権威の様式は、はるかに抑圧体制に好意的である。エチオピアの支配的種族アムハラ族の信念が、一つの例を提供している。レヴィンによれば、

権威に関する信念、象徴、価値の複合が、アムハラの政治文化の鍵的な要素を構成している。アムハラの文化を通じて、権威自体が、善であるという主題があるようにみえる。つまりそれは社会の安寧に不可欠であり、つねなる尊敬と服従と賞讃に価する。……従順は、アムハラの子供が社会化する上での、第一の目標である。……家族内でのこの経験が、継続して、アムハラ文化の他の部分と調和する。……家長、区長、豊かな地主、宗教的権威者、政治的権威者、軍の将校、これらはすべて、父親のイメージで意識される。これらの人びとは、提供さるべき服従や、彼らから期待しうる恩恵という点で、父親に対するのと同じ態度をとるべき対象なので

ある。……これらすべての主題は、すべての中で最も高い権威の姿、すなわち皇帝の中に、もっとも完全かつ壮大な形で実現されている。この役割をはたしている者は、最も極端な形の服従の受領者となる。たとえば、エチオピア臣民は、皇帝の前では平伏し、目をあげないのが習慣となっている。

このような考え方の下では、公的異議申立ては到底成立しえない。アムハラ文化は、いかなる権威に対しても直接的かつむきだしの公的批判は、禁止されている。権威主義的関係の中では——そしてアムハラにおける政治的関係は、すべて権威主義的関係の中に包含される——たった三つの選択しかない。つまり完全な服従、黙従そして追従、遠回しかつ暗示的批判、公然たる反乱の三つである。このような環境は、ポリアーキーの諸制度に好意的な思想にとって、全くの不毛の地ということになろう。

西欧で教育をうけた知識人たちが、六〇年以上にわたってエチオピアに、議会制代表の思想を育成しようとしたにもかかわらず、その思想は、アムハラの政治文化の権威主義的様式と正面から対立するので、選挙の手続は、真面目に受けとられずに終ったのである。(19)

能力

前の章でふれたように、この問題に関連するもう一組の信念は、決定的に重大な問題を扱うに際して、それぞれの体制に期待する能力についての信念である。[20] ここではまず第一に、活動家や指導者の信念を扱っているので、活動家や指導者のかなりの部分によって認知されたかぎりにおいて、〈問題〉は生まれ、決定的に〈重大〉になる（このような、〈重大な問題〉についての定義の仕方は、異なった文脈の中では、当然不十分だろう）。

政府の能力についての期待は、一国の政治風土において、多かれ少なかれ固定的な要素である。若者はおそらく、政府が全体として、高度に有能であるとか、慢性的に無能であると信ずる点では、一様に社会化される。このようにして、第八学年になる頃には、高い率のアメリカ白人は、自分たちの政府は有能であるという信念を獲得している（少なくとも、最近まではそうだった）。ある主要な研究によると、アメリカ政府はしばしば誤りを犯すと信じる第八学年の生徒は、たった二％にすぎない。六〇％の生徒が、政府は、めったに誤りをおかさない、あるいはほとんど絶対誤らないと信じている。そして、四分の三に近い生徒が、「政府は誰よりもよく知っている」あるいは「ほとんどの人よりもよく知っている」と信じている。(21) このような社会化過程の巨大な圧力の下にあるとすれば、アーモンドとヴァーバの五カ国調査の中で、「一般的にいって、あなたは、この国で最も誇りに思うものは何ですか」という質問に対し、アメリカ人の八五％が、その政府と政治制度であると答えたとしても、驚くべきことではない。アメリカ人は、他の何よりも政治制度を誇りに思うと多くの人が述べたばかりでなく、その率は、どの国よりも、はるかに高い。(22) そしてアメリカ合衆国の政治活動家は、一般の人びとよりも、さらにずっと、アメリカの政治制度を誇りにしていると表明することが多かったのである。(23)

政府の能力についての期待に関して厳密に比較しうる国家別データを、探し出すことができなかったけれども、しかしいくつかの国においては、かなりの部分の人口が、活動家も含めて、国家的問題についての政府の処理能力をあまり信頼していないということは、疑うべくもない。(24) そしてちょうど、アメリカの子供が、政府の能力を信ずるように教えられているのと同じように、いくつかの国では、まったくその反対を教えこまれているのである。(25)

しかし、たとえ政府の能力についての信念が、社会化の初期の過程で、しばしば獲得されるものにしても、それらの信念が以後変らずにつづくというわけではない。政府の達成度それ自体が変るであろうし、あるいは変ったと認識されるかもしれない。イタリアやフランスやインドの農村における懐疑主義は、彼ら自身の政府に関する数世紀の経験に根ざしたものである。しかしながら、政府の達成度が変化するにしたがって、南フランスやイタリアの農民の考え方も変化している――彼らは、政府は必ずしも単に無能あるいは邪悪な力ではなく問題を処理するのに役に立つと考えるようになっている。(26) あるいは、アメリカ人によっていだかれているような期待の確信も、政府の失敗によって、逆転しうる。先に記したようなアメリカ青年の政府への信じ難いほどの信頼は、政府が、人種、貧困、戦争のような重大な問題を処理するのに失敗するのを見た時、多くが〈われわれの体系〉に自信を失い、疎外感を抱いて、シニカルになったり、急進的になったりしたのも不思議ではないだろう。

政府の能力についての信念が、不確かだったり浅かったりするところでは、新しい体制にしばしばあてはまるのだが、不適切な対応は、一層危険である。イタリア、ドイツ、スペインに新しく誕生したポリアーキーが、感知された問題に効果的に対処できなかったこと――公的秩序さえ維持できなかったこと――は、ポリアーキーの能力についての疑問を生み出し、独裁制への変化に拍車をかけた。エイベルは、一九三四年のドイツで収集した個人生活史をチェックして次のように見出している。すなわちワイマール共和国に対する反対は、一九二九年以後、「ドイツ国民が直面しているきびしい諸問題が増加する一方なのは、主として政府の無能さが原因となっている」という信念によって、一段と強化されたと。(27)

政府の能力についての信念は、自分たちの政府の達成度によってばかりでなく、古代のであれ、同時代のであれ別の政府の成功あるいは失敗と認識されたものとの比較によっても影響される。哲学者、政治評論家、宣伝家、思想家、その他多くの人びとが、同輩市民たちに、自分たちの推す体制の有能さを納得させるため、他の政府の経験を利用することがある。後世の多くの著述家たちと同じように、マキャヴェリとルソーは、ローマ共和国を基準として用いた。モンテスキューは、イギリスを彼のモデルにして、アメリカ人に影響を与えた。一八世紀のイギリス、一九世紀、二〇世紀の合衆国のようなさまざまな政府の達成は、体制の比較上の能力の認識に、とりわけ知識人の間で影響力をもった。一九三〇年代には、イタリア、ドイツ、ソ連での独裁制の成功が、スウェーデンの〈中道〉政府や、アメリカ合衆国のニュー・ディール政策の達成と対抗した。ラテン・アメリカでは、権威主義的モデルの影響力がしばしば強かった。メキシコの制度

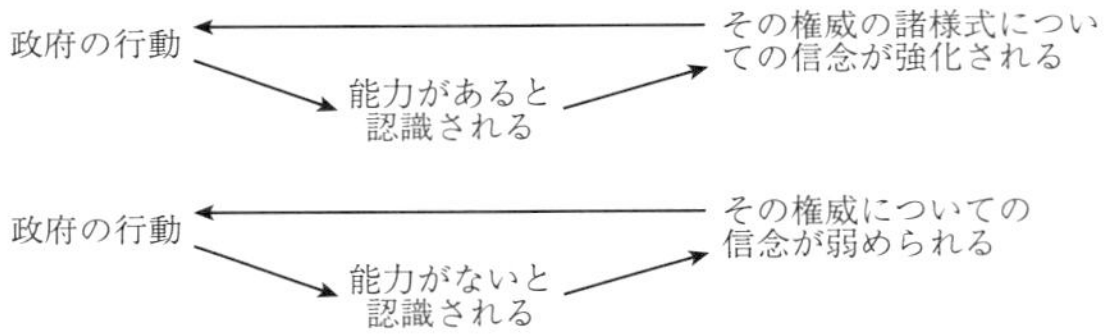

図 8-1

的革命党、アルゼンチンのペロン、キューバのカストロ、そして最近では、ペルーの改革派軍評議会などがその例である。

したがって、証拠が示すように、政府の能力についての信念は、政治的社会化の過程と、さまざまな体制の達成度の認識の仕方の両者によって、強く影響される。

政府の能力についての信念は、権威に関する支配的信念を強化したり、弱めたり、あるいは変えたりする[28]。もし、ある政府が有能だと認識されるならば、その成功は、それが体現している権威の諸様式の威信を高めるだろう。失敗した場合には、その逆があてはまる(図8-1)。

どんな政府でも、時には失敗する。そこで逆境の時代においても、期待をつなぎとめる働きをする信頼の貯水池を、社会化の過程が作らなくてはならない。新しい体制では、この貯水池は浅いか、空の場合すらある。かなりの達成の記録をもった古くからの体制では、その貯水量は多いだろう。一九一九―一九二三年のイタリア、ワイマールのドイツ、そして共和国スペインにおいて、新しいポリアーキーが引き出せる貯水量はほとんどなかった。一方、政府が問題を処理する能力に関し、イギリスやアメリカ合衆国では、一九三〇年代の厖大な失業という難関の中でポリアーキーが生き残るのに、信頼の貯水量が助けになった。(29)

信　用

しばしば強調されるもう一つの信念の要素は、「政治体系の成員が、どの程度まで、仲間の政治行為者を信用あるいは信頼しているか」である。(30) ラパロンバラは、イタリア政治文化における相互不信の重要性を強調していう。「一般的雰囲気は、恐怖、疑惑、不信と敵意である」。

さらに彼は次のように書いている。

私の手に入る証拠にもとづいていえば、イタリア人の社会態度は、基本的にホッブズ的であるといわざるをえない。そしてこの国の歴史が示唆しているように、自然状態が耐えがたくなれば、イタリア人が頼るのは、政府に関するホッブズ的解決策である。共和国政府が、いまだそれなりに機能しているという事実も、……共和国

が、この文化的に不安定で問題の多い土台の上に、これからも生きつづける〔ということを決して意味しない〕。(31)

レヴィンもまた、エチオピアのアムハラ族の間での相互不信の強さに注意を喚起している――

本源的な人間性のイメージについて、アムハラ族を支配しているのは、人間は本来攻撃的で、信用できないということである。……そしてこの人間は、強力な潜在的敵意をもっているという見方は、人間は信用できないという考え方と関連している。(32)

相互信用は、少なくとも三つの点で、ポリアーキーと公的異議申立てのたすけとなり、他方不信は、抑圧体制の支えとなる。まず第一に、ポリアーキーは、二方向の、または、相互のコミュニケーションを必要とする。そして二方向のコミュニケーションは、互いに信用していない人びとの間では阻害される。このようにして、アーモンドとヴァーバは、ドイツやイタリアにおけるよりも、アメリカやイギリスにおいて、より高い水準の相互信用が生きていることを見出した。おそらくドイツとイタリアの権威主義体制は、相互信用を根元から浸食したのだろう。先に引用したラパロンバラの説明が示唆しているように、ポリアーキーから抑圧体制への移行は、相互信用の水準が比較的低いことによって、助長されたといえよう。ともあれ、アーモンドとヴァーバが見出したのは、誰とでも自由に政治を討議できると感じていないと答えるパーセンテージは、イギリス(一二%)やアメリカ合衆国(一八%)に比べ、ドイツ(三二%)やイタリア(三四%)が著しく高いことである。(33)

第二に、ある水準の相互信用は、人びとがその目標を推進するため、自由に集合するのに必要とされる。権威主義的に下降する命令にもとづく組織は、相互不信の下でも可能である(必ずしも効率的にというわけではないが)。相互的影響力にもとづく組織は、不信の雰囲気の下では、形成されがたく、また維持しがたい。このようなわけで、「エチオピアでの利益を明確にし集合する組織の欠如」は、彼らの間の極端な相互不信によって説明されるとレヴィンは主張している。彼は次のように指摘する。

この欠如は、権威に対する、伝統的なアムハラ族の態度によって支えられる体制の権威主義的性格に帰因するばかりではない。それはまた、エチオピア人にとって、いかなる種類の協調的行動、とりわけ政治的側面での協調もとることがむずかしいということにも原因がある。ここでもまた、人間性に関するアムハラ族の概念は、単なるアカデミックな意味以上の意味をもつ要因となっている。その国の政治風土を象徴している相互不信と協調性の欠如は、人間の連帯や一致の能力の軽視と直接関係している。……相互に信用し合うことによって、不安や疑念が支配している雰囲気を克服できるという考えは、なかなか発達しそうにないし、現われても、極端にまれである(34)。

第三に、相互に不信感をいだいている人びとの間では、対立はより大きな脅威となる。公的異議申立てには、対立者にそれなりの信用をおくことが必要である。彼らは対立者であるかもしれないが、和解できない宿敵ではない。リチャード・ローズはイギリスについて次のように書く。「信頼感がその政治文化に行きわたっている。……政府の水準では、与党と対立政党との信頼が大切である。なぜなら、政府権力に対する憲法上の制約がないからといって、政権についている特定の党派が権力を乱用しないということを、その信頼が全員に保障しているからである。もし乱用したとしたら、それは法を破ることにならないかも知れないが、信頼を裏切ることになる。そして政治指導者たちは、彼らの信頼性についての評判に重きをおいているのである(35)」。

以上の評言が明らかにしているように、信用は、協調活動に自由にたやすく入れる能力と関連している。[36] 信用についてと同じように、協調を願望し実現しようとする信念も、文化によってさまざまに異なる。レヴィンの説明が示すように、協調能力の欠如は、ポリアーキーの可能性を減少させると考えてよい。

協調や対立の単位は、必ずしも個人である必要はない。派閥、政党、社会階級、地域などの人間集合でもよい。われわれが関心をもつのは、個人であれ、組織あるいはその他の行為者であれ、政治生活における行為者間の協調や対立の見込みについて、人びとがいだいている信念である。このことを念頭におきながら、政治行為者間での、協調と対立について、三つの見方を区別することは有益だろう。一方の極では、行為者間の関係は、厳密に競争的(零和的)なゲームとみなされる。そこでの中心的ルールは、相手の利得は自己の損失、あるいは自己の利得は相手の損失だということである。協調によって得るものはなにもなく失うのみであるから、この場合、行為者のとるべき戦略は、ことんの競争である。あらゆる争点で、妥協したり協調したりせず完全勝利をめざさなくてはならない。ラパロンバラによれば、これはまたイタリア人の政治の見方でもある。

典型的イタリア人にとって選挙は、相互にそして基本的に敵対する集団――〈われわれ〉と〈敵〉——の間の勝負である。勝者はその地位を利用して敗者を搾取するものとみなされている。多くの人びとにとって、選挙は、本質的に敵対する、和解しえない、生活様式間の、生死をかけた闘争であると考えられている(37)。

二つの支配政党の政治活動家たちは、政治にそれほど関係していない人びとよりも、おそらくより強くこの考えをもっているだろう。共産党とキリスト教民主党の活動家についての最近の研究によれば、この両者の圧倒的多数が、本質的にマニ教的見方で、すなわち善と悪の両極的力の衝突としてこの世界を見ている。もちろん善は自分自身の党によって代表され、悪は相手側の党である(38)。

もう一方の極では、行為者間の関係は、厳密に協調的とみなされる。ここでの中心的なルールは、われわれの間に対立はないばかりか、われわれの利害は同質的であり、あるいは密接に関連しあっているのだから、われわれは共に失い、共に得る立場にある。それゆえ、最良の戦略は、完全に協調しあらゆる対立を避けることである。このような考え方は、インドのエリートの信念の重要な要素となっていると、ワイナーは述べている。

インドの心奥深くあるにちがいない心理的理由によって、インドの国民的政党の指導者、知識人そして官僚は、社会内の対立を、本質的に望ましくないものとみなしている。アメリカ人の政治生活と思想にとって、競争と対立という概念は中心的であるが、インド人の思想にとっては、協調、調和、そしてインド人の好む言葉を使っていえば、〈綜合〉(synthesis)という概念が中心的である。これは、アメリカ合衆国よりもインドでは協調が多く、対立が少ないということではない。ただ一般に、アメリカ人は、たやすく対立状況に順応するが、インドのエリートは、一般にそのような状況を耐えがたいと思うのである。

……インドの歴史書は、過去の統一を強調し、対立と権力闘争を極少化しようとする傾向がある。インドの知識人は、一般に、イギリス統治以前の村を、社会的、政治的に調和のとれた単位として心に描いている。そして独立闘争に関する現代の歴史書は、当時存在した大きな内部対立を、控え目に描く傾向がある。

ほとんどの民族指導者はインドの村落内の対立を除去するため、あらゆる努力がなされるべきだと信じている。その主張によれば村の中では、調和と協調なしには、いかなる進歩も達成されないという。同様に、社会のあらゆるレベルで、対立は、できる限り少なくし、取り除かれるべきであるとする。なぜなら、国家が統一され

たときにのみ、前進できるからである。(39)

第三の見方は、関係を協調的競争とみる。対立、競争、協調はすべて、健全な、活力にみちた進歩的社会に貢献する社会関係の正常な側面とみなされる。この考え方では、協調から多くの利得が得られる。しかし人は、誰とでも、どんなことについても、一致するというわけにはいかないから、対立は不可避である。また対立は必ずしも悪いわけではない。というのは、しばしばそれは、対立している当事者が、最後には、すべてよりよい道にたどりつく大きな過程の一部である場合があるからである。対立した時にとるべき重要な戦略は、相互に利益のある解決法を探すことである。妥協は原則に対する背信行為どころか本質的に善なのであり、妥協精神は決定的に重要である。

協調的競争関係の利点や可能性を信ずる信念は、イギリス自由主義の中心的思想である。それは、競争の有益な結果についてのアダム・スミスの革命的概念と、相互に対立する意見を表現する自由から引き出される利益についてのJ・S・ミルの古典的弁護論との両者の核心にあるものだった。

抑圧体制やポリアーキーに対して、こういう信念がもつ効果について、どのような結論を下せるだろうか。もし第一の考え方が、さまざまな行為者間の協調に重大な妨げとならないとしたら、驚くべきことだろう。実際に、社会心理学者の実験が、その通りであることを証明した(40)。そしてもちろんこれは、イタリア政治の多くの観察者がまさに結論しているところのことでもある。たとえば、ラパロンバラは次のように結論している。組織参加のレベルでの一つの結果は、感情の分極化である。それは部分的には、政党の分裂と増殖に反映されている。……この相互疑惑と敵意から生じる細分化は、イタリアの二次的集団において劇的な形で表現されている。たとえば、労働の分野では、〔労働組合は〕労働組織の領域で、緊張感を再生産し、強化し、それは政党相互間の関係を特質づける。……農業組織、職業団体、体育クラブ、青年団体、婦人連合団体、大学の学生運動、そのいずれにおいても、実際、自発的集団の全体が、それぞれ、少なくとも共産主義者、社会主義者、カトリック、ファシストなどの諸党派に内部分裂していることが見出されよう(41)。

厳密な競争という考えが、ポリアーキーに必要とされる協調と信頼を阻害するとしたら、その反対の考え、すなわちすべての関係は、厳密に協調的であり、そうあるべきであるという考えも、ポリアーキーの機能にとって決して困難を伴わないわけではない。というのは、それは、ポリアーキーの正統性の鍵になる諸制度、とりわけ政党制度の基盤を掘り崩す傾向にある。政党は必然的に対立をともなう。それは対立を悪化させさえする。しかし、もし政治的対立が、救いようのない悪であるとしたら、確かに競争しあう政党は悪である。これは抑圧体制下にある多くの国における、現実の公的イデオロギーである。共産主義諸国では、マルクスの思想のある側面を論理的かつ説得力ある基礎としつつ、レーニンと彼の後継者たちは、単一の支配政党以外の、他のすべての政党を抑圧する理論的、実際的正当化を生みだした(42)。

民主主義を強く信じている人びとの間でさえ、厳密な協調を信じ、対立の悪を信じる信念は政党の正統性の基盤を掘り崩す可能性がある。インド文化のあのような協調と対立についての信念を前提すれば、多くのインドの知識人、とりわけガンディー主義の人びとが、政党なしの民主主義の擁護者であることに不思議はない。この見解の最も著名な擁護者は、ジャヤプラカシュ・ナラヤンである。彼は、「彼のいわゆる〈共同体〉社会の強力な主張者である。この社会では、政党政治は除去され、直接選挙は、村議会から国民議会にいたるまで、一種の間接選挙の制度におき替えられる」。

過去数年間、(マイロン・ワイナーは一九六五年に書いている、)ジャヤプラカシュとその弟子たちの多くは、議会制民主主義の批判をインドの諸地方へ伝播した。議会制民主主義は、政党を通じてインド社会のあらゆるレベルで、対立を強め、インドの部落を分割し、カーストと共同体内の緊張を一層悪化させ、そしてそれによって人びとが権力をそれ自体のために求めるよう奨励していると。また彼は、次のように強く信じている。もし政党が、村落内に入り込まないように自制すれば、地方での対立は減じ、同時に地方政府の権力を増大すること（彼はその立場を強く擁護している）が可能である。ジャヤプラカシュの解決法をユートピア的と否定する人びとでさえも、彼の議会制批判や、調和が国の発展の前提条件であるという基本的仮説は受け入れがちである。……この見解のさまざまな変形は、知識人や国民指導者の間で支持されている。その一つは、現在の政党政府の体系を、インド政党のすべてから成る〈国民〉政府におき替えるべきであるとする。それでは、政治対立が政府外部から、政府内部へ移されることになるだろうという批判は、〈国民〉政府の中では、全政党は民族統一と国家発展という共通目標を達成するために、それぞれの政治的野心は捨てざるをえないだろうという答えで反駁される。(43)

このような見解に、反民主主義というラベルをはるのは、明らかにまちがいだろう。しかし同時に、この種の信念がポリアーキーに敵意をいだいているということも明らかである。この種の信念は、もし実現されれば、ポリアーキーよりも民主的な体系を生みだしうるかも知れない(もっとも私はその可能性はほとんどないと思うが)。しかし他方では、この信念は、確実にポリアーキーの正統性を弱めるのである。

もちろんインド人の中には、両方の見解を合わせもっている者もいるだろう。現在のような事情の下では、政治を厳密に競争的とみなさざるをえないが、しかし、政治は厳密に協調的であるべきであると熱烈に願望しているのである。多くのイタリア人が、ほぼこれと同じように感じていることは、次の事実によって示されている。キリスト教民主党の活動家五四人のうち三〇人が、社会を、理想的には調和的に協調できる諸力の争う場であるとみなした(44)。レーニン主義の興味深い側面のひとつは、彼がこの両方の見解を結びつけたやり方である。つまり、ブルジョア社会では、その最も基本的な側面において、政治は、ブルジョアジーとプロレタリアートの間で演じられる、厳密に競争的な零和ゲームなのである。しかしプロレタリアート革命が階級を除去するやいなや、政治は必然的に、厳密に協調的となる。それゆえイタリア共産党の活動家が、社会的現実を「敵対するグループ間や利害の衝突、ブルジョアとプロレタリアートの間の階級闘争、資本と労働の対立」と圧倒的に受けとめているとしても、驚くべきことではない(45)。もし彼らの多くが、とりわけより古くかつより正統的で戦闘的な人びとが、プロレタリアート革命の成功によって、調和的協力によって導かれ、それゆえ、競争政党が必要でなくなる社会が生まれるだろうとレーニンとともに考えていないとしたら、かえって驚くべきだろう。

厳密な競争、厳密な協調というどちらの極端な信念も、おそらく、ポリアーキーにとっては、不利な環境を生み出すだろうが、他方、ポリアーキーと両立しうる協調と対立の信念の範囲は、かなり広いかもしれない。ポリアーキーと公的異議申立てが機能するためには、選挙とか政党、議会といったような高度に具体的な制度における協調と対立がともに必要とされる。それゆえ、ポリアーキーにとって有利と思われる環境は、対立と協調の両方の可能性と望ましさを強調する信念、とりわけ政治的対立は、より高い協調的秩序の一要素であり、その秩序によって制限を受けるのだという信念の存在する環境であろう。

この問題に直接関係する国家別データがあるかどうかわからないが、妥協に対する態度に関して散在する証拠は、関連があるかもしれない。というのは、一般的な意味において、妥協ということばは、協調の枠内での対立の、正常な望ましい結果だからである。

証拠は弱いけれども、妥協についての信念も、国によって重要な違いがあるようにみえる。ポリアーキーと公的異議申立てについて、長いしっかりした伝統をもつ国では、確かに、妥協は、言葉においても、行為においても、名誉あるものとされている。たとえば、「妥協は、伝統的に、スウェーデン的な政治技術と考えられている。そして〈妥協〉という言葉は、明らかにスウェーデンの投票者には、心地よく聞えるのである」(46)。あるいはオランダの場合を考えてみよう。

オランダの政治は和解の政治である。それがオランダ政治の成功の秘訣である。和解という言葉は、ここでは、基本的合意がほとんど存在していない争点や対立を解決するという意味で使われている(47)。

オランダ人は、とりわけその指導者たちは、「イデオロギー的相違の存在を、変えることのできない、そして変えるべきでない基本的な現実」として受けとめている。それゆえ指導者たちは、あらゆる部分が同意できる妥協点を探す(そして大衆はそれを受け入れる)義務を負うことになる(48)。

妥協の美徳と可能性への信念が、多くのポリアーキーで支配的であるということは、明らかである。その信念は、アメリカ政治の核心をなしてきた。それなくしては、スイスの体系は機能しないだろう。政党が選挙と内閣構成において、厳密な競争の戦略をとっているイギリスでは、妥協精神によって協調が促進されている。(49)

〈妥協〉が非難され、軽蔑されている国についての証拠がもっと多くあれば興味深いだろう。一つの可能な例をあげれば、スペイン語の対応語 compromiso は、英語の意味とはかなり違うさまざまな意味を含んでおり、英語の用法に一番近い意味では、あまり好ましくない含意(英語で〈屈従させられる〉というのと同じ意味)をもって使われているとされている。言葉の違いが一般的信念の相違を反映していると解釈しうるかぎりにおいて政党や政治家は、妥協によってスウェーデンでは尊敬を得るし、スペインやラテン・アメリカでは軽蔑される。妥協が軽蔑されるところでは、協調はむずかしく対立は解決されないまま残される。もし対立が耐えがたいものであれば、抑圧体制が、協調を強制する最良の方法とみなされるようになるだろう。

信念の説明――誤っているパラダイム

はじめに注意したように、私が説明してきたさまざまな信念は、例解以上のものではない。これまで述べてきた断片的な概念を統合して、より包括的な、統一された政治思想や理論、あるいはイデオロギーへと変えてゆくようなより一貫した信念体系が及ぼす効果については、私は全くふれてこなかった。もし手もとにある証拠では、これまで述べてきたような個々の信念の変動が、体制に与える効果についての仮説を十分に立証することができないとしたら、信念体系やイデオロギーと体制との関連を論じることは、さらに危険なこととなろう。

信念それ自体が、せいぜいのところ単なる媒介変数として解釈されているのだから、体制の相違の一要因として、信念をとり出そうとすることは、無意味な作業ではないかと非難されるかもしれない。結局、もし信念がどのようにして生じるか説明できるとしても、そしてもし特定の体制の成立を説明するのに信念が役立つとしても、われわれは、体制の相違を、信念によるよりも、さらに〈基本的な〉説明的要因によって説明できると論じることができよう。この点は、前に示唆したパラダイムによって明瞭となろう。

もし以下が正しいとしたら、

A　信念を決定する要因 ──→ 政治的信念 ──→ 政治的行為 ── P ──→ 体制

その時には次のように論理的に主張しうる。

B　信念を決定する要因 ── P ──→ 体制

しかしながら、単純化されたパラダイムＢは、完全に誤りである。第一に、それは、われわれが知っていること以上に、はるかに知っていると仮定している。実際には、現在ある理論やデータでは、Ｂの妥当性あるいは蓋然性すら立証することができない。それは、科学的根拠にもとづいて保証されない、一種の還元主義を表わしているのである。疑いもなく、信念についての最も通俗的説明は、それを、自己利益にもとづくものとすることである。このような形の還元主義的説明の欠陥は、それがまちがっているというよりも、ほとんど意味がないということである。完全に利他主義的信念というものがまれであることは、当然のことだといえよう。意識的にせよ無意識的にせよ、あらゆるレベルで自己の〈利益〉に反する信念をどのように人が固持しうるのか、想像しがたい。しかしながら、それが正しく問題なのである――〈自己の利益〉ということは、いくら厳密に定義しても、ほとんど何もいっていないことと同じである。(50) 人が〈自己〉と同一化するものは、個人により、状況や役割により、文化や下位文化によりさまざまに異なる。バンフィールドが記述するイタリア南部の〈無道徳的家族主義〉の文化の中では、家族の外部での関係は、〈自己〉とは家族である。そして村人たちは、あたかも次のようなルールに従っているかのごとく行動する。

すべての他者も同様にすると仮定して核家族の物質的、短期的利益を最大化する。

また村人たちは、このルールに含まれる次のような含意にしたがって行動する。

一、無道徳的家族主義者の社会では、自分の私的利益となる場合以外は、グループや共同体の利益のために行動しようとする者はいない。……

二、役人のみが公共の仕事にたずさわる。というのは、彼らはそのために給料の支払を受けているのだから。私人が、公共の問題に強い関心を示すことは、異常、そして不適切とさえみなされる。(51)

しかし〈無道徳的家族主義〉は、普遍的ではない。たとえば、スパイロウによって調査されたイスラエルのキブツでは、家族の一員としての同一化は、キブツ全体との同一化によって、またキブツ育ちにとっては、幼稚園から高校までいっしょに育てられてきた、一六人の仲間グループとの同一化によって弱められている。こういう感情的絆の強さは、次のような事実に示されている。キブツ育ちにとっては、近親相姦のタブーは、仲間グループにまで、そして時には全キブツメンバーにまで広がっている。また、キブツ育ちが、キブツとその成員に対して、強い責任感をもつようになるということについては多くの証拠がある。(52)

もし〈自己〉がこのように伸び縮みするものだとしたら、〈その自己に役立つためになすべきこと、すなわち自己の利益〉は、さらにずっと弾力的である。一つには、利益の概念は、認識的な信念に依存しているからで、それは多くの要因から形成されているのである――文化的影響の相違から、たとえば、盲腸炎にかかって、腹に羊の脂をぬりつける人もいるだろうし医者を呼ぶ人もいるだろう。したがって、自己の利益とか、グループの利益というもののとらえ方は、多様に変化する。それゆえ、信念を自己利益の表現と説明することは、特に役立つわけではない。というのは、自己利益とされるものは、その人の認識的な信念によって左右されるからである。[53]おそらく自己利益として説明する最も一般的な型は、信念を、社会や経済における、個人の立場の反映として解釈することだろう。体系的なものにせよ、断片的なものにせよ、この種の傾向を表わしている厖大な研究が存在する。しかし、こうした研究によれば、個人の信念と、社会経済的特質との間の相関は、ほとんどいつも弱いということがわかる。そこにおける重要な発見は、関係が存在するということではなく、その関係が、どれほど弱く、不安定であるかということなのである。[54]

もし〈自己利益〉や社会経済的立場が、心理学的にみてあまりに素朴で説明的要因として役立たないとしても、より洗錬された心理学的説明なら、十分に役に立つだろうと考えるかも知れない。政治活動家の信念は、そのパーソナリティ構造の反映として、うまく説明できないだろうか。政治とパーソナリティの関係についての、主要な研究者の一人は、この種の還元主義を警告して、次のように論じている。

パーソナリティ構造 ≠ 政治的信念 ≠ 個人の政治的行為 ≠ 集合的政治構造と過程

ここでは、≠は「必ずしも予知させない」という意味である。彼はさらに続けていう。

私はこれらのさまざまな連鎖の間に、経験的な関係がないというつもりはない。……むしろ強調する必要があるのは、この関係が、経験的であり……その関連性は、必ずしも強くなくまた正とは限らないということである。

とりわけ連鎖が二つ以上にわたる場合はそうである。

これら連鎖のうち第一の連鎖の弱点は、次の点にある。しばしば指摘されているように、基本的に同じようなパーソナリティ特性をもつ人が、別の政治的信念をもつことは可能であるし、同じ信念をもつ人が、基本的なパーソナリティ特性がちがうことがある。基本的パーソナリティからくる心理的要素と信念とは、互いに独立に変動しうるのである。(55)

説明要因としての政治文化

還元主義のおかげで、一時期、社会科学者は、さまざまな体制の特質と行動に与える信念の効果を軽視してきた。しかし最近になって、政治文化の重要性に焦点が向けられるにおよび、間接的にではあるが、政治的信念の重要さが、再び強調されるようになった。

政治文化とは、「政治行為が生起する状況を規定する経験的信念、象徴表現そして価値の体系」として定義され、「政治に主観的方向性を与える」[56]ものとされている。今日、さまざまな国の政治文化の違いは、政治体系の特質の相違の説明に役立つと広く認められている。

政治文化とここでいう信念との間の関係は、ぼんやりとしている。なるほど、政治活動家の信念の多くは、一国の政治文化の一部、あるいは産物とみなすことができる。しかし政治活動家の信念に関するこの章での焦点は、二つの点で、政治文化への最近の関心とは、異なる。まず第一に、政治文化の研究は、社会化によって安定的な信念体系となってゆくような社会内の持続的な政治思想の側面にもっぱら集中している。それゆえ、政治文化の研究は、信念変化の原因を無視しやすい。あるときには、外来的、秘教的、非正統的信念であったものが、後に、政治文化の一部となりうるのだから、信念変化の過程は、安定へ向う社会化の過程と同じくらい重要である。第二に、政治文化の研究者は、エリートの政治文化と大衆のそれとの間の相違に注意を喚起しているものの、一国内に広くゆきわたっている政治文化の拡散した側面にこれまで主として関心を向けてきた。現在までのところ、彼らは、政治エリートや活動家の信念に、それほど多くの注意を払っていない。その結果、われわれは、さまざまな国の活動家の認識的な信念の相違についてほとんどわかっていないのである。

それにもかかわらず、最近の政治文化に関する関心の復活からえられる洞察や証拠を利用することによって、政治活動家の信念における安定と変化の両方の原因について、理解を深めてゆくことができる。

政治的信念の獲得

すべての道徳的、宗教的訓練は、実際には、いくつかの単純な仮定の基礎の上に——正しく——成立している。つまり、ほとんどの人は、自分の信念をとりわけ受容性の高い時期に獲得している。典型的には、人は人生の最初の二〇年間、そしてその期間においてのみ、受容性が高い。この期間の終り頃には、思想は固定し、結晶する。その後は、人の信念はかなり安定する傾向にある。

政治文化に関心をもつ社会科学者が、人生初期における社会化の重要性を強調する時、彼らは、倫理についてのアリストテレス、宗教についての教会の古くからの道を辿っているのである(57)。

青年期の社会化が終った後は、政治的信念は、完全に形成されて結晶し、変化することはないと考えるのは、もちろん誤りである。変化は後期にも、徐々に起るかもしれないし、まれにだが、急激に起ることもある。二〇代以後に信念が変る場合には、ふつうその変化は、青年の急進主義から中年の保守主義へという古典的な形で徐々に起る。この種の漸次的変化は、必ずしも、〈信念の喪失〉にともなう危機をもたらすことはない。その代り新しい信念が、古い信念の腐食によって、とり残された空間を埋めるといってよいだろう。しかしながら、成人における急激な信念の変化においては、その人が、信念の喪失に悩むあたかも古い信念から新しい信念へ移る幕間劇のような期間が、一般にある。信念の喪失は、ときに耐えがたいほど不快で苦しい状態を伴う。それゆえ信念の喪失は、古い信念にかわる新しい信念を、積極的に求める受容性の高い時期になりやすい。探求が緊急であればあるほど、受容期は短い。通常、新しい信念は、間をおかずに獲得される。喪失の恐怖は、耐えがたいほどだったから、新しい信念は、前の古い信念よりも、より強固に保持されることが多い。

青年も信念を突然喪失する場合があるけれども、典型的には、青年の受容期は、漸次的あるいは断続的な獲得や、現実とのつきあわせ、再学習、結晶化の過程であるように思える。それは彼が社会や下位文化の中の社会化の主要な諸制度――家族、学校、教会、職場、同僚――において支配的な信念にふれるようになるにつれて起る。

「イギリスでは、まだ小さい子供は、最初、女王を、イギリスの実際の支配者であると考えるよう教えられる。……小さい子供にとって、首相は、女王の助手にすぎない……この女王と首相との関係の見方は、歳をとるにしたがって、崩れてゆく。それは、労働者階級の子供においてよりも、中産階級の子供において、はるかに急速に進行する」。それゆえ、イギリスの平均的成人は、女王は君臨すれど統治せずという認識的信念を獲得している。つまりある一二歳の子が表現するように、「首相は国を治めるということになっている人で、部下をたくさんもっている」という規範的な信念を獲得している。そしておそらくは国王に対しては、愛情のこもった、あたたかい気持をもつが首相に対しては、中立的態度をもっている。(58)

それゆえ、信念への比較的受容性の高い時期を、二つに分けておくのが有用である。すなわち、青年の社会化の正常な期間と、すでにもっていた信念を失い、喪失感をいだいている異常な期間である。ところでその受容期に獲得する、政治的信念の内容は、どのような要因によって影響されているのだろうか。

接触の機会

一つの明白な決定要因は、どの程度まで、特定の政治思想に接触する機会をもったかということである。それは、多くの事柄によって左右されている。ある特定の思想に接触するという機会は、もちろんその思想が、まわりの環境に存在するかどうかによっている。それについては、第一にその思想が形成されていること、第二にその思想がその個人の環境に伝播していることが、必要条件であることは自明である。

思想の形成と伝播によって、人はモデルを手に入れることができる。たとえば、代表という枠組は、すでに一八世紀よりずっと以前に存在していた。しかし国家における代議制政府のモデルは存在していなかった。そのモデルは構築、あるいはそういいたければ発明されなければならなかった。そのモデルが一八世紀に形成された時、アメリカのジェファーソンやマディソン、イギリスのジェームズ・ミルなどのような感受性に富んだ多くの政治観察者は、民主主義と大規模な国家を結びつけるというそれまで解けなかった問題を解決した輝かしい新発見として、感動したのである。もう一つ別の例をあげれば、憲法制定会議という考えは、パーマーが指摘しているように、アメリカ革命においてさまざまな州憲法を制定あるいは再制定したりするために、会議が召集されたとき、全く、目新しいものであった。そしてその最大のものは、もちろんフィラデルフィアにおける一七八七年の憲法制定会議である。

フランス人が最も感動したことは、憲法を作成するという正にその行為であった。人民が憲法制定能力をもつという原則にもとづいて、政府を構成し再構成するということであった。彼らがアメリカから学んだことは、憲法制定議会、あるいは会議をもつという可能性であった。会議(convention)という言葉そのものも、正にアメリカ州憲法の翻訳によって、フランス語に組み入れられたのであった。政府の臣民が、政府を排斥して解体し〈自然〉状態にもどり、そして慎重な計画にもとづいて、政府を新たに作り、新しい公職や機関を創設し、その権限を成文化して定める。これらは、革命ということの少なくとも法的な意味における本質であり、社会契約の実践であり、人民主権の主張であった。[59]

青年期という高い受容性の正常期に、どの程度まで特定の信念に接触する可能性があるかということは、社会化の過程とりわけ家族、教会、学校、大学において、その信念の持主がもつ影響力の量によっている。[60] 有名な例の一つは、インドの多くの知識人や学者、ジャーナリスト、教師、官吏、政治指導者の政治思想に与えたイギリスの、あるいはイギリスの建てた学校、単科大学そして総合大学の、巨大な影響力である。そしてこれらの影響力は、独立前後に、自由主義的民主主義思想や制度を彼らに受容させる助けとなった。[61] イギリスの大学の影響力は、インドの大学を通じての間接的影響力によって、倍加された。西欧化された、あるいは英国化されたインド人の思想は、しばしば、インドの特質や現実の発展と衝突した。その結果、インドの政治発展に与えたイギリス教育の純粋な影響力を正確に定めることは決してできないとしても、もしインドの知識人や他の指導者が、彼らの高等教育の期間、同じくらい深く、反民主的、非自由主義的思想に接触していたとしたら、インドにおけるポリアーキーの可能性は、かなり減少していただろうといっても、過言ではないだろう。

威信

この例が示しているように、個人が青年期であれ後の時期であれ、その受容期に獲得する特定の信念は、接触の量ばかりでなく、接触している思想や信念の相対的威信に左右される。そして特定の政治的信念の威信は、何よりもまず信念の擁護者や批判者のもつ威信とその信念を象徴している人民、組織あるいは制度の成功や失敗に依存している。パリにおけるベンジャミン・フランクリンのように、ある信念(この場合は、代議制政府と政治的平等の美徳と可能性についての信念)の持主は、彼自身新しい思想の代表者としての評価を獲得すると同時に、彼自身の特別な威信――フランクリンの場合には、大学者、生れつきの天才、才人、そして偉大な人物や有名人、上流人士の友人――のゆえに、その思想への評価を強めている。ガンディーのここ数十年間の威信は、彼が唱導した非暴力的抵抗の他にも、多くの原因に依拠している。そして非暴力的抵抗という思想の威信は、明らかに、聖者のようなガンディーとの結びつきによって強められている。彼の殉難した後進、マーチン・ルーサー・キングについても同じことがいえる。

信念に威信を与えたり、逆に剝ぎとったりするに際して、知識人や学者は、再び戦略的に重要な位置を占めている。つまり信念の妥当性を、独自に研究していない人びとに、知識人や学者、科学者、その他専門家とみなされている人びとが、必要な妥当性を与えている。そしてもちろん、教育制度内で著述家や学者の相対的威信は政治的社会化においてそれなりに強い影響力をもつ。威信をもっているゆえ、たとえば、合衆国では、左右の〈リベラル支配〉の批判者が、幼稚園から大学までのカリキュラムの内容は、国全体よりもはるかに〈リベラル〉であると、非難している。この告発はかなりあたっている。というのは、アメリカの知識人や学者は、一般人よりも〈リベラル〉であるばかりでなく、教育制度の内容や実践に、より大きな影響力をもっている。もっともそれは彼らの多くが望んでいるほど大きくはないが。

ある思想の相対的威信は、その思想が達成したと考えられているものにも左右される。それらは、人民や制度、組織の中に体現される。さまざまな信念体系の相対的威信に関する体系的データは手もとにないが、かなりの根拠のある印象にもとづいて、そう主張することができよう。パーマーは、アメリカ革命がヨーロッパに与えた衝撃を次のように書いている――

アメリカにおけるのと同様、ヨーロッパの多くの人びとが、アメリカ革命の中に、人類のための教訓と激励を見出した。それは、啓蒙期の自由主義的思想は、実践されうるということを証明した。それは、人権や社会契約、自由と平等、責任ある市民と人民主権、宗教的自由、思想と言論の自由、権力分立と人工的に創出された成文憲法などの思想が、単に著述家たちの思索の領域にだけとどまっている必要はなく、現在のこの世界における現実の人民の公共生活の実際の組織になすことができるということを示した。このようにして、アメリカの神話、蜃気楼、あるいは夢が生れた。最近の著述家を引用すれば、それは「この二〇〇年間、近代人が実験しつづけてきた、世俗的神秘主義という巨大な運動のはじまりであった(62)」。

後にトクヴィルが立証しているように、合衆国において、民主主義が機能するのに成功しているようにみえるという単純な事実によって、反民主主義の議論は弱められた。一九世紀を通じて、民主主義的信念の相対的威信は、ヨーロッパとアメリカで高められたように見える。

ポリアーキーの制度は、歴史的に資本主義と結びつけられてきたゆえに、大恐慌の襲来で、資本主義ばかりでなく、ポリアーキーの威信も明らかに低下した。ポリアーキー体制の国における、革新主義的政府の明白な業績――アメリカ合衆国のニュー・ディール、スウェーデンやその他の国での労働党政府の改革――は、おそらく、ポリアーキーの威信の幾分かを回復した。だが一九三〇年代のソ連やイタリア、ドイツの、一党抑圧体制の一見勝利と思われるものによって、これらの体制や、その体制が反映していると称するイデオロギーの威信は強まった(63)。しかしながら、今からみると信じられないことであるが、スターリン下のソ連は、自由主義的、左翼的、あるいは社会主義的信条をもった著名な西欧知識人や著述家によって、シドニー・ビアトリス・ウェッブ夫妻が、不幸にも「新しい文明(64)」と呼んだものの体現とみなされたのであった。第二次大戦の敗北によって、ファシズムとナチズムの威信は強力な打撃をこうむったが、ソ連は、その犠牲と軍事的勝利により、英雄的かつ信頼の光をあびて輝いた。一方、フランスやイタリアでは、共産主義者が、レジスタンスに献身的にそして有能に参加したことによって、共産党は、非常に高い威信を獲得したのである。

　ラテン・アメリカでは、競争政治体系が、構造的改革をもたらすことにも持続することにも失敗したことと、メキシコの制度的革命党の堅実な業績、キューバのカストロの革命、ペルーの革新主義的軍評議会などのすべてが、ポリアーキーと抑圧体制の威信の比較上に衝撃を与えた。最後にもう一つ例をあげれば、アメリカのベトナム戦争介入によって、合衆国の青年の間で、あるいはおそらくいたるところで、ポリアーキーの威信(必ずしも民主主義への信念についてではないが)は急激に低下したといえる[65]。実際この最後の例は、一般的論旨を例解するのにもっとも役立つかもしれない。一九六〇年代後半に合衆国で育った青年は、たとえば一九五〇年あるいは一九〇〇年頃の青年とは、違った信念に接触したばかりでなく、アメリカの諸制度の中に体現されたものとしてのポリアーキーの相対的威信は、はるかに低かった。それゆえ、少なくとも合衆国で実践されているようなポリアーキーとは別のものを信じる青年の比率は、それ以前の時代に比べてきっと高かったにちがいない。

以前の信念と一貫性

一定の政治的信念獲得の可能性を決定する第三の要因は、その個人の現在の信念と一貫性があると感じる度合である[66]。確かに、たとえ新しい思想が、すでに獲得されている信念とは一貫性がないとしても、それが魅力的であると思えば、人は以前の信念を棄てたり、新旧の信念は実際は矛盾しないと結論したりするかも知れない。それにもかかわらず、もしその新しい思想が、現存する諸信念と衝突すると思われる場合には、その新しい思想をとり入れる可能性は、明らかに減少する。実際、受容性の高い時期が終り、多少とも結晶化された信念体系をもつようになった時、それは生じる。その時から、人は意識的にあるいは無意識的に、新しい信念と、古い信念とが一貫性があるかどうかを検証しはじめる。そしてそれらが一貫していないと感じられれば、通常、新しい信念を拒絶する。新しい信念が、以前から確固としていだかれている信念と衝突する場合、信念の喪失にいたるためには、巨大な量の矛盾の認識が必要である。それは時にはあたかも古い信念のダムの中の矛盾の水位が密かに上昇し、ついにはそのダムそれ自体が押し流されて、不信以外には何も残らないかのようである。また、最近の社会科学者が再び強調しているように、個人が社会化される一般的文化や個別的な政治文化が、政治生活の説明においてなぜそれほど重要なのかも容易に理解できよう。というのは、文化とは、青年に継承されるのに成功した信念、政治思想、心の習性などによって構成されており、新しい信念をそれと照らし合せて検証する――通常欠陥ありと認定される――ための、意識的、無意識的前提条件となるからである。

思想に、それ自身の生命と自律的な展開をあたえ、それが必ずしも社会的利害の支配や操作によらないようにさせるのはこの信念における主観的一貫性への要請である。疑いもなく社会的、政治的信念にはもともと、数学や物理学のような高度に抽象的な信念体系に較べて、より決定論的なところがあるが、社会的政治的原則が、いったん政治文化の中にしっかりとはめ込まれるようになると、それは文字通り一つの公準として機能し、そこから新しい予想もされなかった、しかし一見不可避と思われるような帰結が生じてくるのである。もともとは、原則によって遂行されていた〈機能〉や、初めは原則が仕えていた〈利害〉は、もはやその原則から引き出された結論を制御したり、支配したりできなくなる。

平等、不平等についての信念は、しばしばこの公準的役目をはたす。政治的平等の原則が、中産階級の指導者によって、政治体系への参加を正当化するために用いられたところでは、やがて他の排除されているグループの代表者たちが、論理的帰結に従って、自分たちを排除していることの論理的非一貫性をつき、そして中産階級の政府にそれ自身の神聖な原則を尊重するか、それとも正統性を失うかと迫るようになるのである。実際に、ある一群の政治的信念は、全く違った環境の中でもいつもきまって現われ、それはあたかもある種の前提からは同一の結論が生まれるという必然性を反映しているかのようである。たとえば大規模の集団の中で政治的平等を信ずることは、あたかもそれに内包されているかのように、多くの諸原則を必然的に生みだす。同じことをさらに注意深く表現すれば政治的平等と一致する諸原則を案出する試みは、さらにずっと小さな単位においてまで選択の余地を狭めるのである。(67)

経験との合致

一般的な論理的原則に従うかそれとも主観的かつ個人的基準に従うかは別として、〈内面的な〉一貫性のみが、必要とされる唯一の一貫性ではない。人がある特定の政治的信念をとるようになることについての第四の要因は、どの程度まで、その信念が、その人自身の経験と合致すると感じるかということである。経験は、とりわけ信念の認識的側面の信頼性に対して、重要である。というのは、もし自己の現実認識と、接触している新しい信念の規定する現実認識とが衝突する場合には、この緊張を緩和するために、人は、自己の認識を否定するか、衝突の存在を認めないか、あるいは新しい信念の妥当性を否定しなければならない。これらのうちどれもが起りうるが、その中でも最後のものが疑いもなく最も一般的だろう。ここでもまた、個人が育てられた文化がどれほど重要であるかが分る。なぜなら、彼はある特定の方法で、彼の人生がであうできごとを解釈するよう文化によって条件づけられるからである。人間の経験は半ば文化によって形づくられる。それゆえ異なった文化の出身者は、〈同じ〉できごとを全く別なふうに経験するということが起きる。同じように、異なった政治思想――それがきちんと組織化されない断片的な諸信念か、一貫したイデオロギーであるかは問わず――をもった人は、同じできごとを全く別な風に認識するかもしれない。このようにして、各個人は、各人の現在もつ諸信念を固める経験を蓄積していくということが起きる(68)。

しかしながら、精神病者、そしてそれほどではないが小さな子供を除けば、この選択的認識は、現実によって制約される(69)。自分が接触している諸思想の中で、青年は自己の経験に最も密接に一致すると思われるものを選択する。選択的認識にもかかわらず、この過程は一生を通じてつづき、個人的経験と信念との劇的分裂が生じたとき、それは信念を変化させる。このようにして個人的経験が軍隊の崩壊を招いた例に、一九一七年のロシア、一九四〇年のフランス、一九四五年のドイツがある。西部戦線のドイツ軍兵士は、はじめ個人的に降服した。それから小さな集団で、そして最後には、一九四五年四月、さらに闘い続けさせようとするベルリンからの必死の宣伝を拒否して、迷った羊の群のようにぞくぞくと降服した。というのは、彼らは、これ以上の抵抗に意味がないということを、戦場の経験で確信したからであった。しかしそのほんの数カ月前には、この同じ多くの兵士たちは、頑強に闘っていたのである。アメリカ合衆国では、一九六〇年代に、かなり多くの青年が、ケニストンのいわゆる〈不平等との対決〉を経験した後、自由主義的改革主義の政策に信頼を失い、急進的な思想へと傾いた。

ニューヨーク市内の失業者とともに、南部の選挙登録運動で、あるいはスラム街の黒人家族とともに働いたことやベトナムでのアメリカ政策を詳細に研究した結果などによって、これらの青年は、アメリカの生活と政策の不正義と直接に個人的に対決せざるをえなかった(70)。

経験には、広範囲にわたって共有されるものもあれば、個人的にのみおこるものもある。歴史的経験の相違は、有名な世代の断絶の一因となる。特定の歴史的経験によってその思想が形成されている人びとは、その経験の意味と〈現実性〉を、次の世代に伝えるのが、次第に難しくなると感じるようになる。たとえ〈老兵は死なず〉とも、彼らはしばしばその聴衆を失ってしまうのである。一九六〇年代後半、全体主義的支配の〈意味〉と危険性は、西ヨーロッパや北アメリカの三〇歳以下の人びとと、一九三〇年代の全体主義の勝利期をくぐりぬけてきた、特にヨーロッパの三〇歳以上の人びととでは、非常にちがって映じ始めてきたということが、しばしば報告されている。後者にとっては、野蛮な専制主義への退行の危機感は、いつまでも大きくかわらずに残っている。これらの年長者にとってポリアーキーは、理想の民主主義と照らし合せて測れば多くの欠点をもつにもかかわらず、極端な専制主義を経験したことのない若い人びとよりも、これわれやすい貴重なものに思われたのである。

偶発的あるいは特異な経験も、決定的な役割を演ずることがある。レーニンが一七歳の時、彼の兄アレキサンダーは、皇帝殺害の学生の陰謀に加わったかどで、絞首刑に処せられた。彼の妹によると、レーニンは兄の処刑によって「決心を固め」、革命を真剣に考え始めた(71)。ガンディーと彼のサチャグラハ（字義通りの意味は〈真実の力〉であるが、非暴力的抵抗とか、戦闘的非暴力などさまざまに訳されている）の教義の発達を説明するに際して、E・H・エリクソンは、ガンディーの南アフリカにおけるまた一九一八年のアーメダバードでのストライキの経験を強調している(72)。バーバーによれば、アメリカの大統領が、「彼の仕事を処理する方法——彼の〈スタイル〉——は、青年期の終りあるいは成人の初期の頃、彼に成功をもたらした行動様式の反映であることが多い。その時期は、彼が家族から独立した一個の人格として登場する時期である。そして社会的に組織された環境に、比較的に密度濃く参加しはじめる時期である」。後のスタイル〈そして大統領になるまでの経歴〉の発展の引き金となる初期の〈成功〉は、しばしば偶然的なものである(73)。一九六七年の〈ベトナムの夏〉に参加した若者とのインタビューで、ケニストンは、「急進派の発展の心理的意味」ばかりでなく、「心理学的見地から〈偶然的事件〉と思われるものの重要性」を強調する必要を感じた。

これらの急進的若者の発展は、彼ら自身の計画とか動機とか目論見によらない、〈偶然に起った〉事件によって、しばしば深く影響されていた。たとえば、家族の重病、兄弟や姉妹の心理上の問題とか、別の町の学校へ移る機会などである。そのような事件が、個人の発展に与える影響力を正確に測ることは誰にもできない。多くは彼の発展段階と、その時の感受性に左右される。たとえば、いくつかの例の中で、家族内大事件で、両親から面倒をみてもらえなくなった急進派の若者は、やむをえず、ほとんどの若者よりずっと早く独立せざるをえなくなった。また別の例では、私立学校へ行くという〈偶然〉によって、特殊の心理的傾向が強くなったとい

うこともある。(74)

もう一つのパラダイム

私はいくつかの要因——接触、威信、以前の信念との一貫性、そして経験——を強調してきた。それらの要因は、特定の個人が特定の受容期(複数のこともある)に、特定の信念を獲得することを決定させてゆく。しかしこれらの同じ要因は、同じ時期に他の多くの人びとにも影響を与えているのである。それゆえこれらの要因は、歴史家が、ルネッサンスとか啓蒙期とか民主的思想の成長とか書く時に説明する、あの広範囲で明確な思想の変化を生み出す働きもしているのである。

この領域に足を踏み入れる時、われわれがどんなにみじめな状態にあるか、いくら誇張してもいいすぎにはなるまい。もし個人的信念の獲得を十分に説明することがむずかしいとしたら、歴史的信念の変化の原因を説明することは、さらにはるかにむずかしい。個人的信念についての理論は、せいぜい、なぜある人がある時期にある信念をいだくかを説明するだけである。それらの理論は、すべての個人、すべての信念のようなものを説明しない。しかし、歴史的説明は、現象のさらに多くを説明せずに残す。もし個人がいかにして信念を獲得するか、についての理論を検証するのに、データが不十分であるとしたら、歴史的変化を説明するのに必要とされるデータや概念は、それよりはるかに不十分だろう。個人の場合は、具体的に確認することができる。たとえば、「ロビンソンは、青年期に民主的信念を獲得した」といえる。しかし歴史的変化についていう時、このロビンソンにあたるものは何か。〈ヨーロッパ社会〉とか〈アメリカ人〉という概念は、あまりに広すぎかつ曖昧である。そのとき人は、そこでのいくつかの単位の人びとを念頭においているのだが、しかしそれを正確に限定することはむずかしい。それらは、しばしば一国あるいは数カ国における、いわゆる思想的エリート、思想の創造者や唱道者すなわち知識人、哲学者、詩人、イデオローグ、パンフレット作者、政治評論家、ジャーナリスト、科学者などの人びとなのである。また政治的エリートも頭にうかべるかもしれない。なぜなら、彼らの信念は特別な影響力をもっているゆえに、政治生活の中では、特別重要だからである。しかしこれらのエリートの境界線は不明瞭であり、そのメンバーについての情報は不十分である。それゆえ厳密さを好み歴史的な記述や一般化あるいは説明の〈やわらかさ〉に不満をもつ社会科学者は、多く、歴史的な思想運動に立ち入らないできた。その結果、彼らの理論は、どんなに厳密だとしても、重要な説明的変数を欠き、しばしば素朴な還元主義になってしまっている。それはあたかも、フットボール試合の選手の集合行動を、主として幼年時代における各選手のトイレのしつけから説明しようとしているようなものである。

おおざっぱにいって、これまで論じられてきた諸要素は、政治的活動家集団での特定の信念の頻度や強度の集団的変化を説明しようとする際に用いることができる。一国の中において、あるいは、ヨーロッパのような一つの地域的世界の中においてさえ、ある政治的信念の比較的安定した時期から不安定、挫折、受容の時を経て、新しい信念の結晶期が来て、そしてふたたび比較的安定した時期にいたるという過程がたどられる。

ポールソンは、カステルフォッコと呼ばれるローマ近郊のイタリアの村落について次のように書いている。

第二次大戦の終り頃、カステルフォッコの人びとは、これまで比べるもののないような大衆的熱狂の時代を迎えた。多くの人は、戦争がついに古い秩序を破壊したと思った。貴族は、政治的死滅と、経済的破産に直面した。古い農村文化は、……ほとんど消滅へと向っていた。ファシズムの残酷と圧制は、世間の前でその仮面をはがされた。

より正しく清潔な社会が強く求められているこの時機に、共産党は過去よりも未来に目をむけて、力強く踏み込んでいった。……

新しい指導階層ばかりでなく、共産党は、第二次世界大戦後の深い精神的危機のショックに直面している人びとに、意味ある態度決定の仕方を提出したのであった。その危機は一世代にわたって内攻していた。しかしファシズムと、新秩序の探求の突然の崩壊によって、人びとは向うべき場所を見失った。

共産主義者は、より良き社会という理想への態度決定を提出した。この態度決定は感染性をもち、その思想の保持者を、必然的に〈伝道者〉にした。……戦後の精神的政治的空白の中で、多かれ少なかれ現状維持にとどまろうとする野党を見て、共産党は、大衆の心の中に巨大な浸透力をもった。(75)

しかしながら、あまりにせまく個人と集団との類推にこだわると、誤りのもととなろう。個々人の集合は、いくつかの点ではあたかも一人の行為者であるかのように、みなしうるかもしれないが、いくつかの重要な相違は、留意されねばならない。思想が比較的安定している時期でさえも、ある種の活動家や思想的エリートのメンバーは、新しい思想に対して受容的である。逆に受容期においてさえも、すべての活動家が新しい信念を受け入れるわけではない――ましてや全住民が受容的になるということはありえない。イタリアで共産党の得票率のもっとも高い地域の一つである、カステルフォッコでさえも、票の半分が共産党へゆくにすぎない。票の三分の一から四分の一はキリスト教民主党へ、一〇分の一は社会党へ、そして残りは他の政党へと分散している(76)。それゆえ結晶化は、個人の場合のように必ずしもただひとつの支配的思想に収斂するわけではない。それどころか、宗教改革時代についてのように、あるいは一九四五年以後のイタリアやフランスにおいて激化した、共産党と非共産党との間の政治的対立のように、対立する諸信念へと結晶化が起ることもある。また信念の〈安定〉期は、政治的安定期や平静期であるとはかぎらない。それが、宗教的戦争、イデオロギーの衝突、そして暴力をともなう場合もある。

さらに個人の信念の変化が集合的分布の仕方に影響を及ぼさないこともある。いくつかの国が当面している党への忠誠の問題がそうである。個人は事実において、死んだり、他の人と置きかえられたりする。しかし社会化の過程で、信念が、教会や政党のような制度の中に体現されると、個人の交代にもかかわらず、信念の分布や相対的強度でさえも、事質上変化しないまま止まることがある。ロッカンとリプセットは次のように指摘している。

一九六〇年代の政党制度は、ごく少数のしかし重要な例外を除いては、一九二〇年代につくられた対立構造を反映している。これは〈高度大衆消費〉時代における、西欧の競争政治の重要な特徴である。つまり、党の選択が、そして非常に多くの場合、党の組織が、大多数の選挙民より古くなってしまっているのである。西欧のほとんどの市民にとって、現在活動している党は、彼らの子供の頃からの政治的風景の一部なのであった(77)。

時の経過とともに、ますます現実認識とのずれが大きくなる信念は、成人の間では信念の喪失を、青年の間には、新しい選択の受容期への道を準備する。

最後に、人びとは死に、異なった信念をもっているかもしれない青年と交代してゆくのであるから、政治的に活動的な人びとあるいは思想エリートの間の信念の分布は、たとえすべての個人が、人生の初期に獲得した信念のままであったとしても、変化してゆく可能性がある。事実、信念における最も大規模な歴史的変化は、この古いグループが新しいグループにとって代わられる過程で説明されるかもしれない。一九三〇年代のアメリカ合衆国で通常的多数派が共和党から民主党に変化したのは、この種の変化だったのかもしれない。[78] もしカステルフォッコのように、若者グループが、新しいものの見方とともに登場し同時に、年長グループが信念を喪失するときには、変化の全体量は、大きく増幅される。実際、それらは相互に共振しさえする。年長者の間での信念の弱化は、青年の間に新しい信念を奨励する。そして今度はそれが、年長者の信念の喪失をさらに導く。この過程は常に健全な若返りを表わすという一般的なロマンティックな見方にもかかわらず、実際は、それは道徳的、政治的に中性なのである。アメリカ合衆国では、ジェファーソン時代に、少数支配的見解に反対して、民主的見解を強めた(と思われている)としてもこの過程は、デモステネスとペリクレスのアテネの民主主義についての信念を弱めてしまったかもしれない。そして同じような過程は、第一次大戦とヒットラーの政権掌握の間のドイツでも、起った。[79]

このように、信念の受容期、結晶化、安定期という概念は、個人の集合に適用はできるが、個人との類推は注意深くなされねばならない。しかしながら、個人を扱うにせよ、個人の集合をとり扱うにせよ、行為者が受容期に特定の信念を獲得する機会は、以下のことに依存していると定式化しうる。

一　行為者がその信念に接触する量に依存している。そしてそのためには、

ａ　その信念が形成され、その行為者の環境にまで伝播していなければならない。
また
ｂ　その信念の保持者が、社会化の過程で行使する影響力の量に依存している。
二　その信念の相対的威信の強度に依存している。そしてその威信は、
ａ　その唱導者と敵対者の人間的威信に依存する。そして
ｂ　その信念を象徴する人民、組織、制度等の成功や失敗に依存する。
三　どの程度までこの新しい信念が、行為者の現実認識と一致するか、その度合に依存している。そしてこの現実認識は、
ａ　その行為者の現在の信念と
ｂ　その行為者の経験によって形成される。

このパラダイムは、次のようないくつかの考察を示唆している。

第一に、これまでの章で説明したような、抑圧体制、公的異議申立て、そしてポリアーキーの可能性に影響を与える条件のすべては、先の図にあげたような結びつきを経て、信念に影響を与える。それ故、一国の現在までの歴史的径路は、信念やその信念の相対的威信を象徴する成功や失敗を決定し、そしてそれゆえにその信念と受容期に接触する

個人が、その信念を獲得する可能性を判断するのに役立つ。また明確に多元的な下位文化をもつ国においては、特定の下位文化の成員は、現実認識の形成を助長する信念や経験を下位文化を通じて獲得し、それゆえ自分がさらに接触する下位文化内の諸信念の受容性を身につけるのである。

第二に、初めの諸章で吟味した諸条件は、活動家が、公的異議申立てと参加の相対的望ましさを主張する諸信念にどの程度まで受容的になるかを決定する。しかしそれらの条件は、そういう信念の内容を完全に決定するわけではないのである。たとえば、独立前後の国家的発展の重要な時期に、インドの政治的エリートに与えた、英米の政治思想の具体的な影響力を考慮せずには、つまり重要な指導者たちの政治的社会化において英国的規範の果した顕著な役割を無視しては、インドにおけるポリアーキーの成立の十分な説明はできない。同時に、ドイツにおけるナチズムの勝利は、ナチズムのイデオロギーそのものの独立した効果を考慮に入れない限りは、完全に説明しにくい。他の要因も明らかに働いているが、しかしセオドア・エイベルが「決定因としてのイデオロギーの重要性は、その当時存在した、一般的不満の重要性と少なくとも同等である」と論じるとき、それは説得力をもっている。(80)

第三に、信念の獲得においても、権力の獲得においても、偶然性と不確定性がある。この両者が複合して、説明を途方もなくむずかしくしている。信念を獲得する過程での不確定性のいくつかは、これまでの分析が明らかにしている。権力の獲得については、その過程は、頑固な決定論者を除いては、明らかに偶然的、不確実な要素にみちみちている。

ある事件が〈偶然〉であるという時、それは必ずしも原因がないという意味ではない。それはわれわれが頼りにしている理論では、そのような事件を予言したり、説明したりすることができないことを意味する。われわれの理論は、それらの事件が起った後に、それらを考慮に入れるにすぎない。つまりそれらの事件を、より普遍的な法則や、仮説あるいは推量の下に包摂することはできない。確かにある種の偶然は、かなり正確な統計的予測に従う。その意味では、これらは〈法則的〉なのである。しかし多くの偶然はそうではない。暗殺はその例である。しかし統計的予測が、それなりに正確であっても、〈偶然〉が顕著な役割を演じているような歴史的事件を説明しようとする際、理論はほとんど役に立たないのである。

再びレーニンの例を考えてみよう。一九一七年四月、レーニンがロシアに到着したことが、歴史に何らかの影響を与えたと仮定するならば、そのとき歴史は偶然に従ったのである。もしドイツ政府が、彼を帰還させたくなかったとしたら、歴史はどうなっただろうか。あるいは、もしその列車が爆破されたとしたら……。これらの偶発的――いかなる理論もこれに法則を与えることはできないし、予測することもできないゆえに偶発的――なできごとは、一九一九年後のロシアにおける、レーニンの存在が歴史のコースを変えたといえるかぎりにおいて、歴史を変えたといえる。レーニンの権力獲得には、偶然的要素は全くないと主張する人がいたら、その人は、狂信的決定論者にちがいない。

ある特定の個人が、権力を得る可能性に影響を与える偶然(あるいは非偶然)は別としても、非常に不確実な一連の事件が、体制の可能性に影響を与える可能性がある。たとえば、第二次世界大戦の推移と帰結が完全にあのように決定されていたと仮定しないかぎり、ポリアーキー体制がイタリア、オーストリア、ドイツ、日本で成立することがなく、また抑圧体制が、ポーランド、チェコスロヴァキア、ハンガリーその他で成立することがなかったという可能性は、考慮に入れなければならない。枢軸国が戦争に勝ったとしたらあるいは、平和交渉が成功したとしたら、あるいは、ソ連軍がチェコスロヴァキアを占領しなかったとしたら、これらの体制はどのようになっていただろうか。

政治的影響力のある者が、その信念を獲得し、権力を得る過程を解明しようとする時の複雑性、不確実性、そしてギャップを考慮するとき、私は二つの結論に到達せざるをえない。歴史における〈思想〉の重要性をすでに当然のことと考えている人にとっては、その二つとも、当然のことだろう。しかしその二つの結論は、現在の社会科学に支配的な、還元主義と鋭く対立している。

現在、そして当分の未来にわたって、いかなる説明的理論も、政治活動家と指導者の信念の由来を十分に説明することはできない。

したがって、さまざまな国における体制の変動を説明しようとする理論は、一国の社会経済的水準、不平等の質と程度、下位文化の分裂の程度などこれまでの章で検討した要因を、主要な独立変数とみなさなければならないが、同時にまた、そのような理論は、実際問題として、政治活動家たちの信念と〈思想〉を、一つの主要な独立変数としてとり扱うべきである。

第八章　注

（1） Philip E. Converse, "The Nature of Belief Systems in Mass Publics," in David E. Apter, ed. *Ideology and Discontent* (New York: The Free Press of Glencoe, 1964), pp. 213ff.

(2) 同二一八頁以後。

(3) 諸信念が、ある特定の国家内で、均一に等しくいだかれているということは、たとえあったにしろ、ごくまれであるから、〈類型〉の〈重要な〉変動や相違にふれることにする。関連する概念的・方法論的問題は、国や文化の〈類型的パーソナリティ〉の研究における問題と同種のものである。以下参照。Alex Inkeles and Daniel J. Levinson, "National Character: The Study of Modal Personality and Sociocultural System," *The Handbook of Social Psychology*, ed. Gardner Lindzey and Elliot Aronson, 2d ed. (Reading, Mass.: Addison-Wesley, 1969), 4: 418–506.

(4) Jack Dennis, Leon Lindberg, Donald McCrone, and Rodney Stiefbold, "Political Socialization to Democratic Orientations in Four Western Systems," *Comparative Political Studies* 1 (April 1968): 78, 86, 89.

(5) この節での説明とデータは以下の文献による。"Political Oppositions in Argentina" an unpublished seminar paper by Guillermo O'Donnell. 以下に示すような主要な解釈は彼からはじめて示唆を受けた。Carlos Alberto Floria, "El Comportamiento de la Oposición en la Argentina"; Natalio R. Botana, "Las Crisis de Legitimidad en Argentina y el Desarrollo de los Partidos Políticos"; Mariano Grondona, "Algunas Observaciones sobre la Evolución Reciente del

Sistema Político Argentino"; and Rafael Braun, "La Representatividad de los Partidos Políticos y la Interpretación del Interés Público por Parte de las Fuerzas Armadas: Un Dilema Argentino" (all papers presented at the Primer Encuentro Internacional de Ciencia Política, Buenos Aires, August 1969); Carlos Alberto Floria, "Una Explicación Política de la Argentina," *CIAS, Revista Mensual del Centro de Investigación y Acción Social* 16 (November 1967); Mariano Grondona, *La Argentina en el Tiempo y en el Mundo* (Buenos Aires: Editorial Primera Plana, 1967); Gino Germani, *Política y Sociedad en una Época de Transición* (Buenos Aires: Paidos, n.d.); Darío Canton, "Military Interventions in Argentina, 1900–1966" (Paper presented to the Conference on Armed Forces and Society Working Group, International Sociological Association, London, September 1967), and his "Universal Suffrage as an Agent of Mobilization" (Paper presented to the VIth World Congress of Sociology, Evian, France, September 1966); and James W. Rowe, "The Argentine Elections of 1963" (Washington, D.C.: Institute for the Comparative Study of Political Systems, n.d.).

（6）*Política y Sociedad*, p. 196, and in his "Hacia una Democracia de Masas," in Torcuato S. Di Tella et al. *Argentina, Sociedad de Masas* (Buenos Aires: Editorial Universitaria de Buenos Aires, 1965), p. 211.

（7）フロリアは、〈法に対する一般的な軽蔑〉の派生として〈親分支配〉の慣習に言及している。

そこでは「〈友人がまちがっていても友人に味方する。敵が正しい時でも敵には反対する〉というスローガンの下に、不法行為を組織した」。そして法的手段が得られない場合には、実力に訴える行為も同様である。また彼は、一九世紀の自由主義の伝統が「民主主義を信じている庶民への軽蔑」と妥協したことに言及している。“El Comportamiento,” p. 6.

(8) Canton, “Universal Suffrage,” p. 4.

(9) Gerald Brenan, *The Spanish Labyrinth* (Cambridge: Cambridge University Press, 1962), p. 5.

(10) Germani, *Política y Sociedad*, pp. 247, 265.

(11) Inkeles and Levinson, “National Character,” p. 448ff.

(12) Harry Eckstein, *Division and Cohesion in Democracy: A Study of Norway* (Princeton: Princeton University Press, 1966), app. B (1961), and passim.

(13) 同一七三頁。

(14) 同一八九頁。

(15) Arend Lijphart, *The Politics of Accommodation: Pluralism and Democracy in the Netherlands* (Berkeley and Los Angeles: University of California Press, 1968), pp. 144 et seq. Hans Daalder, “The Netherlands: Opposition in a Segmented Society,” in Robert A. Dahl, ed., *Political Oppositions in Western Democracies* (New Haven: Yale University Press, 1966),

p. 197.

(16) 同一六六頁。

(17) 同一五六、一八三頁、および Richard Rose, *Politics in England* (Boston: Little, Brown, 1964), pp. 38–41.

(18) イギリスの子供は、アメリカの子供よりも、世の中を階統的にみるという、断片的だが興味ある証拠がある。Fred I. Greenstein and Sidney Tarrow, "An Approach to the Study of Comparative Political Socialization: the Use of a Semi-Projective Technique"(一九六九年九月のアメリカ政治学会の会議に提出された論文)。

(19) Donald N. Levine, "Ethiopia: Identity, Authority, and Realism," in Lucian W. Pye and Sidney Verba, eds., *Political Culture and Political Development* (Princeton: Princeton University Press, 1965), pp. 250–51, 253.

(20) Cf. Seymour Martin Lipset, *Political Man* (Garden City: Doubleday, 1960), p. 78.

(21) David Easton and Jack Dennis, *Children in the Political System: Origins of Political Legitimacy* (New York: McGraw-Hill, 1969), p. 133. See also their article, "The Child's Image of Government," in *The Annals of the American Academy of Political and Social Science* 361 (September 1965): table 6, p. 54.

(22) その数字は、アメリカ八五%、イギリス四六%、ドイツ七%、イタリア三%、メキシコ三〇%である。Gabriel A. Almond and Sidney Verba, *The Civic Culture* (Boston: Little, Brown, 1965), table III. 1, p. 64.

(23) 教育という要因を割り引いても〈主体的能力〉では上か中として分類されるアメリカの回答者が、〈主体的能力〉では劣るとされている人びとよりも、はるかに多く、政治制度に対する誇りを表現した(同一九九頁、表Ⅷ‐4)。〈主体的能力〉は政治活動や政治参加と高い関連性がある。参照、一四四頁、表Ⅵ‐2、一八九頁Ⅷ‐1、一九三頁Ⅷ‐2、Ⅹ章の処々。

(24) たとえば、「二段階の評判分析によって認められたイランの政治エリート一六七名」に対する一九六四―六五年のインタビューで、「概してイランの政治体系はうまく機能しているか、あまりよく機能していないか、あるいはわるいか」という質問に対する回答は、①のようになる。

一九六七年のイタリアのDOXAによる調査では、「政府(内閣、官僚その他)の達成度に関して、イタリアはよいか、わるいか」という質問に対する回答は、②のようになる。

他国との比較では、政府の達成度は、「他の国より良い」と判断したのが一六%、わるい三四%、わからない四九%である。イタリアの政治家の正直さ、貢献度についても似たような回答がなされた。*Polls* 3, no. 4 (1968): 62, #13, #15, #18.

(25) ワイリーの研究によるプロヴァンスの農村では、子供は「大人たちが政府を悪の源として、そしてその政府を動かしている人びとを悪の手先として話しているのを、いつも聞いている。

①

大変良い	15.6%
かなり良い	31.7
それほど良くない	26.3
わるい	15.0
わからない，その他	11.4

出典：Marvin Zonis, "Political Elites and Political Cynicism in Iran," *Comparative Political Studies* 1(October 1968): 363.

②

大変良い	2%
かなり良い	19
良いともわるいともいえない	22
かなりわるい	26
大変わるい	8
わからない	22

この信念は、個人的なものではない。そしてまたある特定のグループや政府に関するものでもない。あらゆる時代、あらゆる場合の政府についての信念である」。Laurence Wylie, *Village in the Vaucluse*, rev. ed.(New York: Harper and Row, 1964), p. 208.

(26) ある程度このことは、ワイリーの村でも生じていたかもしれない。"Peyrane Ten Years Later," in ibid., pp. 364-65. インドのカリンプールの村落における、ワイザー夫人によって報告されている変化もみよ。William and Charlotte Wiser, *Behind Mud Walls, 1930-1960* (Berkeley: University of California Press, 1963), p. 224.

(27) Theodore Abel, *The Nazi Movement* (New York: Atherton Press, 1966〔1938〕), p. 121.

(28) エクスタインの公式は、この公式とは異なるが、矛盾するものではない。彼は、「(政府の)権威様式と、社会の他の単位の権威様式との間の一致」は、政府の〈高い達成度〉のための必要条件ではあるが、十分条件ではないという仮説をたてている。

エクスタインの公式の中では、政府の達成度は、ここで用いられている能力の概念より広い。それは私の能力の概念と同様に出力効率と紛争回避とを含むばかりでなく、持続性、正統性、そして浸透性をも意味している。そしてそれは、「社会空間の中のさまざまな部分において、資源を引き出し、指令を実行する政治社会の能力」として定義されている。Harry Eckstein, "Authority Relations and Governmental Performance: A Theoretical Framework," *Comparative Political Studies* 2 (October 1969): 283-87.

(29) これは推量ではあるが、これについての証拠は非常に説得力がある。私は、一九四〇年三月、アメリカで行われたフォーチュン誌世論調査以前のこれに関連する調査データを探しだすことはできなかった。その当時、労働力の約一五%すなわち八〇〇万以上の人がまだ失業していた。世論調査は次のようにたずねた。

アメリカの政府形態について、次のうちどれが一番あなたの意見を代表しているか。(1)憲法にもとづくわが政府形態は、ほとんど完全に近い。それゆえそれについて重要な変更を行うべきではない。(2)憲法はよくその目的を果している。しかしそれは時代についていけなくなっている。それゆえ現代に合うように改正されるべきである。(3)私的資本主義の体系と民主主義は破産しつつある。それゆえわれわれは遅かれ早かれ、新しい政府をもつべきである。今からみて信じられないかもしれないが、貧困階層ですら、(1)をとり、圧倒的に(3)を拒否した(③)。

③

	回答(1)	回答(2)	回答(3)	わからない
国民総計	64.2%	19.1%	5.2%	11.4%
富裕階層	79.9	14.2	2.4	3.5
上層中産階層	71.4	19.8	3.7	5.1
下層中産階層	64.1	20.5	5.2	10.2
貧困層	58.4	18.6	7.6	15.4

出典：Hadley Cantril, and Mildred Strunk, *Public Opinion, 1935–1946*(Princeton: Princeton University Press, 1951), p. 980.

(30) Sidney Verba, "Conclusion: Comparative Political Culture," in Pye and Verba, *Political Culture*, p. 535.

(31) Joseph LaPalombara, "Italy: Fragmentation, Isolation, and Alienation," ibid., pp. 290, 297.

(32) "Ethiopia," pp. 257, 258.

(33) *The Civic Culture*, table III. 8, p. 83. 信頼と不信については、二一三頁、表Ⅸ－2をみよ。他の多くの表におけると同様、メキシコに関するデータは説明するのに難しい。政治を討議する自由がないと感じているメキシコ人は、二一％で、アメリカ合衆国よりわずかに高いにすぎない。

(34) "Ethiopia," pp. 277–88.

(35) *Politics in England*, p. 43. ローズはまた、「この信用の深さは、成文法なしに、政府の安定した体系を、数世代にわたって維持してきたことでも明らかである」と書いている。"England, The Traditionally Modern Political Culture," in Pye and Verba, *Political Culture*, p. 96.

(36) 社会心理学者たちの指摘による。ある大学生たちの態度調査によると、次のようなことが明らかである。人びとを信用することで高い得点を記録した人は、国際紛争は、協力と相互理解によって減少あるいは解決されると信じる傾向にあり、他方、低い得点の人は、国際的事件をとり扱う唯一の方法は、圧迫と強制と権力であると信ずる傾向にある。Morris Rosenberg, "Misanthropy and Attitudes Toward International Affairs," *Journal of Conflict Resolution* 1, no. 4 (December 1957): 340.

（37）"Italy," pp. 290–91.

（38）Francesco Alberoni, Vittorio Capecchi, Agopik Manoukian, Franca Olivetti, and Antonio Tosi, *L'attivista di partito* (Bologna: Il Mulino, 1967), pp. 381-87. キリスト教民主党（ＤＣ）と共産党（ＰＣＩ）の中の一〇八名の活動家の〈世界観〉にしたがった分類は④のようになる。

（39）Myron Weiner, "India: Two Political Cultures," in Pye and Verba, *Political Culture*, pp. 235–36.

（40）実験で用いられた一つの有名なゲームは、囚人のジレンマである。これは可能な結果が四つある二人の間のゲームである。(1)Ａにとって最良の選択は、Ｂにとって最悪となる。(2)Ｂにとって最良の選択は、Ａにとって最悪となる。(3)両者にとって最悪の選択。(4)最悪よりはお互いに満足のいく選択、しかし最良のものよりは、お互いに満足度は低い。一つの例は⑤のようになる。

ゲーム参加者のコミュニケーションは禁止される。もしＡがＢを信頼して、ｐを選択して協

④

	DC（キリスト教民主党）	PCI（共産党）	計
絶対的に両極的	3	17	20
かなり両極的	14	21	35
現実を，立場のちがう者の間の衝突と闘争としてみている．しかし選択について明確な判断をもっている	28	14	42
全く両極的ではない	9	2	11
計	54	54	108

⑤

		Bの選択	
		x	y
Aの選択	p	(4) Aが9ドル獲得 Bが9ドル獲得	(2) Aが10ドル失う Bが10ドル獲得
	q	(1) Aが10ドル獲得 Bが10ドル失う	(3) Aが9ドル失う Bが9ドル失う

力しようとすれば、BがAをあざむくかもしれない。その場合には、Bは(2)のようにyを選択する。同じように、もしBがAを信頼し、xを選び、しかしAに裏切られたとすると、(1)になる。もしお互いが相手を信頼せず、協力を拒否すれば、両者とも(3)のように失うことになる。もし両者とも相手を信頼して協力しようとすれば、(4)のように両者とも最悪の結果を免れる。この種のゲームの実験で、モートン・ドイッチは次のことを発見した。自分自身の利益と同じように、相手の利益が重要

であるように行動するようにいわれ、相手も同じようにいわれていると知らされれば、ゲーム参加者は、たとえ相手とのコミュニケーションもなく、相手を個人的に知らないとしても、結果(4)をえようとして、協力の冒険をする可能性が強い。各々が、できる限り自分自身の利益になるように、そして相手をしのぐようにいわれている場合には、彼らは最悪の結果(3)になる可能性が強い。Morton Deutsch, "Trust and Suspicion," *Journal of Conflict Resolution* 2, no. 4 (December 1958): 265. スコーデルとその他の人びとによる後の実験では、二二組のゲーム参加者が、五〇試合で、できる限り多く勝つようにいわれた場合には二二組のうちたった二組が協力しただけであった。そしてゲームが進んで行っても、協力はふえなかった。この実験によれば、ゲーム参加者は、このゲームを競争的ゲームとみなして、協力関係をつくろうとして相手が自分を負かす機会を相手につくらせないようにしたのである。Alvin Scodel et al. "Some Descriptive Aspects of Two-Person, Non-Zero-Sum games," *Journal of Conflict Resolution* 3, no. 2 (June 1959): 114.

(41) "Italy," pp. 291–93.

(42) Cf. Robert A. Dahl, "Marxism and Free Parties," *Journal of Politics* 10, no. 4 (November 1948): 787–813.

(43) "India," pp. 236–37.

(44) Alberoni et al., *L'attivista di partito*, p. 356.

(45) 同三四七頁。

(46) Nils Stjernquist, "Sweden: Stability or Deadlock?" in Robert A. Dahl, ed., *Political Oppositions in Western Democracies*, p. 139. リュストウのスウェーデンに関する有名な本が、*Sweden: The Politics of Compromise* (Princeton: Princeton University Press, 1955)という表題をもっていることに注目する価値がある。リュストウは次のように説明する。「スウェーデンでは、人間が共生できる関係を創造する技術の中で、おそらくどこよりも妥協の技術が本質的な要素となってきた。スウェーデンの著名な政治家の多くは、この技術を完全に身につけている」(二三〇―二三一頁)。

(47) Lijphart, *The Politics of Accommodation*, pp. 103, 124, 125.

(48) 同一二四頁。

(49) 「政治的相違を平和的に解決する習慣が、長い間あったので、妥協、自己抑制、党の義務より国民の義務の優先などに関する、基本的文化規範という形でそれは表現されるようになった」。Rose, *Politics in England*, p. 157.

(50) 「自己とは、個人生活に関係するすべての貴重な物や人を内包している。それゆえ利己的という言葉は、そのもともとの意味を失う。そして人間は利己的であるという命題は、分解して、人びとは自分が関係しているものに関心をもつという循環論的記述となる」。Gardner Murphy, "Social Motivation," in G. Lindzey, ed., *Handbook of Social Psychology* (Reading,

Mass.: Addison-Wesley, 1954), 2: 625.

(51) Edward C. Banfield, *The Moral Basis of a Backward Society* (Glencoe: The Free Press, 1958), pp. 85-87. Italics in the original.

(52) 〔スパイロウの研究したキブツ〕育ちのユダヤ人が、同じキブツ育ちのユダヤ人と結婚した例は一つもない。われわれの知る限りでは、キブツ育ちは、仲間のキブツ育ちと性的関係をもったものはいない。同じキブツ育ちの間での例も一つもない。この族外婚について、キブツ育ちが述べる理由は興味深い。彼らがいうには、彼らは互いを兄弟姉妹としてみているのである。Melford E. Spiro, *Children of the Kibbutz* (New York: Schocken Books, 1965), p. 347. See also his *Kibbutz, Venture in Utopia* (New York: Schocken Books, 1963), p. 219. スパイロウは、キブツの多くの側面や、理想と現実の分裂に批判的ではあるけれど、キブツ育ちのユダヤ人のキブツやキブツ仲間への愛着の強さについては、全く疑問がないとしている。See, e.g., *Children of the Kibbutz*, p. 365.

(53) イデオロギーの決定要因としての〈利益理論〉に関して、クリフォード・ゲイアッツは次のように論評している。「利益理論の主要な欠陥は、その心理学があまりに貧弱であり、社会学があまりに強力すぎるということである」。"Ideology as a Cultural System," in Apter, ed., *Ideology and Discontent*, p. 53.

(54) たとえば、Donald D. Searing, "The Comparative Study of Elite Socialization," *Compara-*

tive Political Studies 1 (January 1969): 471–500, particularly 488–89.

(55) Fred I. Greenstein, *Personality and Politics* (Chicago: Markham, 1969), pp. 124–26.

(56) Sidney Verba, in Pye and Verba, *Political Culture*, p. 513.

(57) 「美徳は、われわれの中に、生れつきあるものでもないし、また、生れを無視して生れるわけでもない。つまりわれわれは美徳を受け入れる受容力を、生れつき備えているのである。そして習慣によってその美徳を身につける。……そのようなわけで、子供時代から、直接どのような習慣に慣れ親しんできたかということは、少なからず重要な相違を生み出す」。*The Ethics of Aristotle* (London: Dent, 1911), pp. 26–27.

(58) Fred I. Greenstein, V. M. Herman, Robert Stradling, and Elia Zurick, "Queen and Prime Minister—the Child's Eye View," *New Society* 14 (October 23, 1969): 365–68.

(59) R. R. Palmer, *The Age of the Democratic Revolution: A Political History of Europe and America, 1760-1800, The Challenge* (Princeton: Princeton University Press, 1959), p. 267.

(60) 教育の社会化的効果に関しては、教えられる内容が重要であると同時に、教える人も重要である。チリにおける、初等、中等の学校の先生に関する、ボニーヤとシルバートの調査は、次のことを指摘している。先生の数は、上方移動型の人より、下方移動型の人のほうが多く、これらの下方移動型の先生の態度は、伝統的価値を高く評価していた。Alfred Stepan, "Political Development Theory: The Latin American Experience," *Journal of International Affairs*

20, no. 2 (1966): 232.

(61) Weiner, "India," pp. 239–40.

(62) *Age of the Democratic Revolution*, pp. 239–40.

(63) アルゼンチンに関しては、Mariano Grondona, *La Argentina en el Tiempo y en el Mundo* (Buenos Aires: Primera Plana, 1967), pp. 146–47.

(64) Sidney and Beatrice Webb, *Soviet Communism: A New Civilization?* (London: Longmans, Green, 1935).

(65) Kenneth Keniston, *Young Radicals* (New York: Harcourt, Brace and World, 1968), p. 123. Jean-Marie Domenach, "L'idéologie du Mouvement," *Esprit*, 36e Année (August–September 1968), pp. 39ff.

(66) Robert E. Lane and David O. Sears, *Public Opinion* (Englewood Cliffs: Prentice-Hall, 1964), pp. 44ff.

(67) たとえば、民主的思想というものは、かつて一定の時期に、一定の場所で発明され、その後の波は、伝播の結果にすぎないということは信じがたい。次のような例を考えてみよ。一七八一年に、「ウエストミンスター」において改革委員会は、民主的代表制について、新しいアメリカの憲法のどの条項にもまさるような委員会報告書を作成した。ジョン・ジェブによって起草されたこの報告書は、男子普通選挙、口頭投票でなく投票用紙を使用すること、毎年国会の選挙を行うこと、選挙区での投票者数に比例した代表者数、選出された代表者への給料の支払、下院の選挙のための財産資格の完全撤廃などを要求した。ここには、五〇年後のイギリスで有名になる、人民憲章の六項目すべてが入っていた」。Palmer, *Age of the Democratic Revolution*, pp. 208–09.

(68) これは勿論、精神分析学者、精神医学者、心理学者にとっては周知の現象である。「われわれは無意識のうちに、周囲の世界を選択的に認識している。人は注意をそらすことによって、そして願望的認識や思考によって、不快な認識を避けることができる。……拒絶の最も簡単な方法は、そこから注意を撤収して不快な認識を消し去ることである。……人びとはしばしば、願望的な認識で〈空白を埋める〉」。Irving L. Janis, George F. Mahl, Jerome Kagan, and Robert R. Holt, *Personality Dynamics, Development, and Assessment* (New York: Harcourt, Brace and World, 1969), p. 354. Italics in the original.

(69) 「この防御的獲得〔拒絶〕は高くつく。つまり現実世界で生活できなくなる。しかし拒絶は普通、精神病の極度の進行を停止する。成人では、願望的思考あるいはその傾向でさえも、普通は、現実に照らしたチェックによって制限される。しかしながら、子供に関してはちがう。子供の行動は現実原則にもとづいているよりも、快楽原則にもとづいている」(同三五四頁)。

(70) Keniston, *Young Radicals*, p. 127.

(71) Edmund Wilson, *To the Finland Station* (New York: Harcourt, Brace, 1940), p. 361.

(72) Erik H. Erikson, *Gandhi's Truth* (New York: W. W. Norton, 1969).
(73) James David Barber, "Classifying and Predicting Presidential Styles: Two Weak Presidents," *Journal of Social Issues* 24 (July 1968): 52 and passim.
(74) *Young Radicals*, p. 226.
(75) Belden Paulson with Athos Ricci, *The Searchers: Conflict and Communism in an Italian Town* (Chicago: Quadrangle Books, 1966), pp. 321–26.
(76) 同一一一頁。
(77) Seymour M. Lipset and Stein Rokkan, "Cleavage Structures, Party Systems, and Voter Alignments: An Introduction," in Lipset and Rokkan, eds., *Party Systems and Voter Alignments* (New York: The Free Press of Glencoe, 1967), p. 50. Italics in the original.
(78) Angus Campbell, Philip E. Converse, Warren E. Miller, and Donald E. Stokes, *The American Voter* (New York: Wiley, 1960), pp. 153–54.
(79) Abel, *The Nazi Movement*, pp. 172–74.
(80) 同一七四頁。

第九章　外国支配

一国の運命は必ずしも、その国民の手にあるとは限らない。ある場合には、国外の人びとによる支配が決定的な力をもっていて、今まで吟味してきたようなすべての条件を無意味にしてしまうこともある。

すべての国は、他の国をふくむ環境の中に存在する。あらゆる体制の下で、政策作成者は、他国の政策作成者のとる行為や反応を考慮に入れなければならない。この意味では、最も強力な国家でさえも、ある程度他国の影響力、統制力、強制力によって制限される。さらに今日では、ほとんどの国が、ある程度多国間経済に参加している。したがって、政策作成者は、自国の経済に影響を与える可能性のある国外の人びとの行動や反応を、通常、考慮に入れる。国際貿易や外国資本に強く依存している国――多くの場合、小国――は、とりわけ外国の行為に従属させられる。

抑圧体制あるいはポリアーキーの発達に与える、国際環境の影響力の問題は途方もなく複雑であるため、私はここでは外的影響力の一つの形態、すなわち外国支配のみを扱いたいと思う。この外国支配という形態をさらにはっきりと区別するため、ある特定の国のポリアーキーや抑圧体制の可能性に、外国の行為や反応あるいは予想される行為が与えうる影響を、三つの形で説明したい。

第一に外国の行為は、おそらく、そしてほとんど確実に、これまで議論してきた条件のうちの一つ以上に影響力をもっているであろう。政治活動家の信念や、現在までの径路、社会経済的発達段階、経済的集中または分散の度合、不平等、そして下位文化の分裂の程度に至るまでのすべてが外国の行為による影響を受ける。

第二に外国の行為は、必ずしも体制の形態を変えなくとも、その体制の利用できる選択肢を大きく変えてしまうことがある。すでに述べたように、国際環境の中にいることで、どのような体制であろうと、あらゆる国のとりうる選択は変化するし、選択の範囲も狭まる。合衆国やソ連のような、世界的強国の力がどれほど巨大であったとしても、どちらも相手の行為の影響を避けることはできない。それゆえこれら超大国の力でさえも互いに制限されるばかりでなく、国際社会における他の多くの行為者によっても制限されざるをえない。毎日のニュースが常に多くの例を提供する。たとえば合衆国がベトナムの民族解放戦線の軍隊を破ることができないこと、ソ連がベルリンから西側勢力を排除できないこと、列強が核兵器制限の計画に同意するのがむずかしいこと等々である。外国の影響は、対外的事項のみに限らない。たとえば、国内経済政策の政策決定に際して、アメリカの政策作成者は、対外勘定の赤字や、国際通貨としてのドルの役割や、現実のあるいは起りうる他国の流通平価の切下げのアメリカ経済への影響等々を考慮しなければならない。

大国の選択でさえ、時には、大国の直接支配権のほとんどあるいは全く及ばない外国の行為によって狭められるとしたら、もっと限られた力や資源しかもたない小国、あるいは発展途上国、そしてとりわけ小国でかつ発展途上の国では、その状況はさらに厳しくなる。戦後、イギリスの労働党政府は、外国資本に与える国有化の衝撃の不安にしり込みせずに、いくつかの主要産業の国有化を行った。しかし一方、チリのフレイ大統領のキリスト教民主党政府は、銅の国有化が、急激に外国資本を引揚げさせ、世界市場への接近を失わせてしまうのではないかという、非常に現実的な可能性を考慮しなければならなかった。

外国の行為が、一国に可能な選択を狭めさせるのに応じて、その国は自治能力を失う。

それにもかかわらず、ポリアーキー体制は、その選択が外国の行為によって狭く制限されている国にも存在する。確かに国内的に、その政治体系が高い平等性をもち、基本的合意が成立し、政治への参加度が高く、私的かつ政治的自由が強力に保護されているとしたら、これは一般的基準からしたら、高度に〈民主的〉であろう。しかしながら、その〈民主主義〉の範囲は、可能な選択肢が少ないのであるから、非常に狭い。たとえばポリアーキー内の地方政府と、自治的な都市国家についてのギリシャ人の観念との相違を考えればよい。つまり、ポリアーキー体制によって統治される現代の小さな町の政治体系は、それ自体ポリアーキーであり、高度に〈民主的〉でさえある。しかし町では、自治の範囲が大変狭いのである。ポリアーキーの形態は変化しないかもしれないが、その内容は大きく異なっている。

第三に、ある国の人びとは、意図的に自国の資源を利用して、別の国に、ある特定の政治体制を押しつけることもある——これはむきだしの外国支配である。彼らはおそらく、政治の内容にも影響を与えるであろうが、ここで強調したい点は、外国はその行為によって、前章で吟味したどんな条件とも独立に、抑圧体制、あるいはポリアーキーの可能性に巨大な影響を与えうる、ということである。

この種の外部の影響の問題は、どれも本一冊分にあたる主題である。第一のものを考えてみよう。国際環境がこれまでの章で説明した諸条件に与える重要な影響を、あらゆる点から解明するのが、主要な課題となるだろうが、それはここでは、私はとりあげるつもりはない。第二の種類の国際的影響は、現代社会、とりわけ小国にとって、非常に重要である。国際的統合が進むにしたがって、たとえばスカンディナヴィア諸国のように、国家はますますその自治権を失っている。これらの国家が、より大きな政治体系内での、地方的、地域的政府になる時がくるであろうと予見できるほどである。しかしこの問題も、この本の中で扱うには複雑すぎて適切ではない。

第三のものは、おそらくこの本の目的に最も直接的関連があるだろう。というのは、抑圧体制あるいはポリアーキーの可能性を評価するに際して、外国がある特定の体制を押しつけようとしているかあるいは押しつける意図があるかどうかを知ることは、明らかに重要である。第二次大戦直後、非常に多くのヨーロッパの国で、政治体制がある程度押しつけられた。すなわち、抑圧体制が東ヨーロッパに、そしてポリアーキー体制が、ドイツ、オーストリア、イタリアにである。チェコスロヴァキアでは、長期間にわたって、純粋に自律的な政治発展は不可能にされ、ポリアーキー体制に好都合な国内的環境は、しばしば外部の支配によって踏みにじられてきた。ポーランドでも全く同じことがあてはまる。

国内的条件と外国支配との間の相互関係は複雑である。フィンランドがポリアーキーであるのは、どうしてなのか。フィンランドは六世紀間スウェーデン王国の一部であり、その後ナポレオン戦争からロシア革命まで、ロシア帝国の一部(フィンランド大公国)であった。一九三九―四〇年と一九四一―四四年の二回、フィンランドはソ連と戦争し敗れている。第二次大戦では、ドイツ側に立って戦う。このたった五〇〇万の小国が、一五倍の人口をもつ抑圧体制の統治する超大国の隣りで、ポリアーキーとして存続しえているのはどうしてだろうか。もしロシアに犠牲を払う覚悟があったら、一九四四―四五年に、フィンランドに抑圧体制を押しつけることができただろうことには疑問の余地がない。もしソ連の計算の中で、期待コストが期待利益を上まわっていたとしたら、これは単にその期待利益が、ポーランドやチェコスロヴァキアにおけるより小さいというばかりではなく、フィンランド人は、長い間自由主義的体制の下で生活するのに慣れているので、結局は、コストが高くつくとみなされたからだろう。

特定の時代の、特定の国際的力関係の配置にもとづいた、具体的な歴史的記述や予想のほうが、外国支配とポリアーキーの相互作用についての一般的理論よりも実りが多いということを、これらの例は示している。しかしながら潜在的な支配ではなく、公然とした支配に焦点を合わせれば、そしてわれわれの注意をもっぱらポリアーキーへの直接的な効果に限れば（そして他の観点からみたら、重要であろうような効果を、思い切って考慮からはずしてしまうならば）、証拠にもとづくと思われるいくつかの一般的理論を提出することができる。

第一に、一九七〇年にポリアーキーであった国のうち、かなり多くが、独立を達成して以来、少なくとも一度は外国軍隊によって占領されるか、あるいは外国軍隊の介入を受けている。表9－1が示すように、古くからの独立国の間では、ポリアーキーのほうが非ポリアーキーより公然とした外国軍隊の支配を受けた経験が多い。表9－2をみればすぐ分るように、その理由は、一九七〇年にポリアーキーであるヨーロッパのほとんどの国は、第二次大戦の結果、侵略されたり、占領されているからである（これらのうちの一つ、ベルギーは、第一次大戦の時にも同じ運命を経験している）。しかしながら、これらの国のうち四カ国は、一九七〇年現在では、ポリアーキーであるが、降服時には、抑圧体制によって統治されていたということを、念頭に入れておくべきである。

表 9-1　占領と軍事的介入——ポリアーキーと非ポリアーキー

独立達成	ポリアーキー	準ポリアーキー	非ポリアーキー	計
1900年より前				
(A)独立以来，少なくとも1回は占領されたか，外国軍隊の介入を受けたことがある	8	1	6	15
(B)独立以来，占領あるいは外国軍隊の介入を受けたことがない	7	3	22	32
1900-1945年				
(A)上と同じ	3	—	5	8
(B)上と同じ	5	—	7	12
1946年以後				
(A)上と同じ	1	1}	51	} 59
(B)上と同じ	5	1}		
計				126

注：独立と占領に関する基本的な資料は，Bruce M. Russett, J. David Singer, and Melvin Small, “National Political Units in the Twentieth Century: A Standardized List,” *American Political Science Review* 62(September 1968): 932-51. 彼の分類〈従属〉では，短期間の公然たる軍事介入のあるもの(たとえば1944年のルーマニアへのロシア，1958年のレバノンと1965年のドミニカ共和国へのアメリカ合衆国)や，ある特殊な例(たとえば1943-46年のイタリア)は省略されている．しかし私は，イタリアの例は，占領あるいは軍事的介入として分類した．ポリアーキー，準ポリアーキー，非ポリアーキーの分類は，本書352頁表Aによる．二，三の極小国は省略されている．

表 9-2　現在のポリアーキーと準ポリアーキーにおける独立

	正ポリアーキー	準ポリアーキー
I 1900 年以前の独立		
A 占領あるいは軍事的介入を受けた	ベルギー デンマーク フランス 西ドイツ イタリア 日本 ルクセンブルク オランダ	ドミニカ共和国
B 占領や軍事的介入を受けていない	チリ コスタリカ スウェーデン スイス イギリス アメリカ合衆国 ウルグアイ	コロンビア トルコ ベネズエラ
II 1900-1945 年に独立		
A 占領あるいは軍事的介入を受けた	オーストリア フィンランド ノルウェー	
B 占領や軍事的介入を受けていない	オーストラリア カナダ アイスランド アイルランド ニュージーランド	
III 1946 年以後独立		
A 軍事的介入を受けた	レバノン*	キプロス
B 占領や軍事的介入を受けていない	ジャマイカ トリニダード・トバゴ イスラエル インド フィリピン	マレーシア

注：*政府の要請による.

第二に、抑圧的権力による公然たる外国支配の期間があると、ポリアーキーは回復しがたい打撃を受けると、時に考えられているが、それは事実ではないようである。表の9－1と9－2が示しているように、この打撃は、必ずしも致命的なものではない。事実、外国支配の期間には、民族的統一が強まり、敵対グループ間の和解の傾向が養われ、そしてまた、発言権と権力を得ようとやっきになっている階層を統合する動きが助長されるということが起こりやすい。

ベルギーでは、第一次大戦中のドイツの侵略と占領によって、初めて社会党が入閣した。そして戦後もそのままとどまった。また戦争によって、ベルギーに普通選挙がもたらされた。ローウィンが書いているように、以前の複数投票制度の下では——

塹壕の中や輸送車の中で苦しんでいた労働者や農民は、それぞれ一票を投じえたが、他方戦争利得者は、二票あるいは三票投ずることができた。それに替え、王と政府は、一人一票の原則にもとづいて、投票者を選挙所へ集めた。彼らが選んだ議会は、憲法改正によってこの変化を正統化した。

ローウィンはさらに、第二次世界大戦の影響を次のように述べている。

もし第一次大戦が、社会党を完全に受け入れたことに特徴があるとすれば、第二次大戦は、労働組合を受け入れたことに特徴があった。ナチ占領下において、産業指導者とカトリック、社会党そして自由主義的労働組合の指導者たちが、秘密の接触を行って、象徴的にも実際的にも重要な〈社会的連帯の協定〉を結んだ。この協定は、解放後に社会立法や団体交渉において、大幅な前進となってあらわれ履行された。……組合と産業の代表者は、多くの準公的な社会福祉機関で、行政権を行使するようになった(1)。

オランダでは、ナチズムの脅威の下で、一九三九年、初めて社会党の大臣が政府に入閣した。このオランダとベルギー、ノルウェーでは、侵略と占領によって、超党派の亡命政権が成立した。

言うまでもないことだが、公然たる外国の介入は、ポリアーキーにとって良いという結論を引き出すのは、全くばかげている。たとえ他のすべての犠牲を無視したとしても(それはしばしば巨大なものになるが)、ポリアーキーは、一時的にも抑圧体制にその地位を奪われるばかりでなく、その長期的な結果は、決して都合のいいものばかりではない。たとえば分裂がひどくなる場合もある。ローウィンは次のように書いている。第二次大戦中「ドイツがフランダース人の分離を奨励して、戦後のベルギー国家に一連の仕掛爆弾を残した」(2)。和解と民族統一は、時にそれまで排除されていた階層の受容を促進し、彼らの要求に対し、寛容度を深めるとしても、反対派の指導者たちが、連合体制の中に深く参入することにより、過度にその要求を引き下げて、後の危機の一因となる相対的不平等と敵意という遺産を残すこともある。

これらの留保条件はあるにしても、公然たる外国の介入は、必ずしも現存するポリアーキーにとって、致命的ではないし、ある点では実際、ポリアーキーを強化することもあるという単純な命題を無視すべきではない。

第三に、ポリアーキーは、厳密に自律的な発達をした独立国でしか誕生しないというのは、どうみても真実ではない。表9-3が示すように、一九七〇年にポリアーキー体制である二九カ国のうち、独立後、公然たる外国支配を受けずにポリアーキーが誕生したのは、たった一二カ国である。前述のように四カ国では、ポリアーキーは、第二次大戦後の軍事的占領と軍事介入の期間に誕生している。さらに、ポリアーキーが現在深く根づいている数カ国を含む一〇カ国で、事実上ポリアーキーが長足の進歩をとげたのは、その国が、少なくとも名目上にせよ、外国勢力の支配下にある時だった。

第四に、外国支配は、しばしばブーメラン効果を生み出す。占領によって一時、ポリ

表 9-3　ポリアーキー，従属と独立，現在の 29 のポリアーキー

独立以前にポリアーキーまたは準ポリアーキーが誕生	ポリアーキーは独立後に誕生した（ただし公然たる外国支配下）	ポリアーキーが〈自律的に〉誕生（独立後だが，公然たる外国支配下ではない）
オーストラリア	オーストリア	ベルギー
カナダ	西ドイツ	コスタリカ
アイスランド	イタリア	チリ
インド	日本	デンマーク
ジャマイカ		フランス
レバノン		イスラエル
ニュージーランド		ルクセンブルク
ノルウェー		オランダ
トリニダード・トバゴ		スウェーデン
フィリピン		スイス
		イギリス
		ウルグアイ
特殊な例		
フィンランド		
アイルランド		
アメリカ合衆国		

アーキーが排除されていた国におけるナチズムの効果は、民主的な思想への愛着を強め、ナチズムのような反民主主義のイデオロギーに対する敵意を深めることとなってあらわれた。チェコスロヴァキアをソ連が占領することによって、多くのチェコ人が、正統的ソ連マルキシズムに対する敵意をいだき、ポリアーキーの少なくともある側面——特に自由擁護の面——に強い魅力を感じるようになったと考えられる。ブーメラン効果は、介

表 9-4　外国支配についての諸条件

	支配を受けている国において		
	以前の体制	諸条件が有利な体制	支配国家が求めている体制
1	ポリアーキー	ポリアーキー	抑圧体制
2	ポリアーキー	抑圧体制	抑圧体制
3	抑圧体制	ポリアーキー	ポリアーキー
4	抑圧体制	抑圧体制	ポリアーキー

入の犠牲のおよばないところまで、広範に広がっている。グアテマラ、キューバ、ベトナム、そしてドミニカ共和国におけるアメリカの行動は、経済的に侵略的、支配的というアメリカについての広がった認識とともにおそらく、世界の多くの場所で、ポリアーキーの諸制度と、社会正義に関するポリアーキーの能力についての不信を助長させたことだろう。

第五に、公然たる従属期間に、ポリアーキーが誕生可能（あるいはポリアーキーが次の復活まで潜在的に保持される）諸条件は、歴史的に異例であり、予見しうる将来に再び起こりそうもない。なぜそうなのかみるため、表9－4のかなり図式的な、可能性の組合せを考察してみよう。

第一の状況はほぼ、ナチ支配下のベルギー、オランダ、ノルウェー、フランスにあたる。この支配の重要な側面は、それが比較的短期間であり、範囲が狭いことである。つまり政治指導者のほとんどが生き残っていた。一般の人びとの間では、ブーメラン効果が強力であった。ナチズムは広範に憎まれるようになった。抑圧体制は、敵と占領支配者の体系であり、そして敗北と窮乏、屈辱と苦痛の原因であった。

かなり長いポリアーキーの歴史をもち、その基本的な条件が有利な国では、公然たる支配が比較的短期間であった場合には、ポリアーキーは急速に回復しやすいと考えてよい十分な理由がある。しかし、その期間が長く、外国勢力が民主的信念をいだく人びとをすべて、組織的に一掃してしまう場合には、その結果はもっと不確かにならざるをえない。

表9－4で示される第二の状況では、ポリアーキーの復活はとてもありそうもない。外国勢力は抑圧体制を押しつけることができるばかりか、時がたち公然たる支配を撤収しても、後に抑圧体制への盟友をのこすことができる。土着化することによって、抑圧体制は、ナショナリズムの精神に順応しようとするだろう。明瞭な例はないが、部分的にはポーランドの例がそうである。ポーランドは、フランス革命とその余波の間のつかの間、準ポリアーキーとなったが、後は、一世紀の間ロシアとプロシアによって支配され分割されてきた。ポーランドの最後のポリアーキー経験は、この国がドイツとロシアの軍隊に侵略される以前に、すでに大統領絶対主義(3)によって終結させられていた。西ヨ

ーロッパの占領された諸国の状況とちがって、ポーランドでは、ポリアーキーがそこでただ復活を待っていたというのではなかった。そしてポリアーキーを新たに生み出す諸条件は、到底有利と言えるものではなかった。

以前の体制が抑圧体制であった国で、外国の支配勢力がポリアーキーを誕生させようとする状況を調べてみよう。表9－4の第三の例は、第四よりも明らかにむずかしい問題が少ないようにみえる。第二次大戦終了後のオーストリア、ドイツ、イタリア、日本において、諸条件は、必ずしもポリアーキーにとって完全に良好というわけではなかったが、他と比較してみた場合、ポリアーキーへの第一候補であったといえる。比較的に言えば、これらの国でポリアーキーを確立するのは、容易であった。実際あまりにも円滑にポリアーキーが形成されたので、おそらくアメリカの政策作成者は勇気づけられて、他のどこでもポリアーキーを誕生させうるという単純で楽観的すぎる仮説を採用することとなったようだ。この幻想は、一九四七年に始まったギリシャとトルコへのアメリカの援助が、一見成功したかにみえたことで、さらに補強された。

比較して言えば、一九四五年以降独立を達成した事実上すべての国が、ポリアーキーにとってかなり不利な条件をもっている。それにもかかわらず、一九七〇年には、ジャマイカ、トリニダード・トバゴ、インド、フィリピン、そしてレバノンなどがポリアーキー体制に統治され、マレーシアとキプロスは準ポリアーキー体制によって統治されている。これらの体制が確実に安定すると予測するのは、ばかげたことだろう。しかし、ポリアーキーにとってかなり不利な条件の多い国でも、外国の介入によって、ポリアーキーの発展が促進されることがある。そういう諸条件についての問題が、これらの国の存在によって提起されているのである。

いくつかの要因が、これらの国におけるポリアーキーの発展を促進してきたように思える。一つには、これらの国では、政治活動家のかなりの部分が、本来、ポリアーキーの諸制度に好意的な傾向があった。たとえばインドでは、独立の何年も前から、インドは西欧的意味での民主主義でなければならないという提案に関し、指導者や活動家の間に、驚くべきほど広い合意があった。前の章で述べたように、ある国の政治活動家が、ある特定の歴史的時期に、どうしてある信念をいだくようになったか、その理由を説明するのは非常に複雑である。その過程は、あまりに複雑なので、外国とりわけポリアーキーの国が、ある特定のイデオロギーへの支持をつくりだそうとしても、限られた成功しか望めない。つまり外国の力は、歴史的文化的諸力の強靱な網の目にとらえられ、それらをほとんど操作することができないからである。

さらにこれらの国においては、外国勢力は、その従属下の民衆に対し、長期にわたって巨大な強制力を行使することはなかった。それ故ブーメラン効果もある程度避けることができた。ともかくもポリアーキーは、憎むべき外部勢力の残忍さへの連想で信用を失うことがなかった。このようにして、これらの国では、ポリアーキーあるいは準ポリアーキーの基本的諸制度が導入され、政治活動家がそれらを運用する技術を身につけ、それらを維持するのに既得権益を見出すようになるに十分なほど長期にわたって、機能することができた。

これらは歴史的にまれな諸条件であった。そして今日では、その潜在的な状況がポリアーキーに不利な国のほとんどが、こうした条件を具えていない。公式の植民地主義の終結により、外国勢力は、名目上の独立国に入っていかなければならない。そこではおそらく、ナショナリズムが強くブーメラン効果が強力だろう。政治活動家のかなりの部分は、何らかの形態の抑圧体制を好みがちである。不倶戴天の敵の支持者を増加させるかもしれないような公的異議申立ては、良くいっても贅沢、悪くいえばまったくの害毒と思われるだろう。たとえば外国勢力が、国内政府の要請で介入するにしても、その政府が、援助なしには批判者を抑圧することができないので要請するのである。それゆえ外国勢力は巨大な強制力をいやおうなく使用するようになる……。

第九章　注

（1） Val R. Lorwin, "Belgium: Religion, Class, and Language in National Politics," in Robert A. Dahl, ed., *Political Oppositions in Western Democracies* (New Haven: Yale University Press, 1966), pp. 158, 165.

（2） 同一六一頁。

（3） この言葉は、Gordon Skilling, *The Governments of Communist East Europe* (New York: Crowell, 1966), p. 28 による。

第一〇章　理　論――要約と留保条件

これまでの章の論議がもし正しいとするならば、ある国が、国家の段階で、かなりの期間にわたって、人口の大部分が公的異議申立ての機会を利用できるような体制、すなわちポリアーキーによって統治される可能性は、少なくとも七組の複雑な条件に依存している。これらは、表10-1に要約される。しかしこの表は、必然的に議論の微妙さや留保条件を無視せざるをえない。

さまざまな国を、これらの変数にしたがって分類することは原則的に可能である。そしてよりよいデータが手に入るようになれば実際上も可能になるだろう。説明の便宜上、諸国を十分位法で分類できるものとしよう。もしおよそ五カ国に一カ国がポリアーキーによって統治されているとすれば、一九六〇年代と一九七〇年代には、十分位の上部に入る国の大多数はポリアーキーであり、十分位の最後の二、三の段階に入る国では、ポリアーキーはほとんどないと思ってよい。それゆえ、図10-1のAのよ

表 10-1　ポリアーキーに有利な条件

	ポリアーキーに最も有利	ポリアーキーに最も不利
I 歴史的展開	競争政治が包括性に先行する	包括性が競争政治に先行する 閉鎖的抑圧体制から包括的ポリアーキーへ近道をとる
II 社会経済的秩序		
A ……への接近		
1 暴力	分散あるいは中立	独占
2 社会経済的制裁	分散あるいは中立	独占
B 経済形態		
1 農業	自由農民	伝統的農夫
2 商工業	地方分散	中央集中
III 社会経済発達段階	高い：国民 1 人あたりの総生産 700-800 ドル	低い：国民 1 人あたりの総生産 100-200 ドル
IV 平等と不平等		
1 客観的	低いあるいは平衡的分散的不平等	高い：蓄積的で極端
2 主観的：相対的剝奪感	低いあるいは減少	高いあるいは増大
V 下位文化的多元性		
1 量的に	低い	高い
2 もし著しい，あるいは高い場合には	どれも多数派ではない どれも地域的でない どれも明確に政府の外にない 相互保障	一つが多数派 いくつかが地域的 いくつかが恒久的対立 相互保障がない
VI 外国権力の支配	弱いあるいは一時的	強く持続的
VII 政治活動家の信念		
1 ポリアーキーの諸制度が正統である	yes	no
2 一方的権威のみが正統である	no	yes
3 主要問題を解決するのにポリアーキーは効果的である	yes	no
4 相手を信頼する	強い	弱い
5 政治的関係は		
厳密に競争的	no	yes
厳密に協調的	no	yes
協調的競争	yes	no
6 妥協は必要であり望ましい	yes	no

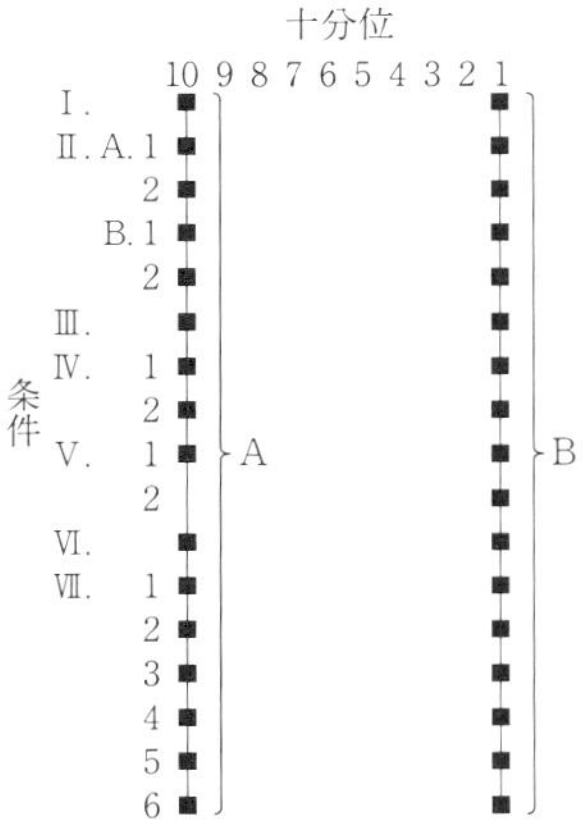

図 10-1

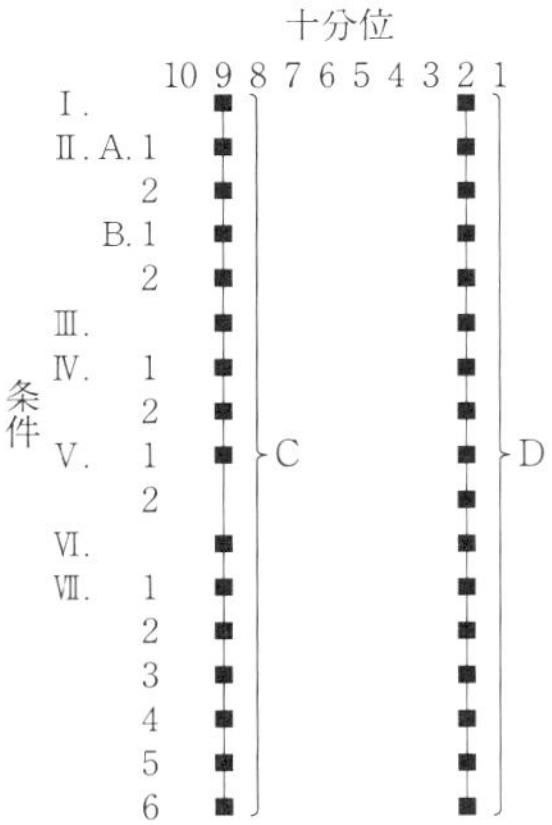

図 10-2

うな構成図の国は、ほとんど確実にポリアーキーとなろう。そしておそらく、典型的なポリアーキーは、Aのような構成図をもつこととなろう。対照的に、Bのような構成図の国は、ポリアーキーではないと確信をもっていえるだろう。それはおそらく抑圧体制である。図10-2のCのような構成図の国はほとんど、疑いもなくポリアーキーである。そしてほとんどのポリアーキーは、AかCのような構成図、あるいは両者を組み合せたような構成図になるだろう。またDのような構成図の国は、ほとんど確実にポリアーキーではない。そしてBとDのような構成図、

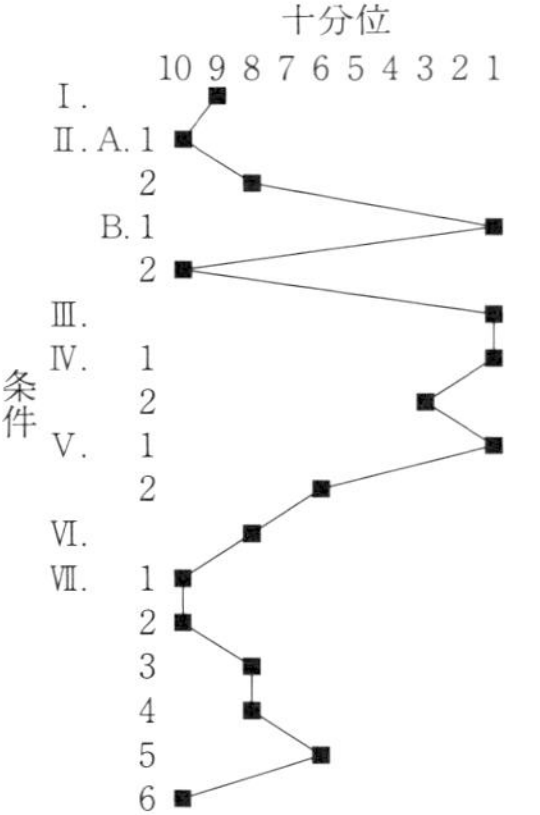

図 10–3

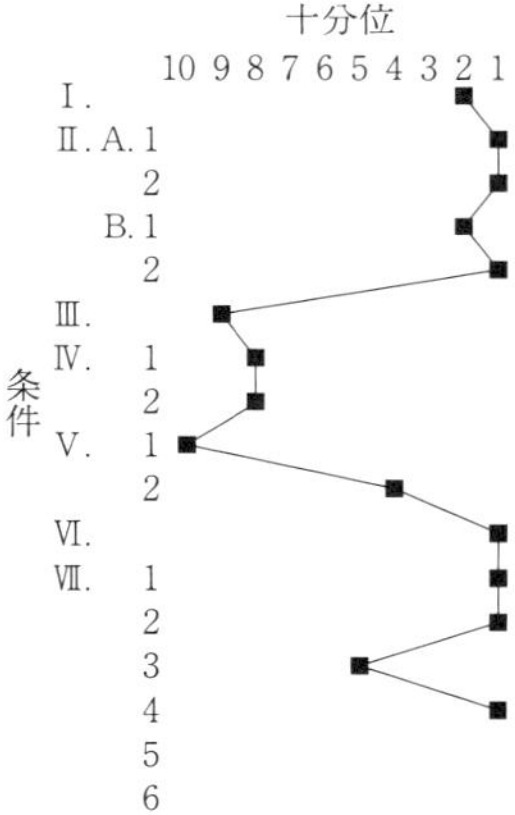

図 10–4

あるいは両者を組み合せたような構成図の国の大多数は、おそらく抑圧体制である。

しかしながら、前章までの分析が示すように、これとは大分違う構成図をもつ、数多くの逸脱例がある。ポリアーキーの中には、すべての変数において、必ずしも十分位の上部に入っていないものもある。その著しい例外はインドである。インドはおそらく、条件のⅣ・Ⅴでは、十分位の下部に入る。そして(インド人の八〇%が生活している伝統的農夫社会ゆえに)、条件Ⅲはかなり低くなる。インドの構成図は、図10–3のようなものになるだろう。さ

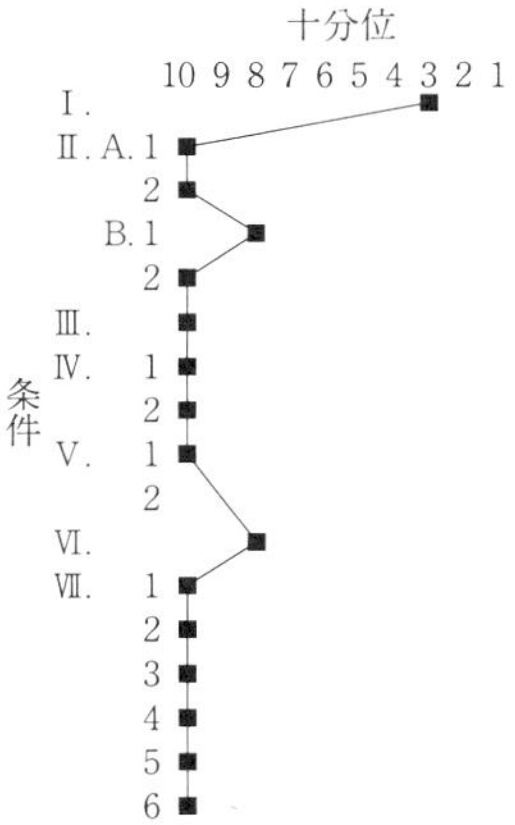

図 10-5

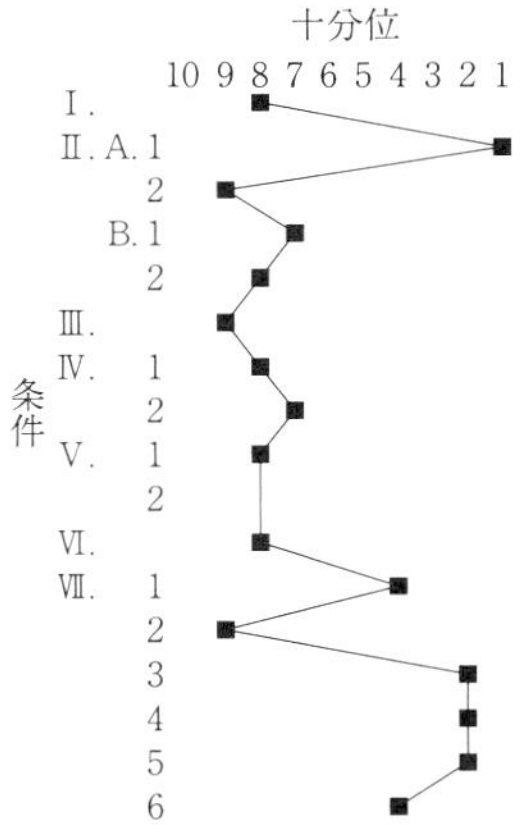

図 10-6

らに、抑圧体制の中にも、一つ以上の条件に関して、非常に高くなるものもある。たとえば東ドイツは、ⅢとⅣで高く、そしてⅤでもかなり高く位置づけられよう。それは、ほぼ図10－4で示される。デンマークは、図10－5によって表わされる。伝統的抑圧体制からポリアーキーへの近道は、さまざまな困難をひき起しただろうが、他の要因はすべて、高度に有利である。アルゼンチンはおそらく図10－6のように示されよう。

いくつかの留保条件

これらの構成図は、仮説として、あるいは少なくとも印象的説明として、データを適切に表現していると言えるかと読者は尋ねるかもしれない。事実、なぜ私は、すべての国あるいは少なくとも、十分な数の国について、十分位による現実の順位づけを行ない、構成図を現実につくって、理論を検証しようとしなかったのだろうか。その答えは、この理論のきびしい限界のひとつを直接指摘することになる。つまり私がそうしなかったのは、現在手に入るデータでは、その結果に誤解をまねくし、錯覚を生じると思われたからである。確かに、変数のあるものに関しては、満足のいくデータを見つけられる。その著しい例は、社会経済的発達段階に関するデータである。体制と社会経済的発達との関連性について、非常に多くの注意がはらわれてきた理由のひとつは、単に指数をつくる上で、それなりに受容できる(全く満足のいくものではないにしろ)、〈固い〉データが手に入るからである。これは、データの入手可能性が理論の強調点を偏向させたよい例である。第五章で指摘したように、社会経済的発達にのみ焦点をあてると、この要因の重要性を過大評価し、他の要因の重要性を見失わせてしまうことになる。たとえば客観的および主観的不平等に関するデータは、大変乏しい。第八章で指摘したように、さまざまな国とりわけ抑圧体制の国の政治活動家の信念に関しては、非常に断片的な、しかも比較上の情報しか手に入らない。現在さまざまな研究がなされているので、数年のうちには、こういうデータの貧弱さはかなり克服されるだろう。しかし今数多くの国の構成図をつくることは、現在必然的に、貧弱なデータにもとづかざるをえない理論的探索に、もっともらしい妥当性を与えることになってしまう。

データの弱点は、理論それ自体の形成に関するもう一つの重大な制約を生む。――私はさまざまな説明的変数にウェイトを付そうと試みてこなかった。これは明らかに、理論上(そして実際上)重要な問題である。そしてこの欠陥が重大であることを否定できない。再びここでも、欠陥のある理論を厚顔に押し通すための仮面をつくり出すことはできるし、容易でもある。たとえばこの理論を重回帰の等式として解釈することは誘惑的である。しかし予測的変数を組み立てるべき満足なデータがないのだから、係数は仮のものになってしまう。聡明な読者には、われわれが出発点にとどまったままであることがわかるだろうが無知な読者は、惑わされて、この理論が実際よりも厳密なものと信ずるかもしれない。

第一一章　補　遺──変化の戦略のための示唆

最初の章で提起された問題については、私にできうる限り、前の章で答えを出した。この本は事実、前章で終っている。

しかし、この本の議論には、変化の戦略のために、いくつかの示唆が含まれていると思われる。いかにして抑圧体制をポリアーキーに変えるかという問題は、それ自体大きな主題だが、以上の一般論から、より直接に行動と結びつく二、三の結論(それがたとえ概括的なものにしろ)を引き出すのは、有益だろう。

体制の相違を説明するさまざまな条件を考察してみれば、公的異議申立ての諸制度や政治的競争の経験あるいはまた、政治的批判者に対する寛容の伝統がほとんどない国が、数年のうちに安定したポリアーキーに移行する可能性は、ほとんどないと結論せざるをえない。同様に政治的寛容、競争政治、広範な政治参加の長い伝統をもつ国が、抑圧体制に移行するということも、ほとんど起らないだろう。現実的には、一、二世代の間は、ポリアーキーの数に劇的な変化があろうとは思われない。いくつかの抑圧体制が、混合体制になり、いくつかの準抑圧的混合体制が、準ポリアーキーに移行し、そしていくつかの準ポリアーキーは、ポリアーキーになるかもしれない。また疑いもなく、その逆方向の変化もいくらか起るだろう。しかし、帝国主義的抑圧体制による広範な征服なしに、ポリアーキーの数が急激に減少するということは起りそうもない。他の多くの物事と同様、どこの国でも今から一世代後の体制は、現在のものとはいく分違うが、しかし極端には違わないだろうというのが、最も安全な言い方である。

こういう見方は、読者を白けさすだろう。中には、不当に悲観的すぎると感じる人もいるかもしれない。この見方はとりわけアメリカ人の無際限な楽天的民主主義とは、大きな隔たりがある。しかしながら、たとえば次のことを思い起こしてもらいたい。パーマーが〈民主革命の時代〉と呼んだ一八世紀後期の三〇年間、持続的〈民主主義〉――あるいはこの本でいうポリアーキーは、アメリカ合衆国を除いては、結局生まれずに終った。アメリカ合衆国でさえも、いわゆる〈アメリカ革命〉は、植民時代にすでに発生していた民主化の過程を正統化したり、またある場合には少々早めたにすぎないし、またこの過程は、独立闘争の終結によって、必ずしも完了したわけではない。私は、革命運動が長期的効果を全くもっていなかったとか、その効果が重要でなかったあるいは望ましくなかったなどと、主張しているのではない。一八世紀の革命運動は、長期的にみれば、ポリアーキーに有利な条件のいくつかを生みだすのに、とりわけ、信念の問題と、不平等の減少に役立った。しかしその運動は、普通選挙にもとづく持続的な代議制共和国すなわちポリアーキーを確立するという主要目的を達成することに失敗した。一八四八年五月、ヨーロッパ中に広まった革命も、長期的影響こそ残したが、しかしこれもまた持続的ポリアーキーを樹立することに失敗したのである。

対外援助のための示唆

アメリカ合衆国のような国の政策作成者が、他国の政体を、抑圧体制や混合体制から、ポリアーキーに変えたいと思う時、途方もなく大きな複雑な問題に直面することになる。そしてその中で小さくないのは、対外援助が体制改革のための国内諸条件とどのように長い因果の連鎖を経て結びつくかについての、知識の欠如の問題である。

前章で記述した七組の条件が、高度に有利な構成図（たとえば図10－2のCのような国）を示しているが、どういうわけか、不評判な独裁が支配している国は、最も期待できる状況にあるといえよう。しかし、アメリカの一部の政策作成者や政治評論家の幻想にもかかわらず、このような国は、統計的にまれである。最も期待できない状況は、七組の条件が明らかに不利な構成図を構成している国である。これはもちろん経済援助を最も必要としている、圧倒的多数の国の状況である。

最も期待できる状況がまれであり、最も期待できない状況が一般的だとしても、他方、混合した構成図、つまりいくつかの点でポリアーキーに有利であり、別の点では不利であるような構成図の国も、存在する。アルゼンチン、キューバ、チェコスロヴァキア、ギリシャ、ユーゴスラヴィア、スペイン、台湾などの国は、多くの点で相互に極端に異なるが、この点では共通している。

それゆえ、たとえばアメリカ合衆国の政策作成者は、いかにしてこれらの国を、ポリアーキーへ改革するのを助長できるかと問う価値がある。そこには三つの主要な戦略があるようにみえる。(1)その国に侵入して占領し、強制的にその政府を廃して、ポリアーキーにおき替え、必要な期間それを保護する。(2)その国内の民主的——つまり革命的——運動を、資金、武器、その他の資源で援助する。(3)現存の政府に資金、武器、その他の資源を援助して、改革するようにその政府に圧力をかける。

第一の戦略には、二、三の著しい成功と、数多くの失敗が伴っている。長期にわたる植民地支配や、保護領という形で、それは、インド、フィリピン、ジャマイカ、プエルトリコにポリアーキーを生み出すのに成功した。軍事的敗北、占領そしてポリアーキーの再生という形では、イタリア、ドイツ、オーストリア、日本にポリアーキーを生み出した。これらの成功例と対照的に、失敗例のリストは長く続く。フランス革命の後期の段階で、フランスの援助によって成立した革命政府は、すべて崩壊した。この二、三〇年間、新しく独立した旧植民地諸国の多くはポリアーキーの実験で開始したけれども、現在では、独裁が統治する国のほうが、ポリアーキーの国の数よりはるかに上まわっている。さらに第二次大戦以来の歴史の発展により、第一の戦略は時代遅れになってしまった。直接支配という古典的形態の植民地主義は、ほとんど消えてしまった。他方、名目的に独立している主権国家への経済的、政治的浸透という形態の〈新植民地主義〉は、今までのところ、ポリアーキーの成立の助けとなっていない。第二次大戦の枢軸国の敗北後の直接軍事介入によるポリアーキー樹立の試みは、歴史的に唯一の例になることだろうし、また是非ともそうあってほしい。アメリカ合衆国がその意志にもとづいて、力で他国にポリアーキーを自由に樹立できるという信念が、いかに幻想にすぎないかは、ベトナムの悲劇が示している。

非常に多くの理由により、第二の戦略も、かなり高い危険をおかすことになる。他国の政治的革命運動に関与しようとする政府は、一般に、無器用、無能、無知かつ政治的に鈍感であり、その意志に反して、革命勢力の党派的な分裂に巻き込まれるのがつねである。とりわけ、アメリカ政府が、そのような複雑な関係をうまく操作できるとは、ピッグス湾の大失敗を例にとってもとても考えられない。また革命勢力を扱うには、資源の点で、独裁体制が最も有利である。いうまでもないことだが、もしその国内の革命勢力が、ポリアーキーに必要な一般民衆の基礎をもっているとしたら、彼らは外部の援助をたいして必要としないわけだし、もし民衆的基礎をもっていないとしたら、どんなに外部援助があっても、公然たる侵略や占領なしでは(そしてそれを伴ってさえも必ずしも)、ポリアーキーを樹立することはできないだろう。そしてまた、今日では世界中のほとんどの民主的運動は、もはや革命的ではなく、また逆に、革命運動が民主的であることはまれである。それどころか、世界のいたるところで、諸条件の構成図が、ポリアーキーにとって非常に不利な中で抑圧体制を打倒する革命勢力は、別の抑圧体制でそれに替えようとしている。新しい抑圧体制が、以前よりもよいかわるいかということは、革命行動の望ましさを判断するには関係があるが、しかし第二の戦略の成功とは無関係である。最後に、自身とは違う体制と敵対関係に入るという犠牲を、すすんで払えるような新しい国のみが、この戦略を受け入れるだろう。革命から誕生した政府でさえも、体制とかかわりなく、他国との関係を安定させたいという配慮から、この戦略を放棄する傾向にある。いうまでもなく、十分確立したポリアーキーの政府が、革命勢力のために大きな危険を冒すことはありそうにない。一九五四年のハンガリー革命、あるいは一九六八年のチェコの援助に向おうとした国はなかったのである。

第三の戦略も他と同様成功の見込みは薄い。ただし、インド、イスラエル、チリのように困難を抱えたポリアーキーが生き残ろうとするのを援助することと、援助が体制を変える梃子となるという仮定にもとづいて、抑圧体制や混合体制を援助することとは、全く別問題である。独裁者や少数独裁者は、そうやすやすと外国の援助に欺かれて、自分自身の体制を崩すことはない。この点では、ポリアーキーに有利な条件に対する長期的影響を別にすれば、非ポリアーキーをポリアーキーに変える戦略としては、アメリカの対外援助計画は、総体的に失敗であると宣告しなければならない。私の知る限りで、見事それが成功した例は一つもない。

それでは、ポリアーキーが統治する国の政治指導者、活動家、一般市民などが、他の国のポリアーキーの可能性を発展させたいと望んでいると仮定しよう。彼らに何ができるだろうか。とりわけ、援助を必要としている国の協力の下での、経済的、技術的援助についてはどうだろうか。

経済的、技術的援助を与える理由を区別して考えることは重要である。第一に、納得のいく例は、道徳的、人道的理由にもとづくものである。利他的配慮に加えて、裕福な人びとが貧しい人びとの悲惨や挫折や苦痛を根絶するのは、結局は合理的な自己利益になるから、裕福な国は、援助が悲惨の減少に用いられる場合には常に、貧しい国を援助すべきである。援助がこのような理由で与えられる場合、体制の性格やイデオロギーや外交政策とは無関係になるだろう。そしてもし国際機関が、基金の割り当てや管理に関して、効果的であることがわかれば、純粋に国家的な機関ではなく、むしろ国際的あるいは多数国参加の機関によって、援助を管理していけない理由はない。

第二に、(結局は、それも道徳的人道的理由あるいは自己利益にもとづく議論の特殊な例かもしれないが)社会経済的発達は長期的には、ポリアーキーを成長させるという理由づけも、意味がある。しかしこれまでの章で議論したように、ある国の社会経済的段階は、ポリアーキーの可能性に関係ある数多くの変数のうちの一つにすぎないし、また社会経済的段階とポリアーキーの関連性は、直接的かつ単純なものでなく、十分理解されているとはいえない。この関連性は弱く、不安定かつ長期的性格のものであり、まだ正ポリアーキーに近い状態にない国に、これらの理由で援助することは高度に不確実な賭けである。もっとも豊かなポリアーキーの市民に、こうした援助に賭けるべきだと要請することは、それなりに合理的かも知れない。しかし、援助からポリアーキーまでの長い因果関係があまりに不確実なので、発展途上国Xへの援助が発展途上国Yへの援助よりも、結果としてポリアーキーへ導く可能性が強いという保証は、まれな例外を除けば事実上どこにもない。ここでも再び、援助はその体制の性格やイデオロギーに関係なく、その国の必要性と使う能力にもとづいて与えられるべきであるという結論となろう。また同様に、国際機関ではなく国家機関を通じて、援助を与えなければならない自明の理由はない。

第三に納得のいく例は、以下の道徳的理由にもとづくものである。すなわち豊かなポリアーキーの市民は、比較的高い自由化と参加に到達しようとしているポリアーキーまたは準ポリアーキーをすでに確立している貧しい国の政府からの要請があった場合には、援助すべきである。

最後に、特定の抑圧体制や混合体制への援助が、その体制を、ポリアーキーあるいはポリアーキーに近いものに変えるだろうという仮定にもとづいて、経済的、技術的、軍事的援助をするという問題がある。この本の論議はすべてこのような政策に合理性がないことを示していると信ずる。というのは、それを正当化しようとしても、この変化の過程はあまりに複雑であり、未だ十分に理解されていないからである。この否定的な結論をさらに強めているのは、この種の変化を生み出そうとするアメリカの対外援助計画の、二〇年にわたる失敗だろう。

しかしながら、この主張を、経済的、技術的援助に対する反対と受けとるのは、重大な誤解である。逆に、豊かな国は、そのますます巨大化する富の相当の部分を、貧しい国の困窮や苦難を減少するために使うべきだと私は信じる。しかしこのような行為の正当化は、道徳や共感、あるいは合理的自己利益にもとづくものであって、対外援助が、抑圧体制の民主化、自由化をひき出す梃子となるという展望によるべきではない。

政治活動のための示唆

さて、一国の内部にいる人の視点から問題を見ると仮定しよう。抑圧体制あるいは混合体制が統治する国の、仮説上の「改革者」が、何にもまして効果的な参加や政治的批判に対する障害を取り除きたいと願っている、つまり、必ずしも正ポリアーキーとはいわないまでも、できるだけそれに近づけたいと思っていると仮定しよう。これまでの章の分析は、少しでもこの「改革者」に役立つだろうか。

具体的に個人的、国家的、歴史的状況に関連した文脈の中で、政治改革に必要な権力の獲得方法についての助言という点では、それは事実上まったく役には立たない。つまり、改革あるいは革命を求めるにせよ、体制の内部で、現存の体制にそってにせよ、外部であるいはそれに対抗して活動するにせよ、また統治階級の一員として、あるいは陰謀を企む反対勢力の秘密の一員としてにせよ、権力の獲得や使用方法についての助言としてはこの本は全く役に立たない。しかし改革のために必要な権力を獲得するという重要な戦術的問題の前に、ある特定の国でポリアーキーにより近づくため、獲得した権力をどのように用いるべきかという戦略的目標の問題がある。常にそうであるように、戦術と戦略は、きれいに切り離すことはできない。原則的には、戦略的目標は戦術の選択を支配すべきである。しかしながら、戦術の選択が戦略的目標自体を変質させるということも起りうる。

この本の論議は、たとえ戦術に関しては役に立たないとしても、戦略については、「改革者」にとって役に立つ内容がいくつかあると私は思う。それらのいくつかを示唆しよう。

棚卸し

「改革者」がまずこの本の内容を単に棚卸しして調べるものと仮定しよう。今までの章から引き出せる最も明瞭な結論は、ある特定の国の特定の時点において、その可能性は限られているというものだろう。いくつかの国では、賢明なかつ勇敢な市民も、絶望的に手を上げて、さらに歴史が展開し、彼の努力がより報いられる時期まで待機せざるをえないだろう。

熱烈な民主主義者は、疑いもなく、そのような主張はあまりに悲観的すぎるというだろう。しかし、民主主義の展望に対して、その公算をまじめに検討せずに無視することによって、より永続的な害が流されてきたと思われる。民主主義は、歴史と国民の現状によってその径路に置かれたあらゆる障害物を乗り越えて、必然的に勝利を得るべく運命づけられているわけでは必ずしもないという、古くからの考えは、今世紀の政治的諸事件でも十分立証されている。

しかしこれまでの頁には、無気力な悲観主義を認めたり、また代議制民主主義は、アメリカ人のように数少ない限られた国民しかもたない、例外的にまれな諸条件の独自な結びつきを必要とするというアメリカ的な偏見を認めたりするものは、全くない。というのは、ポリアーキー(この言葉に再び戻ってもよろしければ)が機能する条件の多様性こそが、今日の世界的特徴だからである。

要約すると、私の手に入る証拠によって、少なくともいくぶんかは支持されて、ここで提出できる見解を示すならば、政府の反対勢力が、政府の行為を批判することのできる機会は、不確実なものではあるが、偶然的なものではない。反対勢力にとっての可能性が、たとえ自分で操作できない要因によって主に決定されるとしても、反対勢力が享有する自由の度合は、人間の慎重な選択によってときには変えることができる。これまでの章では、ポリアーキーあるいは抑圧体制に関係深い七種類の要因を強調した。繰り返すと、七つの要因すべてが、政治競争に有利な国に「改革者」が住んでいるとしたら、ポリアーキーを生み出す見込みは、確実ではないにせよ非常に強い。もし彼が、抑圧体制にとってすべての要因が有利な国に住んでいるとしたら、競争的体制とりわけ包括的ポリアーキーの可能性は当然低く、一方抑圧体制の可能性は大変高い。

戦術と戦略的目標を選ぶにあたって、「改革者」はもちろん、その国の構成図と、それが示唆する限界と可能性を考慮しなければならない。混合体制の下で、高度に有利な構成図をもち、かなりの競争政治の経験のある国では、正ポリアーキーが機能するような改革運動を行うのは理にかなっていよう。高度に不利な構成図の国で、正ポリアーキーを直接導入しようとするのは、ユートピア的目標となろう。なぜなら、たとえ現存する抑圧体制が崩壊し、「改革者」のグループがポリアーキーの諸制度を定める憲法を制定できたとしても、その憲法はほとんど実効力をもつとは思われないし、その憲法が定める諸制度は形骸化するか、短命に終るだろう。しかし、民主主義者にとってどんなに憂鬱な状況においてさえも、「改革者」は、より多くの参加と批判へと道を開くような何らかの変化を生み出し、ポリアーキーへの展望を切り開けるかもしれないのである。

相互保障

衝突している対立者間で、一方が、相手に寛容にすれば、自分自身の破滅や苦難をまねくと信じていれば、両者とも相手に寛容になることは期待できない。寛容は、互いに相手にきびしい打撃を与えないと思われているグループ間においてのみ、生まれるし持続する可能性がある。このように寛容のコストは、破壊や極端な強制やきびしい打撃を与えないという、効果的な相互保障によって引き下げることができる。それゆえ自由化の戦略には、そのような保障の追求が必要である。

この規定は、具体性というよりは方向性を強調している。なぜなら、各国において問題は非常に異なっているので、一般的解決法を提出するのは、ばかげたことだからである。これまで高度に抑圧的だった体制における自由化への第一歩と、準抑圧体制下の次の一歩とでは、当然異ならざるをえない。正抑圧体制における第一歩は、支配集団内の衝突での敗者は、死刑になったり投獄、追放、市民権剝奪などの罰を受けないという、何らかの了解程度のものだろう。この点に関しては、ロシアにおけるスターリンの抑圧体制から、スターリン後の体制への変化は、自由化への大きな進歩であった。

すでにみてきたように、政敵に対する保障の性質やその明示的表現は、ポリアーキーの中でも多種多様である。同質性の高い国では、下位文化的分裂の大きい国ほど、明示的協定は重要でない。しかし、分裂の大きい国では、各下位文化に安全を保障するために、憲法上、制度上の規定が必要とされる。さらに分裂とそれを統御する諸制度はほとんど固定的ではない。たとえばインドでは、一九五六年以来、主要な言語圏に、より一致するよう州の境界線を引き直してきている。オランダでは多極共存社会構造(verzuiling)は不変の現象では全くないし、注目されるようになって以来、衰退に向っている。オランダで、そして全く違った体系をもつスイスで持続しているもの、そしてインドの地方(州)政府の体系の発展の要石となっているもの、そしてベルギーのワロン人とフランダース人の間で発展してきたもの、そしてフランス系カナダでますます要求されているもの、それは、主要な下位文化に安全を保障する相互保障の体系である。

下位文化的分裂をもつ抑圧体制の国において、その体系の自由化を求める「改革者」も、また相互保障の問題につきあたる。ソ連の侵略と占領以前の一九六八年、自由化へ向う動きの中で、チェコスロヴァキアの一党抑圧体制の指導者たちは、連邦制の思想を認めた。それによれば――チェコ人とスロヴァキア人――という二つの地域的、言語的グループは、各々が、国内に彼らの自治体をもつことが許されるはずであった。さらに支配政党である共産党によって新しく提案された綱領では、連邦制にしたがって党を再組織するばかりでなく、中央委員会の決定に対してそれぞれが相互に拒否権をもつという規定によって、下位文化の多元性の問題に対処しようとしていた。中央委員会の決定は、普通多数決によってきめられるが、しかし「生存、主権、国家的あるいは地域的利害」に関する決定は、中央委員会における各下位文化の代表の少なくとも半数以上の賛同が必要とされる。そして各グループは別々に投票するのである。スロヴァキア人は、党員のおよそ一八％にすぎないので、事実上、党のわずかに九％を少しでもこえる反対で、原則的にはこの種の決定を阻止できるのである。(1) このように、チェコ人とスロヴァキア人は、より抑圧的でなく、民衆の要求に応ずる体系のなかで、下位文化的少数派を保護する問題に対し、〈連合〉的解決に向うかにみえたのである。

ポリアーキーにおいてと同様、体制が相互拒否権の体系に近づけば近づくほど、国家はますます決定不能の危険を冒すことになる。この決定不能の危険は、潜在的に敵対する下位文化をもつ国が、その分裂の政治的表現に寛容になるために、支払わねばならない代価なのである。多くの国で、自由化に賛成したり反対したりする人びとは、明らかにその代価を支払う覚悟をしていない。しかしながらその代価は、長い間には、初めにそうみえたより低くなるだろう。というのは、いくつかの〈連合〉的な国の経験によれば、相互保障の体系が徐々に下位グループ間の恐怖と敵意を弱め、参加と公的異議申立ての諸制度に対する広範かつ深い支持を生みだし、共通の国民意識を強め、やがては、下位文化の衝突の中に吸収されていた政治的エネルギーが、社会の他の重要な問題に向けられるようになるからである。

行政権

公的異議申立てと参加への障害が少なくなれば、政府がそれまでは無視していた利害や要求が出てくるだろう。公的異議申立てや参加が効果的であるとすれば、これらの新しい利害や要求に対応する政治的諸制度の権限を増大しなければならない。しかし決定不能やデッドロック的停滞の可能性を減少させるため、行政機構は、緊急の際には、迅速で果断な行動をとれるかなりの権限を残していなければならない。このように行政機構は、現実的な意味において、議会の移り変る多数派以上の切捨ての権限をもたねばならない。しかし、それは少数派間にせよ多数派間にせよ、実質的かつ持続的な連合の影響力の及ぶ範囲内でなければならない。

この規定はやむをえず曖昧であるが、競争政治体系を発展させようとする憲法作成者にとって、常に手ごわい問題のひとつであったものに「改革者」の注意を向けさせようとしている。上述の定式は、問題およびその解決あるいはむしろ解決を求めるべき方向の極端な一般化である。代議制政府におけるこの問題に関して、最もよく知られている例は、もちろん、行政権と立法権の関係という古典的問題である。人民の意志の最高の表現として、選挙された議会の独占的な正統性を強調する代議制民主主義の理論に従っていた一九世紀の憲法作成者は、行政権に独自の権威の源を与えることはできなかった。しかしながら、今世紀になって、ほとんどのポリアーキーは、弱い従属的な行政府をもつ合議体政府のモデルを、現実性のないものとして拒絶してきた。事実、ポリアーキーの政府そしてとりわけ行政府は、強力で果断な行為がとれるよう巨大な権力を備えるようになった。合議体政府を推進しようとする試みはすべて災難をまねき、やがて抑圧的支配の急速な創出を要求する叫び声があがるようになるということは、今日では、あまりにも明白である。

一般的にいえばポリアーキーは、従属的行政府から、たとえ法律上ではないにしろ、事実上、独立した行政府をもつように変化してきた。われわれの「改革者」にとっての問題は、正にその反対である。政治指導者たちはあまりに独立しており、その権限を、さまざまな利害や要求に対応する政治的諸制度に従属させられなければならない。彼らの独立性が強まれば、抑圧的になるというのは、古代から、抑圧体制についてくり返される教訓である。だがポリアーキーでの教訓は、独立性があまりに弱まると、政府は実行力を失い、抑圧的支配への支持を呼び起すということである。

これらの一般的な評言よりさらにずっと厳密な戦略的目標を形成できるかどうかは疑問である。それぞれの国があまりに違うので、それぞれの国の状況に応じてしかもっと具体的な戦略はたてることができない(2)。

分裂の阻止

競争政党が過度に分裂してゆけば、寛容のコストは高くなるので、自由化の戦略は、政党の細分化をさける政党政治の体系を探求する必要がある。

「改革者」は、さまざまな自由化の程度と種類の下で出現してくるかもしれない社会的亀裂の形を、非常に注意深く考察する必要がある。高度に同質性の高い国では、いわば古典的な二大政党による議会政治――すなわちイギリス的体系の理想化された形態――にもとづく政治体系をつくることを最終的な目標とする特定の制度上および、憲法上の改変についてまじめに考察することができよう。しかし「改革者」の国で、古典的二大政党議会政治のモデルが機能するだけの同質性はほとんどありそうにない。彼の国には、多くのかなり明確なそして潜在的に敵対している下位文化――たとえば地域的、言語的、宗教的、人種的、文化的分裂が存在していることが多いだろう。というのは、今までみてきたように、高い同質性とはまれな現象であり、下位文化の分裂は比較的一般的だからである。大規模な下位文化的分裂があるところではどこでも、古典的な二大政党議会のモデルは達成不可能なのである――たとえばカナダ、南アフリカ、インド、ベルギー、オランダ、スイス、レバノンをみよ。

おそらく、彼は、非常に違ったモデルを目ざさなければならないだろう。合議体政府のモデルと古典的二大政党議会政治のモデルが両者とも、代議制民主主義の理想的形態として広く認められ、そこからの逸脱はすべて欠陥の印とされたことは、おそらく不幸な、いや実際は災厄に近いことだったろう。というのは、合議体政府のモデルが、事実上二〇世紀のすべてのポリアーキーによって拒絶されてきたのと同様、古典的二大政党議会のモデルは、下位文化的分裂のある国すなわちほとんどの国で、採用されて成功しなかったのである。しかるに、これらのモデルの威信は高く、きびしい下位文化的分裂の問題に対処するために発展してきたこれに代る体系は、代議制政府に関する著書の中では、ほとんど理解されずに軽視され、本物に代る次善の代用品として低くみられている。けれどもほとんどの国が、これら次善の代用品なしには、自由化に向うことはできないし、現在のポリアーキーに存在する程度の自由化に向うことは確実にできない。しかしいくつかの国では、多様でしばしば衝突する下位文化の間に、驚くべきほど平和な寛容を生み出すのに、それは貢献してきたのである。

政党体系が代議制民主主義の理論と実践にかかわってきたそのかかわり方ゆえに、政党政治は自律的に発展し、社会の〈自然な〉分裂を忠実に反映する〈自然な〉制度と考えられている。この見解にしたがえば、諸政党の性格とその数を制限しようとする意図的な試みは、必ず失敗する運命にあるか、あるいはゲームの民主的ルールを破ることになるにちがいないとされている。私にはこのどちらの仮説も妥当ではないように思える。第一の仮説は、選挙制度と政党政治との関連が注意深く研究されるようになるにしたがって、ますます疑わしくなっている。この両者の関連の正確な質に関しては、いぜんとして論議が必要だろうが、しかし今日までのほとんどの体系的分析は、とりわけ次のような命題を確定している。

一、すべての選挙制度は、大政党に、立法府でその得票率以上の議席を与える傾向がある。それゆえ小政党は、得票率よりも少ない率の議席しか獲得できない。

に従う。

二、この票の偏り度合は、選挙方式と選挙区の大きさの函数である──つまりそれら

三、最大の偏りは一人選挙区の小選挙区で生じる。逆に最大の比例性は、各選挙区において、多数の議席が、〈最大残余〉の方式にしたがって割当てられる比例代表制によって生じる。(3)

それゆえ、政党体系は、自然の、自律的な、あるいは社会的分裂の不可避的反映ではない。それはある程度、選挙制度に依存している。そして政党細分化を最多にしたり最少にしたりするため、選挙制度を意図的に操作することはできる。選挙制度の操作にはもちろん不信の眼がつきまとう。なぜなら、政府はときに反対党を犠牲にして、自党やその連立党に有利にするためそれを操作してきたからである。しかし選挙制度は、政治体系の中で多少とも意図的に変えることのできる、数少ないものの一つであり、この社会工学的可能性を拒否することは、医者が、あまりに乱用されているという理由で、抗生物質の使用を拒否することと同じことのように思われる。(4)

純粋に党派的な操作は別にすれば、選挙制度の工夫によって、潜在的細分化を減じようとする意図的な試みが、本質的に〈非民主的〉であるとか、たとえそうだとしても、

抑圧体制を自由化するのに際して望ましくないとされる理由は理解できない。一世紀にわたる議論の中で、一人選挙区による複数選挙より、比例代表制のほうがより民主的であるかどうかを、満足に論証した議論は一つもなかった。この論証の難しさは、次のような事実に由来していると思われる。すなわち、多数決に到達するためのあらゆる民主的手続きは、さまざまな選択を立案し、要求を統合し、そして最後に、政策作成者に残された二者択一の選択で決定するという、公式的にしろ非公式にしろ、非常に複雑な過程を必要とするのである。この立案と統合の制度はポリアーキーによってさまざまに異なる。いかなる国においても、高度に統一された二大政党のほうが、統一されていず、立法府内で多数連合が常に変化する二大政党の制度よりも、各党内の利害関係や要求の集合や調停がより多く必要だろう。しかし後者は、多党政治よりも、各党内での統合がより必要なのである。多党政治では、統合は立法府や連立内閣の中でより多く生じる。最後に三つか四つの主要政党をもつ国では、五つか六つの主要政党をもつ国よりも、より多くの統合が各党内で生じ、立法府や連立内閣の中ではより少ない。もし最終的な選択において、個々の要求(満足のいく、しかし必ずしも最大である必要はない)をより平等にみているという保証がないならば、これらの政党制度のうちどれが、より〈民主的〉であるか理解するのはむずかしい。しかしそれは論証されたことがない。ともあれ、どの選挙制度や政党政治がより〈民主的〉であるかどうかは、実際には抑圧体制の自由化の問題とは関係がない。もしこれらの諸制度が、確実に、高度の政治的分裂を、政党政治のゲームに対する急速な幻滅を、そして政治的分裂の抑制のためのより強力な抑圧的支配を望む声を生みだすとしたら、自由化の戦略は、選挙制度や政党政治が完全に民主的であることを要する、と主張したところで始まらないだろう。

多元的政党政治へ第一歩を踏み出そうとしている抑圧体制においては、もっと直接的に政党の数を規制するのが望ましいかもしれない。すなわち、政府党と野党の二党以上の政党形成をむずかしくしたり、極端な場合には不可能にしたりすることによってである。

いかなる国においても、国民の要求の表現と統合のために最適な政党の数がいくつであるかは、その国の分裂の体系を検討してみなければ、概略的数字をあげることもできない。それゆえ自由化の戦略は、政党の数を、効果的に制限するために、政党の形成や競争に障害を設けることもありうるが、その数は不定である。しかし重要な点は、自由化の理性的な戦略の中では、政党の数を規制できるし、規制すべきであるということである。原則的にいって、二つの政党が存在するならば、それ以上の政党の数を制限しても、異議や批判の自由、そして選挙や立法における反対の自由を制限することにはならない。政府は、異議や批判の自由および選挙や立法における反対の自由を完全に与え、しかも競争する政党の数を二つに制限することがありうる。もし両政党とも、その意見を表明し、候補者を立て、得票し、選挙に勝つ平等な機会が与えられているならばである。

地方政府

国家の段階より下位の自治的代議制度によって、反対勢力は、政治資源を獲得する機会をえ、また分裂を統合し、衝突を解決したり、代議制政府を運営したりする技術を訓練することができるので、寛容への戦略のために、国家より下位の代議政府を発展させる方法を探求する必要がある。

抑圧体制――とりわけ統一された抑圧体制の下では、高位の段階、特に国家的段階でよりも、国家より下位の段階で自由化に向って大きく踏み出すほうが賢明だろう。たとえば、反対勢力が地方自治体の選挙へ参加することを認めれば、反対勢力と政府の両者を社会化するのに役立つだろう。より小さな代議制の単位は、抽象的イデオロギーとは関係の薄い、具体的でわかりやすい問題を解決する訓練になる。このような具体的問題に直面することによって、国家的政治の場では敵対する諸グループを統一できるかもしれない。さらに、国家以下の水準で反対の権利や特権を拡大しても、それは一つの試みとして取扱うことができるから、現職の国家的指導者にとってそれほど脅威にならないだろう。もしその試みが〈失敗〉したら、元にもどすことができるのだから。

おそらく、国家より下位の代議政治の中で最も注目すべき例は、ユーゴスラヴィアであろう。ここでは地方政府ばかりでなく、さらに有名な労働者の自主管理において、非常に大規模な自治が発展している。組織化された政治的反対は、工場や自治体内でどちらかといえば制限されているが、これらの単位は、代議制制度への参加、討議、討論、調停、妥協、具体的分析、責任などにおける技能の訓練を広く普及するのに役立っている。メキシコでは、反対勢力が地方段階で勝利し、統治の現実的な責任を果すことが次第に増すにつれ、高度に多元的な抑圧体制からポリアーキーへの移行は、ゆっくりとあまり苦痛をともなわずに生じるだろう。

もし、ポリアーキーの経験が、抑圧体制の自由化の方法とは無関係だとして片づけるつもりでないなら、注意深い読者はすでに気づいておられようが、私が示唆した自由化の戦略における主要な要素は、すべて最も堅固な代議制民主主義のよく見慣れた側面であることを見出しても、それほど驚かれないことと思う。すなわち、衝突するグループ間の相互保障、さまざまな利害や要求に対応する諸制度に従う強力で果断な行政、分裂的でなく統合的な政党政治、国家より下位の段階での代議制政府、これらはすべてそうなのである。

第一一章　注

（1）　Michel Tatu in *Le Monde* (Sélection Hebdomadaire, August 8-14, 1968), pp. 1, 4 の報告をみよ。

（2）　これを正確にアルゼンチンにあてはめようとする試みは、次の論文にみられる。"Del gobierno revolucionario al orden constitucional," *Criterio* 61 (Buenos Aires, June 13, 1958): 371-75. 私がこの戦略推奨の章を書き始めていた頃その論文を読んでいなかったけれど、ここで推奨している戦略が、実際に、少なくともいくつかの国にあてはまる、という確認ができるだけの類似性がそこにある。

（3）Douglas Rae, *The Political Consequences of Electoral Laws* (New Haven: Yale University Press, 1967), pp. 134–40.

（4）ジョヴァンニ・サルトリと私の意見が一致している点は、"European Political Parties: The Case of Polarized Pluralism," in *Political Parties and Political Development*, ed. Joseph LaPalombara and Myron Weiner (Princeton: Princeton University Press, 1966), pp. 165–66.

表 A　ポリアーキーと準ポリアーキー，1969 年前後

十分に包括的ポリアーキー（正ポリアーキー）	
1	オーストラリア
2	オーストリア
3	ベルギー
4	カナダ
5	コスタリカ
6	デンマーク
7	ドイツ連邦共和国
8	フィンランド
9	フランス
10	アイスランド
11	インド
12	アイルランド
13	イスラエル
14	イタリア
15	ジャマイカ
16	日本
17	レバノン
18	ルクセンブルク
19	オランダ
20	ニュージーランド
21	ノルウェー
22	フィリピン
23	スウェーデン
24	トリニダード・トバゴ
25	イギリス
26	ウルグアイ
特殊例：選挙での資格制限	
27	チリ
28	スイス
29	アメリカ
準ポリアーキー	
1	コロンビア
2	キプロス
3	ドミニカ共和国
4	マレーシア
5	トルコ
6	ベネズエラ

【対談】ポリアーキーと現代の民主主義

ロバート・ダール
高畠通敏

高畠　ダールさんは民主主義についての現代のアメリカの理論家としてとりわけ知られていますが、ダールさんの民主主義理論の中心は、ポリアーキーの理論にあるといってよいと思います。私たちは、これまでいろいろなアメリカの民主主義理論に接してきたわけです。まず、戦後最初に触れたのは、全体主義に対する自由主義体制のいわばイデオロギー的擁護としての西欧的自由民主政（リベラル・デモクラシー）の理論でした。その次に、六〇年代のライシャワー・ロストウ流の近代化理論がやってきた。近代化理論にはいろいろな側面があったと思いますが、しかし、その大きな役割は、自由主義対全体主義という体制理論だけではやってゆけなくなった競争的共存の時代において、日本をはじめとしてアジアやラテンアメリカなどの独裁政権をも、近代化というバネを通してやがては西欧的な民主主義へといたる道として弁証し擁護することにあった、と多くの日本の知識人は受け取ってきたと思います。

そして、六〇年代末から七〇年代にかけて、今度はニューレフト的な直接民主主義の論理がいろいろと紹介された。それらは世界的な傾向にも即していたわけですが、しかし、アメリカの大統領制や住民投票などの制度や伝統に即した側面もあり、わが国は文字通り論理だけで終わってしまっているというところがあるわけです。

こういう意味で、私たちにはアメリカのイデオロギー的、世界的な位置とはかかわりのない民主主義理論を求める気持ちは強い。それは同時に、現在、一九七〇年代の半ばを過ぎて、日本にも新たな政党政治の時代が訪れ始めて、「連合の時代」とか「市民参加の時代」といわれるように、人びとの関心がふたたび議会と政党という枠組みの中での民主主義の可能性の開発に向かっているということとも重なっている。民主主義ということを理念や体制としてのみではなく、現実に可能な、しかし同時に、進歩し発展もしてゆくひとつのシステムとしてとらえ直し再検討するという機運が生まれていると思います。

そして、それに対して、ダールさんの民主主義理論は、今日の日本の知識人の視角からみて、いろいろ啓発的な問題提起をたくさんふくんでいるように思われる。たとえば、最近のひとつの例は、篠原一さん（東京大学）の『市民参加』（岩波書店、一九七七年）という本ですが、そこで篠原さんは、市民参加によって発展してゆく民主主義という問題を整理するために、ダールさんのポリアーキーという概念を下敷きにしている。つまり、ダールさんによると、現実のデモクラシーには競争と参加という二つの柱があり、それがおのおの深まった段階でポリアーキーに達するという定義を援用しているわけですね。ダールさんがこの概念をつくりだしたのは、『民主主義理論の基礎』（内山秀夫訳、未来社、一九七〇年）の中で、さっきふれたアメリカ民主主義理論の系譜の中では孤立しているように見えるのですが、どうして民主主義と区別してこういう概念をつくったのか、そのへんからうかがいたいと思うのですが……。

ダール　ポリアーキーの概念は、民主主義ということばと概念の混乱を整理する試みとしてつくり出されたのです。民主主義は二つの相互に関連しながら異なったものを指し示す概念としてつかわれてきました。一方ではそれは理想を、善き政治社会を意味し、他方では主に一九世紀から二〇世紀にかけて生み出されてきた具体的な政治制度を意味してきたわけです。

さて、ポリアーキーの最も単純な意味は、この民主主義の理想ではなく現実的な制約をさすことにある。このように、ことばを変えることによって、われわれは「民主主義を民主化する」という矛盾した表現におちいらずに「ポリアーキーの民主化」について語ることができる。さらに、理想としての民主主義ということばを現実の政治体制から剝ぎ取ることによって、われわれは、現実のポリアーキーがいかに民主的か、その民主化の程度を測定するという作業に直面せざるをえなくなるわけです。

民主化の程度を測定する五つの基準

ダール　ところで、民主主義とポリアーキーの概念のなかみについてもう少し話を進めたいのですが、民主主義ということばの二〇〇〇年間の歴史を私なりに吟味すると、そこにはある体制を民主的か非民主的かを判断する三つの基準が浮かび上がってくる。その第一は政治的平等です。個々の市民や古代ギリシャがデモス(住民)とよんだような市民集団が政治上の理念や政策決定に対して影響をあたえる。その機会がいかに平等に市民に対して開かれ、かつ制度的に保障されているかが政治的平等の基準の問題です。二番目の基準は、有効な参加です。政治体制がいかに個々の市民に政策決定に有効に参加できる機会を保障しているかどうかによって、それが民主的かどうか判断できる。

三番目の基準は、表現するのに難しいのですが、啓蒙的理解の基準とでもいうべきものですね。政治体制が市民に平等な参加を保障するだけでなく、それを有効ならしめ、何が社会にとって重要であり個人にとって利益になるかを判断させるに足る知識や情報の普及が、民主化ということのもうひとつの基準になる。

これらの三つの基準が全部充足されたとしても、なおかつ問題が残る。たとえば、実際に市民が決定しうる事柄の幅がせまかったらいくら決定に参加できても意味がない。その意味で四番目の基準として、政策決定すべき事項について市民が決定権をもつということがあげられる。最後に、とりわけ近代の諸国に関する問題で、理論的基礎をあたえるのが難しい問題なのですが、成人人口の中のどのくらいが市民として政治に参加できるかという問題です。ギリシャのデモスは、全体の人口からすればほんの一部にしかすぎなかった。それでも、民主的と人は形容しえた。しかし、二〇世紀において、成人の多くの部分を除外して市民の範囲を規定するのは明らかに許容しがたい。したがって第五の基準は歴史的に変化してきた基準なのだが、いわば包括性の基準とでもいうべきものです。

以上が、現実の政治体制を民主的かどうか比較し測る基準の要約ですね。いうまでもなく、アテネの民主政をもふくめて、これらの基準を完全に充足した政治体制は存在したことがない。これらの基準は要求度の高いいわば絶対的な基準だからです。

さて、一九世紀から二〇世紀にかけて、アメリカ革命やフランス革命およびその理念の影響の下に、いくつかの政治制度が形成されてきた。それらは、そういう理想を現実の条件下で制度的に具体化しようという努力のあらわれだったわけですね。このようにして形成された政治体制を、私はポリアーキーと呼んでいるわけですが、それは、二〇〇〇年の間、理想の民主主義と思われていたものと、大きく異なっていた。とりわけギリシャや古代ローマの都市国家の民主政とは全く異なっていた。その特質は、主として社会的民主化の結果生じた社会環境の変化に規定されているといえます。社会の規模の拡大と構成の多様化ですね。近代国家の成立の結果、何百万、何千万の人びとが広大な地域にまたがって多様な職業の下にひとつの政治社会を形成するようになる。そういう条件に適合した政治制度は、都市国家と比べて異ならざるをえない。たとえば代表制の成立がそうですね。これは直接民主政しか知らない古典的理念からは拒否されていたものです。政党政治の導入も別な例です。政治的指導者の下に公然たる競争が行われる。

その中で討議の保障や野党の法的保護などの制度も生まれた。言論による政府批判も認められるようになった。全国にまたがる複雑な選挙制度の発達も、政治的平等や政治参加の理想を別な形に翻訳し移植しようとした努力の結果だということができる。

これらの諸制度は、今日のわれわれにとっては常識的になってしまったものですが、一九世紀初期においては、民主主義の擁護者たちにとっても全く新しい発明であり工夫であったわけです。そして、それゆえ、こういうポリアーキーの諸制度がいかに本来の意味で民主的であるかという問題は、それ以来存在していた問題であり、われわれはその問題を回避することができないのです。

高畠　フランス革命を前にして、ジャン＝ジャック・ルソーは、古代民主政の基準によってイギリスに発達しつつあった近代民主政、ダールさんのことばをつかうとポリアーキーの政治的現実を批判した。ルソー自身は、近代的条件の中での民主的制度の案出に失敗したわけですが、しかし、彼の批判そのものは今日でも生きている。ダールさんは、その原点に立ち戻って、この一〇〇年の間、つくられたポリアーキーの制度の弁明になってしまった民主主義の理論を、逆に現実をはかり批判する基準として再構成しようとしている。それは同時に、今日的な社会的条件の中で可能な民主主義的制度をつねに工夫し創造してゆこうという問題意識ともつながっていると思うんです。

ところで、今、ダールさんがふれられたように、近代のポリアーキーの政治制度の発明の中心は、政党政治にあるわけです。そして、その政党政治について、戦後の日本の現実をふり返って見ると、一九五二年に日本が独立して自前の政党政治を展開しはじめて以来、イギリス的な二大政党政治の道を歩むのが健全な政党政治の発達だと一般に見なされてきた。

戦前の大正デモクラシーは、政友会、民政党という二大政党を中心に運営されたわけですし、戦後も一九五五年に政党合同が実現して以来、保守(自民)と革新(社会)の二大政党を中心に政治は動くものと想定されてきた。しかし、それ以降二〇年間、日本の政党政治は全く逆な方向へと動いてきたわけです。第一に、六〇年代に革新政党の多党化といわれる現象が生まれた。そして第二に、昨年来、連合政党・クラブ政党が市民参加のかけ声とともに保守・革新それぞれの内部から噴出してきている。それとともに、日本の政治も複雑な動揺を体験しているわけです。

だいたい、こういう小党の分立と連合は、フランス第四共和制(ドゴール将軍が大統領になって権力集中を行う前の政治体制、一九四六—一九五八)の歴史に見るように、いわば政党政治が統治能力を失って衰退する現象だと一般に考えられてきた。しかし、日本でのこのような政党政治の変化の原因を考えてみますと、そこに選挙制度や伝統の弱さという日本的な原因が働いていることも確かなのですが、他方では、経済成長による豊かな社会化に伴う利害の多様な分化、そして政党が圧力団体と結びついてこれらの多様な利益を媒介し反映することに専念するという圧力民主主義の出現、さらに、青年層が豊かな社会の中でモラトリアム(社会的責任免除)の期間を延長し脱政治化してゆくという西欧民主主義諸国に共通な要因がそこに働いていることも確かだと思われます。

実際、これらの要因が働いた結果、西欧民主主義諸国にも多党化の傾向はあらわれてきた。フランスやイタリアは以前からそうですし、二大政党の祖国といわれてきたイギリスにおいてさえ、得票率でいえば自由党が進出して現実には三党分立であるわけです。また、ベルギーなどにおいては、最近の表現によれば連合的民主主義(consociational democracy)などといわれるように連立政権が常識化している。

小党が分立することは、さっきのダールさんの表現に従えば、国民の選択の幅が増し参加の程度が深まるという意味で民主化の進展ともいえるわけですが、他方では、政権が上層部の連立工作で維持されてすっきりと反対党にゆかないという結果をも生みやすい。また、政治が不安定になり、その結果、強権政治を待望するという空気も生まれる。先進諸国のポリアーキーが現在置かれているこの問題状況について、ダールさんはどのようにお考えですか。

二大政党制は民主主義の条件ではない

ダール　難しい問題ですね。先進諸国において確かに新しい変化が起きつつあると思いますが、このパターンを十分に理解するには、数十年の幅が必要なのではないでしょうか。しかし、多党制の存在自体は必ずしも悪いことではないし、社会にとって不利益であるとはかぎらない。西欧のもっとも先進的な国々で多党制を持続している国もあり、たとえばスカンディナヴィア諸国では多党制の下で専門的知的能力を集中した大きな社会的変革を実現してきているわけですね。

英米における政治学者や理論家たちは、二大政党制の重要さということを少なくとも二つの点で誤解してきたと思います。第一に、彼らはその利点、そして多党制の欠点を誇張して考えてきた。第二に、二大政党制の可能性についてやはり誇張して考えてきた。二大政党制というのは実際には例外的にしか存在しないものなのですね。高畠さんが指摘されたようにイギリスでさえこの二、三〇年間、二大政党制だったといえるかどうか疑わしい。したがって、これまでの英米の理論家が強調してきたように二大政党制を現代の民主主義の条件とする必要はないというのが私の考えです。

しかし、二大政党制か多党制かという問題を離れていえば、現代のポリアーキー諸国において起こっている政党政治全体についての変化に着目することは、きわめて重要だと思います。アメリカをはじめ多くの西欧諸国において、特定の政党に執着をもたなくなった脱政党層の割合は増大してきている。そこから多くの問題が生まれつつある。

その中で最も重要だと思うのは次の点です。政党ということのこれまでの重要な機能の一つは、必要な政策情報についての簡略化のシステムを提供するということでした。一般の市民にとって政策問題について細部にわたるまで詳しく知ることは非常に難しい、いわば不可能であるわけですが、しかし、そういう政策をかかげる政党自体の全体的傾向、右寄りとか左寄りとかの路線について知ることは、そんなに難しいことではない。それは綱領とか演説というようなものからだけではなく、その党の歴史や伝統などからも推しはかることができる。それは、いわば政党のかかげる政策についての要約でもあるわけで、そのことによって市民の政策選択は簡略化されるわけです。

その意味で政党制の評価は二重になりうる。一方で政党は政治における理性的側面を高めるということもできるが、他方において選挙民の選択の仕方において非理性的な側面を生むということもできる。

現代のポリアーキーにおいてこういう矛盾はさらに拡大してあらわれる。一方では市民全体の教育水準は大学進学率などに見られるように着実に上昇しつつあり、それに伴い、市民の政策情報への要求もますます高まりつつある。その半面、情報を簡略化された形で提供する主要な制度の政党の力は弱まりつつあるわけで、それはひとつの矛盾というべきものです。

この矛盾は政党のもつ非理性的な機能に配慮を加えることによって、完全にというわけにはいかないが部分的に解くことはできると思います。それは個人の利益だとか政策判断などというものと直接に関係のない政党への忠誠心、非合理的な愛着というものを強化することによってです。しかし、教育水準が上がり、政策に対する関心が高まると、政党に対するこの非合理的な感情的きずなは、弱まらざるをえない。この意味では、選挙民が脱政党化するということは、政治における理性的な側面が高まったということでもあるわけです。

市民団体は組織的社会の表現だ

ダール　そこで政党に代わるものはないか、あるいは代替とまではいわなくてもそれを補完するものはないかという問題が今日、生まれてくる。何百万もの市民から構成される政治社会で、市民と政府との間にいかなる組織もないという場面は、想像するのもおぞましいもので、まさにトクヴィル（アメリカのデモクラシーを論じたフランスの政治思想家、一八〇五―一八五九）が描いたところの強力な中央政府とバラバラになって感情的に動く大衆で構成される大衆民主政でしかない。この意味で政党のような中間的組織は非常に重要不可欠な役割をはたしてきたわけです。そこで、もし政党への人びとの執着が弱まっているなら、政党に代わって強力な政府と市民の中間的存在としての役割を果たすべき他の集団や組織を現代のポリアーキーでは求めざるをえない。

近い将来について考えると、政党はやはり重要な制度として残ることは確かで、それが消滅するということは当分考えられない。選挙や立法部のコントロールや政策立案などの機能をにないつづける必要があるからです。しかし、同時に、当分の間、ポリアーキーにおいて、さまざまな市民団体の活発な活動がこれまでの政党の機能を補完してゆくだろうことも確かです。それらのうちのあるものは特定の目標や一般的な目的のために持続した組織を形成して活動しつづけるでしょう。たとえば、アメリカにおける環境保護のための市民団体などは、アメリカの政治的風景の恒常的構成部分として存続し活動しつづけると思われます。

他方では、特定の目的のために一定期間だけ連合的に形成され、目的が達成されれば解散されるという市民団体もある。それらはつねに生まれたり解散したりしているわけです。

こういう市民団体の活動は完全に新しいものではなく、ポリアーキーにおいてはある程度までむしろ政治生活の一部だったということができる。しかし、その役割は現代においてますます重要性を増してきた。政党に対する愛着を失った脱政党層の人びとは、自分たちの組織的社会活動を表現する手段として、市民団体にますます参加してゆくと思われるからです。

高畠　かつて一九三〇年代、ファシズムの世界的な進出という背景の下で考えられたように、現代の政党政治が、マスメディアによって操作された非理性的な大衆行動によって閉塞させられるという暗い大衆国家のイメージは、今日、われわれのポリアーキーの直接の未来像としては、ほとんどもはや描かれることはない。そのかぎりで、ポリアーキー諸国は、一方では言論の自由や集会・結社の自由について体験を積み、制度的保障を強化したといえるでしょうし、他方では教育水準の向上や経済的水準の維持についてそれなりの進歩があったということができる。もっとも、そこに手放しの楽観が許されないのはもちろんのことです。しかし、今、ダールさんが指摘された市民団体の活動の活発化も、また、ファシズムと大衆国家化を防ぐ条件のひとつであるわけでしょう。

しかし、今日のポリアーキーにおいて見えてきている他の問題は、専門技術をもった官僚制の機能と権力がとめどもなく肥大し、政党の機能を形骸化するばかりでなく、今、指摘された市民集団の活動に対しても抑圧的に働くという問題です。その意味で、テクノクラシーによるポリアーキーの変質という問題は、それが社会の民主化と合理化を条件として出来上がるものだけに、民主主義への新しい障害だといえる。

とりわけ日本では、昔から官僚機構が統括の安定を保障する究極的なビルトインスタビライザー（制度的安定化装置）として機能してきた伝統があるだけに、この問題は深刻だといえます。実際、六〇年代以降の多党化と政党の機能低下を補償してきたのは、市民活動であると同時に、日本株式会社の中枢として肥大した官僚制だということができる。

一九六〇年代に日本の政党政治が一応の安定を保ったというのは、急激な経済成長と戦後の社会的民主化の中で、政党が地元や圧力団体の利害の中央政府、官僚制への媒介装置としての役割を自らになったためで、そこに生じた圧力と利害の民主主義(プレッシャー・デモクラシー)は、選挙民にはじめて政党政治のご利益を実感させたといえると思うのです。そこに、政党政治の定着の原因があり、また、その頂点に立ち、官僚制と癒着した保守党政権が持続する根拠もあった。その意味では、今日の日本における選挙は、ダールさんがいわれたような政策や政党の選択というよりは、誰がどれだけ地元や支援団体にどれだけの利益をもたらすかという次元で行われているといって言いすぎではない。そこに、高級官僚が出世の頂点として代議士になり、政党が官僚制をコントロールするのではなく、その上部機構に転化するというシステムが生まれ、それと同時に選挙の腐敗が進行し、また、青年層が選挙に無関心になってソッポを向くという現象も生まれるわけですね。

こういう状況の中では、今日、政党レベルで争われている保守と革新という対立は、表面的なものにとどまらざるをえないという側面が、わが国ではある。保守と革新というラベルによる選択は、必ずしもダールさんのいわれるような政策群の対立の有効な箇略化された選択として働かないのです。

保守ということは官僚制・財界と密接した統治体制につながるということであり、革新ということは、労働組合や宗教団体の利害につながるということである。そして、官僚制につながらない野党には政策形成の能力がなく、公明党が昨年（一九七六年）、共産党がこの七月、はじめて数字的根拠のある政策集を出したが、野党第一党たる社会党は、そういう努力を放棄しているということに象徴されるように、圧力団体たることに甘んじて次の政権をになう野党としての役割をはたそうとしていない。

このように見てくると、日本のポリアーキーにおける六〇年代以降の政党政治の発展は、またそれ自体、新しい病理をふくんでいたといえるのではないかと私は考えるのです。

政党以外の組織の権力化は危険な道

ダール　私は日本についての専門家でないので、具体的なことはあまり申し上げられませんが、確かに、日本がひとつの政治的ジレンマの中にあるという感じがあります。それはたんにポリアーキー諸国にとどまるものでない問題で、真正面から取り組み、徹底した解決を要求しているものです。このジレンマのひとつは、個別的利益に対して一般的利益を明らかにしそれを担う制度をどのようにして決めるかという問題です。どのような集団や組織でも、ひとたびそれに公共的利益をになうものとしての権威をあたえたとき、つまり統治の権力をあたえたとき、それが支配集団としての自己の個別的利益を公共的利益だと称しないという保証はない。日本の問題の解決の具体案が何であれ、私はその前提として、この問題、ジレンマが一般に正面から議論されなければならないと思う。政党政治が個別的利害に流れるという欠点をただそうとして、政党以外の第三者集団や組織を公共的利益の担い手として定めるというのは、破滅的な結果をもたらすでしょう。

一般的にいって、この問題の適切な解決の方向は、中央官僚機構、政府の外部に新しい制度を発展させることにあると思われます。そういう制度が技術的にも価値的にも、現在の政策に代わる政策を形成し提案できるということが大事なのです。その制度のあり方は国によって違いうる。ある国では、たとえばアメリカのように立法部自体がそれにあたりうるでしょうし、また、政党そのものが研究調査活動を強化して政策形成、提案を行うということももちろんある。さらに、たとえばジョン・ガードナーの率いる

「コモン・コーズ」(アメリカの市民組織、『コモン・コーズ』加藤幹雄・国弘正雄訳、サイマル出版会、一九七七年、参照)のように、市民団体がこの機能をになうということもできる。また、これらのすべてでもよいし、また何か別な新しい組織でもよい。重要なことは、政策の形成提案者がそれを実行する権限を同時にもたないということで、また常時、世論の批判をあびるということなのです。日本でどのような形がもっとも適切かをいうことはできませんが……。

現代のポリアーキーの下でのいかなる制度も、政策形成に関する高度の技術的能力を備えないかぎり、実効ある制度として生き残ることはできないと私は思います。政党も、自身で研究調査し、資料を集め分析して政策を形成する能力がなければ形骸化するし、立法府も適切な政策決定を行い、それを市民に理解してもらう手段と能力に欠けていれば生き残ることができない。それは必然的に、能力のある中央官僚機構の下風《かふう》に立たざるをえないでしょう。ポリアーキーにとって他の道は残されていないのです。

高畠　そういう能力をどのようにして備えてゆくかというのが、日本の現在の問題であるわけです。ところで、今、ダールさんはコモン・コーズの例を引き、また先ほど脱政党化現象についてふれられていたのですが、日本とアメリカでは同じ市民参加や脱政党化現象といっても、かなり内容がちがう。日本ではそもそも政党への市民参加ということがなかったわけで、日本の政党は、共産党をのぞけば、一般の市民党員というものをほとんどもっていない。党大会や候補者の選挙活動に自発的に加わるという慣習もない。政党もまた、政策決定や役員・候補者の人事などはひとにぎりの幹部や代議員だけで決定して不思議に思っていない。こういう体質の下では、市民参加の運動も一般に政党の外に、それぞれの小さな組織やサークルをつくるということに終わって、自ら候補者や政策をつくって選挙や投票に問うということはほとんどないわけです。

しかし、こういう現実も次第に変わりつつある。その端緒は、日本では六〇年代半ばからの地方自治の革新と住民自治の運動だと思います。その結果、地方政治においてさまざまな住民団体が大きな発言権をもつようになり、また、地方政治が中央政治から相対的に自立しようという分権化の動きも起こってきた。これらの現象は、しかし、やはり世界の先進諸国において「地方政治のルネサンス」とよばれる動きと軌を一にしているわけですね。したがって、力を失墜しているのは政党ばかりではない。市民参加、住民参加の波の高まりの中で、中央政府があるいは行政全体が、肥大化した権限と機構とはウラハラに、統治能力の減退を嘆き、フラストレーションのかたまりになるという現象が起こってきているわけです。この意味で、ポリアーキーにおける市民の政治参加の高まりは、ポリアーキーが民主化の進展とともに高次の段階へ移るはじまりなのか、それとも、新たなる混乱のはじまりなのか、確固たる展望に欠けているように思われる。

地方分権の政治体制には活力がある

ダール　高畠さんにこの点についてふれていただいてうれしいんですが、先ほど私は、現代の政治のジレンマのうちの一つについて述べました。もうひとつ、私が考えていたジレンマは、中央集権と地方分権とのジレンマだったのです。中央集権化によって、中央政府のリーダーや官僚は、いわば自動的に自分たちの決定が国家全体に対して合理的であり、公共的利益に即しているとすることができる。しかし、経験的にいえば、高度の中央集権というものは、極端に政策作成者たちの視野を狭くさせると同時に、システム全体の負担過重をもたらし、また、政策決定から遠く離れた市民全体の疎外感を増大させる結果をもたらします。

他方、地方分権ということは、国内の秩序をバラバラにし素人っぽくてあまり魅力ある政治を生まないように思われる。しかし、地方分権の政治体制は、それなりに活力に満ちているものです。政策決定のレベルを地方にまで下ろせば、多くの市民が参加でき、その意味で地方の実情に適した賢明な政策決定を行う可能性が生まれる。市民参加ということがほんとに生きるのは地方政治においてですし、一世紀半前にJ・S・ミル（イギリスの思想家、一八〇六―一八七三）が指摘したように、地方政治は自治の技術を備えるために市民を訓練する唯一の場であって、それに代わるものは存在しないのです。

地方分権のルネサンスが広がるかどうかについては、いろいろな展望がありうるでしょう。しかし、私の考えによれば、地方分権をふくまないポリアーキーは、民主主義の名に値しない。社会主義体制が民主化されるためには地方分権化が必要ですし、中央集権的社会主義は、民主主義でありえないでしょう。資本主義的先進諸国においても、民主化のためには地方分権を制度化する必要があります。

地方分権は必ずしも地域的なものだけではない。地方政府や地方自治だけがその形ではない。西ヨーロッパでは産業民主主義と産業の中での労働者の参加の運動は、もっとも重要な最近の変化のひとつです。それは部分的には、民主主義とは個々の日常生活における習慣において意味をもつという認識がゆきわたりつつあることの結果でもある。したがって、職場と地域という、現代社会において自分たちが生活しつつある二つの現場における民主主義の実現が大切であるということになるわけです。

高畠　現代社会におけるポリアーキーは、このように新たな民主化の要求に応えて、より高次の水準におけるさまざまな制度を案出してゆかなければならない。他方、現代の諸国とりわけ先進諸国は、七〇年代において新たな社会的・経済的環境の変化に適応するという難問をかかえている。日本についていえば、高度経済成長が終わった今日、資源問題、環境問題、そして高齢化社会の中で福祉社会を実現するという問題をかかえている。世界についてみても、食糧問題、人口問題、核兵器問題、南北問題、その他あらゆる難問が控えている。これらの難問を効率的に解決するためには、たとえ民主化の程度を低めても中央政府の権限と統制を強化したいという誘惑も今後、ますます強まるでしょう。このジレンマの中で、先進諸国のポリアーキーを民主化へ向かって前進させてゆく鍵はいったいどこにあると考えるべきでしょう。

ダール　その問題に直接答えることにはならないでしょうが、私の考えでは、これからのポリアーキーにおいて、もっとも難しい問題は、中央で決定されるべき事項と地方で決定されるべき事項とをどのように区分するか、そして、それぞれの場における制度をどのように発展させるかということだと思います。これはとても一般的な言い方だと承知していますが、しかし、このうえもなく大切な問題だと考えているのです。そして、先進諸国における高度に教育された人たちのエネルギーは、このような重要な問題を解くのに、十分に役に立つはずだと考えます。これらの国々の知的エネルギーが経済問題を解決するのに貢献したのと同じように、その創造的な能力がこれらの問題に注がれれば、それは必ず解かれるはずだと思います。もちろん、この点における意見の対立を過小評価することはできない。しかし、それが討論されるということこそ、こういう問題が適切な解決へといたる唯一の道筋があるわけです。それは、結局、われわれのポリアーキーがどの程度まで民主化されているかどうかにかかっている。そして、そのことが、次の民主化を達成するための条件にほかならないわけです。

（『朝日ジャーナル』一九七七年一一月二五日号）

訳者あとがき

ポリアーキー（polyarchy）とは何か。それは字義に即していえば、モナーキー（mon(o)-archy——一人支配、君主制）、オリガーキー（olig(o)archy——少数の支配、寡頭制）に対立する〈多数の支配〉という意味であり、著者は別のところ（*Modern Political Analysis*）で、〈民衆による支配〉（popular government）と同義であるといいかえてもいる。それは、今日の一般用語でいえば民主政（democracy）に他ならないのだが、良く知られている通り、このことばには古代都市国家の体験が色濃くしみついており、また、近代においては、ひとつの理念やイデオロギーを示すことばとしてつかわれすぎたので、逆に、近代の歴史的経験としての民主政国家を指示する適切な分析用語がなくなっているという意味で、ダールは、民主政に代えてポリアーキーということばを使っているのである。

ポリアーキーは、したがって現実的な分析概念である。それは、権力に対する組織的、公的な反対の自由と広範な包括的な政治参加という二つの基本的軸で形成された一群の歴史的政治体系を指し示すことばである。その反対の極には、抑圧体制（hegemony）が置かれる。すべての政治体制は、このポリアーキーから抑圧体制へという潜在的な連続体のどこかに位置するというのが、ダールの基本的仮説なのである。この本は、こういう政治体制の位置の分れ目が、どのような条件に由来しているかを分析しようとする実証的な研究であり、同時に、抑圧体制をポリアーキーへと変化させるには、どのような戦略を立てうるかという示唆をふくむ点では、規範的な研究でもあるといえるだろう。

ダールのこのような基本的仮説のたて方と研究方法は、政治学者としての彼の特質と深くかかわっている。

彼はどちらかといえば『議会と外交政策』（一九五〇年）という伝統的な分野における政治学者として出発した。しかし、一九五〇年代の行動主義革命の嵐の中で、ダールはふたたび大学院に学んで数学的・統計学的分析技法を身につけた。しかし、彼の関心と才能は、行動主義の中に自身を埋没させるのではなく、逆にそれを、政治学の伝統的、しかし、最も本質的な諸問題と取り組む新たな武器とさせたといえる。これまでの民主主義の諸理論を、公理・定義・命題の仮説の束として整理して、それぞれ異なる三つの民主主義の体系を明らかにした *A Preface to Democratic Theory*, 1956（『民主主義理論の基礎』内山秀夫訳、未来社、一九七〇年)は、この意味でいわば彼の出世作である。その中で彼ははじめて、ポリアーキーという概念を提出している。

次いで彼は、行動主義的政治学の中心概念である権力の理論の分析に向かい、それを数学的に確率の概念を用いて定義しながら、権力が単一の実体ではなく、範囲や対象などによってその効果が変わるひとつの関係でしかないことを押し出した。このテーゼは、フルブライトなどアメリカ上院議員の権力の量の測定に応用され、今日まで深い影響力をもっている("The Concept of Power", *Behavioral Science*, 1957)。さらに、彼はその理論を、自分が住んでいるニューヘブン市における権力構造の分析に応用する。ウィルソン財団賞をえたこの『誰が統治するか』(*Who Governs?*, 1961, 邦訳は『統治するのはだれか』河村望・高橋和宏監訳、行人社、一九八八年)は、したがって〈現代民主政〉と〈政治権力〉という彼の年来の二つのテーマが重なった実証研究であるが、この中で彼は、ニューヘブン市を典型とするアメリカ東部の現代地方政治が、その実態において、多元的な人種集団などによって、それぞれ限られた範囲、限定された程度で権力を分有するように変化し発展してきていることを打ち出したのである。

これは、F・ハンターやC・W・ミルズらの新旧左翼による、アメリカを支配する単一的な階級構造やパワー・エリートの存在のテーゼとはげしく対立するものだった。ダールの政治学者としての声望がたかまるにつれ、彼が「多元的民主主義」というイデオロギーの唱道者であるという批判がきびしくなったのも当然といえよう。ベトナム戦争中に、アメリカ政治学界の中で生まれたNew Politics派など新左翼系の政治学者たちは、その攻撃主目標の一人にダールをえらんで、はげしく攻撃している。

しかし、このようなイデオロギー的対立の渦にまきこまれるのは、必ずしもダールの意図ではない。この書の中でも彼が繰り返し明らかにしているように、彼はベトナム戦争の最中、アメリカ政府の政策のきびしい批判者であり、また、市民の平和運動の理解者でありつづけた。付録〔本書では割愛〕で記されているように、アメリカ政府が〈民主主義擁護〉の名において無際限に繰りひろげている対外援助についても、きびしく批判しつづけている。また、ポリアーキーと相対的に位置づけられたアメリカや日本をふくむ諸国の政治体制について、まるごと容認し擁護しているわけでも決してない。それが、つねにさまざまな問題を抱え、したがって、理想としての民主主義からすれば永遠に未完成であることは、彼があらゆる機会に述べている通りである。

しかし、彼が決して譲ろうとしないのは、ポリアーキーあるいは民主主義という政治上の問題が、資本主義や社会主義という経済体制の問題とは独立の問題であり、また、それは制度やイデオロギーあるいは指導者の約束の問題ではなく、事実の問題だということである。それが、資本主義や社会主義という次元とは独立に、完全なポリアーキーから完全な抑圧体制まで一つの連続体をなしているという彼の仮説については、すでにふれた。資本主義や社会主義という体制（イデオロギー）とは独立だと考える以上、その決め手となる要因は、それとは独立に、多元的に求められることになる。それは本書では、歴史的発展、社会権力の集中と分散、経済的発達、平等と不平等、下位文化のあり方と政府の能力、政治活動家の信念、外国の支配という七つの要因についての実証的データにもとづく探求となってあらわれている。同時に、彼は、この連続体においてポリアーキーの極に近い体制を支持すること、いいかえれば社会主義的抑圧体制よりは、資本主義的ポリアーキーを、資本主義の下での抑圧体制よりは社会主義の下でのポリアーキーを好むことをはっきりと述べている。この意味で、ダールは実証主義者であるとともに方法的多元主義者であり、また、もっともラジカルな自由民主主義者であるということができるだろう。

こういうダールの方法と価値意識は、この本が書かれた一九七一年から一〇年後の今日、ますます重みを増してきているということができるだろう。中国やポーランドの経験は、社会主義諸国の中でも、資本主義諸国と同じく、抑圧体制からポリアーキーへの歴史的発展があり、それをめぐる闘争があることを実証した。そこにおいて、ダールがあげた諸要因、とりわけ、社会的分権、政府の能力、活動家の信念、外国の支配などの問題がいかに決定的な役割をはたしているかは、良く知られている通りである。この意味で、本書は、社会主義革命以降の現代史の展開を、しかも資本主義諸国をふくめて考えるための基礎理論としても、十分役に立つことだろう。

ダールは、本書と前後して、*Political Oppositions in Western Democracies* (ed.), 1966, *After the Revolution?*, 1970, *Size and Democracy*, 1973(『規模とデモクラシー』内山秀夫訳、慶応通信、一九七九年)などの著書を書き、ここで述べられた問題意識をさまざまな側面で発展させ追求している。また、『現代政治分析』(*Modern Political Analysis*, 1963, 1975)は、今のアメリカで最もゆきわたった政治学の教科書である(一九九一年刊の原著第五版、高畠通敏訳が岩波現代文庫に二〇一二年収録)。一九一五年生まれ、一九四六年以来、イエール大学教授。一九七七年一一月、国際文化会館の招きで来日している。本書所収の対談は、その折、行なわれたものである。

最後に私事にわたるが、私が一九六五年から六七年にかけて、イエール大学客員研究員をしていたとき、ゼミナールや私的な機会などで最も教えを受けた一人が、このダールだった。彼と意見がいつも一致するとはかぎらなかったが、しかし、彼の主著の一つをこのような形で日本の読者に紹介できるのは、この上ない欣びである。また、翻訳をかつて立教大学の私のゼミにいた駒沢大学の前田脩氏と共訳できたのも、楽しいことだった。前田氏は、私のゼミで政治学に愛想をつかして英文学の道に進まれたが、この翻訳では昔を思い出して完全な共同作業を進めることができた。ただし、訳文についての最終責任は、元の指導教授の権威でほとんど意見を通させてもらったので、私にあることを明記しておきたい。

また、本書の出版については、三一書房の竹村一氏、友人の川村孝則氏のお世話になった。記して謝意を表したい。

一九八一年五月

高畠通敏

解説

はじめに

宇野重規

ロバート・A・ダールの『ポリアーキー』(一九七一年)を、二〇世紀の政治思想の古典として読むべき時期が来ているのかもしれない。なるほど、ダールといえば、二〇世紀を代表する政治学者の一人であり、政治学に対する彼の貢献を代表するのが「ポリアーキー」の概念である以上、本書が二〇世紀の政治思想の古典であるというのは、ある意味で自明であるように思えるかもしれない。とはいえ、事情はそれほど単純ではない。

一つには、ダールは実証的な政治科学を目指したのであり、政治思想家ではなかった、という反論がありうるからである。たしかにダールは、あるべき民主主義像を規範的に提示したのではない。あくまで現実に存在する政治体制や、その移行について経験的な研究を行うため、理論的枠組みとしてポリアーキーの概念を提示したに過ぎない。そこにあったのは、歴史的に用いられてきた民主主義の概念があまりに多義的であり、論者によって定義が大幅に異なるという問題意識であった。

これに対しダールは、ポリアーキーを定義するにあたって、「自由化(liberalization)」あるいは「公的異議申立て(public contestation)」と、「包括性(inclusiveness)」あるいは「参加(participation)」という明確な二つの基準を示し、それぞれの基準の達成度によってさまざまな国の政治体制を分類しようとした。政府に対する公然たる批判がどれだけ許容されているか、また政治をめぐる競争がどれだけ存在するかを一方の軸とし、選挙に参加し公職につく権利がどれだけの人々に認められているかを他方の軸とすることで、あらゆる政治体制を具体的に位置づけることが、彼の目指したものであった。

とはいえ、それではなぜダールはこの「公的異議申立て」と「参加」という二つの基準を選んだのだろうか。また、この二つの基準は相互にいかなる関係にあるのだろうか。これらの問いを考えたとき、ダールの思考法が、単なる論理的演繹によるものではなく、政治や民主主義をめぐる独自の価値観や歴史観に支えられたものであることが容易に想像されるだろう。

実際、ダールは早くからプラトンの政治思想に惹きつけられつつも、これを拒絶しなければならないと考えたという。「プラトンを拒絶しよう、だが、いかなる根拠に基づいて?」(『ダール、デモクラシーを語る』伊藤武訳、岩波書店、二〇〇六年、三五頁)。真理や徳の持ち主による哲人支配という考え方は、ダールにとって一つの「知的脅威」ですらあった。そこに、同じくプラトンを批判したカール・ポパーの『開かれた社会とその敵』(一九四五年)と通じる視点を見出すことは難しくない。

ジャン=ジャック・ルソーもまた、ダールにとって「実りある対抗関係を持つことのできた著作家の一人」(『ダール、デモクラシーを語る』三八頁)であった。ダールの目に、ルソーは公共善をあたかも実体であるかのように捉え、単にそれを見つけ出せばよいと論じているように映った。また、ルソーの社会契約論の構想から女性が排除されていることも、許しがたいことであった。以下、論じるように、ダールはアメリカの「民主主義」の歴史において、長らく黒人が排除されてきたことに対してきわめて敏感であった。彼にとって、現実にどれだけの人が政治に参加できるかは、死活的に重要な意味を持っていた。このように、ダールの問題意識は、政治思想の歴史に対する独自の理解に支えられたものであり、逆にいえば、彼の政治学を二〇世紀の政治思想のなかに位置づける必要があることになる。

ただし、ダールの『ポリアーキー』を二〇世紀の政治思想の古典とするにあたっては、もう一つ別の躊躇があるかもしれない。というのも、彼の政治的立場を二〇世紀のいかなる政治的潮流と関連づけるべきなのか、けっして自明ではないからである。たしかにダールは人々の政治的平等を重視し、政治をめぐる自由な議論や競争を重視した。さらに後述するように、若い時期には社会主義に対しても一定の共感を示している。だが、その一方で、よく知られているように、ダールの研究のうち、とくに一九六一年の『統治するのはだれか?(*Who Governs?*)』を始めとする著作に対しては、同時代の左派陣営から「保守的」との評も寄せられた。

背景にあったのは、ダールとライト・ミルズとの論争である。社会学者のミルズは『パワー・エリート』(一九五六年)において、アメリカ社会の政治・経済・軍事を動かしているのが少数のエリート支配層であると激しく糾弾した。彼によれば、一見したところ、自由で平等な大衆社会にみえるアメリカも、現実には確固とした権力のヒエラルキーがあり、それぞれのヒエラルキーの頂点に位置するエリートたちこそが社会を動かしている。このような立場からすれば、自らの住むニューヘブンの町を調査し、地方政府がもっぱら企業によって支配されているという見方を退け、実際の政策決定過程はより複雑で多元的であると結論づけたダールの立場は、いかにも「保守的」であった。

さらに、ダールのいうポリアーキーは、ヨゼフ・シュンペーターのいわゆるエリート民主主義論と親和性を持つことも明らかであった。シュンペーターは、人民には自ら政策決定にかかわる能力はないが、政策決定を行う政治家を、選挙を通じて選ぶ能力は持っていると論じた。逆にいえば、民主主義とは、人民が直接政治に参加することではなく、政治家が人民の支持を求めて競争を行う政治体制を意味することになる。このような考え方に対してダールが全面的に賛成したわけではないが、政治家の間の競争を重視するという意味では、たしかに一脈通じるところがあった。この点からも、ダールは「エリート主義者」との批判を受けることになったのである。

とはいえ、これまで論じてきたことからも明らかなように、彼を単純に「保守的」な「エリート主義者」と規定してしまえば、彼の思考の重要な部分を取りこぼすことになりかねない。ダールは、幅広い政治参加の重要性を論じ続けた政治学者であり、ポリアーキーを論じたのも、現実の政治体制を理想の民主主義の視点から批判的に位置づけるためであった。これらのことを考えると、ダールがなぜ政治家の競争が保障される政治体制を重視したのか、また彼がいかなる思いをポリアーキーの概念に託したかについて、さらに踏み込んだ検討を行うことが不可欠である。

そこで、まず彼の生涯を簡単に振り返り、次にポリアーキー概念の内実を探り、その上で、ポリアーキーへの移行がいかなる社会的条件と関係を持つのかについて検討していきたい。

一　生　涯

ダールは、一九一五年にアイオワ州のインウッドという小さな農村に生まれた。医師であった父親の仕事の関係で、大学に入るまでの青年期をアラスカで過ごしている。父方の両親は、ノルウェーからノース・ダコタ州に移民してきた農民であったという。このような履歴からもわかるように、ダールの出発点は大都市ではなく、アメリカ中西部の農村地帯にあった。その意味で、ダールが後に規模と民主主義の関係に対して強い関心を持ったことは、きわめて興味深い。すなわち、彼にとって最初に身近であったのが小さなコミュニティであったのに対し、やがて彼はより大規模な社会における意志決定を探究するようになったのである。民主主義は、その規模によって大きく左右されるのであり、そのような基礎的条件抜きにけっして民主主義を論じることはできない。このような彼の確信は、その出発点とけっして無縁ではないように思われる。

またダールは、農村における労働の実態、ネイティブ・アメリカンに対する差別などについて、知識というより、実体験を通じて学んでいった。このことはその後のダールの労働組合への関与や、女性や黒人に対する差別の告発へとつながっていったはずである。現実に多くの人々を排除しながら、民主主義を唱えることの欺瞞に、ダールはきわめて敏感であった。

ダールは一九三六年にシアトルのワシントン大学を卒業し、その後イエール大学で学び、一九四〇年に博士号を取得した。農務省に勤務した後、第二次世界大戦では、ヨーロッパ戦線で兵役を経験している。帰国後の一九四六年以降、イエール大学政治学部で教鞭をとり、一九八六年に退職するまでその任にあり続けた。その間、一九六六年から六七年にかけてアメリカ政治学会の会長をつとめるなど、アメリカを代表する政治学者として広く認められるに至った。

若き日のダールの政治思想を考える上で、注目すべきはポピュリズムとのかかわりである。アメリカ史の文脈において、ポピュリズムは具体的な政党の活動と結びついている。すなわち、一八九一年に創設された人民党(People's Party)は、アメリカ南部や中西部の貧しい農民の間に支持されて発展した政党であり、政党として長く存続したわけではないが、しばしば二大政党の歴史として語られるアメリカ政治史における重要な例外となっている。この政党は、鉄道やそれを建設する資本家、銀行などのエリートに対する草の根の激しい反発で知られ、その後も、ある種の反エスタブリッシュメントのメンタリティとしてアメリカ社会に影響を残した。

ダールの祖父はこの党の支持者であり、銀行に対して反発とおそれを抱く農民たちの思いと、小さなコミュニティにおける民主主義への好みは、青年時代のダールにも入り込んでいるという(『ダール、デモクラシーを語る』五九―六〇頁)。さらにダールの父は、ウッドロー・ウィルソンとその国際連盟の熱烈な支持者であり、その後もフランクリン・デラノ・ルーズヴェルトを支持し続けた。このような背景を考えると、若き日のダールの政治思想が、ある程度、社会主義とも親和性を持つポピュリズムや、リベラル派とのかかわりが濃かったことがわかる。実際、ダールはイエール大学の二年生のときに社会党員になり、労働者の組織化のために働いている。

とはいえ、ダールの思想に変化がなかったわけではない。イエール大学で博士号を取得した一九四〇年、彼は二つの理由から社会党を離れることになった(『ダール、デモクラシーを語る』六二―六三頁)。一つは国有化に対する反対であった。ダールは自らの研究を進めるなかで、経済の国家所有や官僚による統制に支えられた社会主義を否定するようになる。本書『ポリアーキー』にも明らかなように、ダールは市場経済を高く評価し、市場とポリアーキーとの親和性を肯定する。ただし、社会主義自体を完全に否定したわけではなく、その後もユーゴスラヴィアにおける社会主義市場経済の試みを評価したり、労働者による企業内民主主義の試みにもかかわったりした。二つ目の理由は、アメリカ社会党の孤立主義的傾向である。ダールはナチス・ドイツに対してフランスが降伏した段階で、孤立主義の非を認めるに至ったという。このことは、国際的介入による民主化に対するダールの見方にもつながっており、その影響は本書のなかにも見られる。

ダールとマルクス主義のかかわりも興味深い。ダールは大学時代に、その指導教授であったアルヴィン・ジョンソンの影響の下、マルクス主義の経済思想に親しむようになる。ジョンソンは、ニューヨークのニュー・スクール・フォー・ソーシャル・リサーチの創設者の一人であり、ニュー・スクールはヨーロッパからの多くの亡命知識人を受け入れたことで知られている。ダールは博士論文を準備する過程で多数のマルクス主義文献を読んだというが(『ダール、デモクラシーを語る』三九頁)、その後次第にマルクス主義から離れていく。とくにマルクス主義の国家理論や階級理論があまりに単純であると感じたダールは、国家が相対的に同質的なブルジョアジーによって支配されているという考えを、資本主義が複雑化する前の古い発想であると考えるようになった。このようなダールのマルクス離れは、明らかにすでに言及した『統治するのはだれか?』にもつながっているはずである。

もちろん、このようなダールの若き日の政治思想が、直ちに後年の政治学的研究と結びついているというわけではない。とはいえ、このような思想的出発点が、その後の彼の研究生活に影響を及ぼしていることは明らかである。そこで、このような彼の生涯を念頭に置いた上で、彼のポリアーキーの概念に着目してみたい。

二　ポリアーキーとは何か

ポリアーキーとは何であろうか。この言葉は、一七世紀の思想家ヨハネス・アルトゥジウスに先例があるものの、事実上、ダールによる新たな造語であるといっていい。周知のように、古代ギリシャ語において多数を意味したpolyと、支配を意味したarkheを組み合わせることで、この語は生まれた。最初に本格的に論じられたのは『民主主義理論の基礎(*A Preface to Democratic Theory*)』(一九五六年)においてであり、ダールはこの語を、時間をかけて彫琢していく。

それにしても、なぜこの言葉だったのか。ポリアーキーという語は当然のことながら、王政(monarchy)や寡頭政(oligarchy)を想起させる。「一人の支配」が王政であり、「少数の支配」が寡頭政であるとすれば、「多数の支配」がポリアーキーであるというわけである。後述するように、民主主義という言葉が歴史のなかで理想化されていったとすれば、ポリアーキーの場合、純粋に支配者の数が一人から少数へ、少数から多数へと増えていくという含意が強い。さらにいえば、ポリアーキーは寡頭政と比べると相対的には民主主義に近づいているものの、その違いは程度の違いに過ぎない。本書においても、ダールは「抑圧体制からポリアーキーへの変化が、歴史的必然であると仮定していない」(四七頁)と明言している。ポリアーキーから準ポリアーキー、さらに抑圧体制への退行もまた十分にありうるのである。

すでに述べたように、ダールの出発点となるのは、民主主義概念をめぐる多義性である。とくに、本書所収の対談においても述べているように、民主主義とは善き政治社会の理想とされる一方、一九世紀から二〇世紀にかけて生み出されてきた具体的な政治制度を指しても用いられた(三五五頁)。ダールはこの両者をはっきりと区別しようとする。

ダールは民主主義の重要な特性として、本書のなかでは「市民の要求に対し、政府が政治的に公平に、つねに責任をもって答えること」(八頁)と述べている。ダールは、現実にそのような政治体制が本当に存在したかをとりあえず問わないが、少なくとも一つの理想として役立ってきたということを強調する。ある意味でダールにとっての民主主義の理想は究極の理想であって、完全に実現されることは難しいかもしれないが、現実に存在する政治体制を批判的に検討する際に役立つものであったといえるだろう。

ダールはさらに、民主主義を判断するうえでの基準を五つ指摘している(三五六―三五七頁)。第一は「政治的平等(voting equality)」、第二は「有効な参加(effective participation)」、第三は「啓蒙的理解(enlightened understanding)」、第四は「決定すべき事項についての選択権(control of the agenda)」、そして第五が「包括性(inclusiveness)」である。すべての市民が政治に参加する平等な権利を持ち、自ら決定すべき事項を選択し、決定にあたっては必要な情報を得て、有効に自らの考えを反映させる機会を持っていることが民主主義には不可欠である。とはいえ、以上がすべて完全に実現されることが難しいことはダールも重々承知である。

ダールがまず注目するのは、民主主義の理念と実践が生まれた古代ギリシャと、一九世紀以降に発展した現代のいわゆる民主主義国家とが、根底的に異質なことである。両者の違いはその規模にあり、市民が集会を開いて、直接そこで決定を下した古代ギリシャの民主主義こそが真の民主主義に近づいたとすれば、現代のいわゆる民主主義国家は、民主主義的な要素に、ヒエラルキーを含む民主主義とは異質な要素を組みあわせたものにほかならない。このことを象徴するのが政党の存在である。古代ギリシャでは、分派や徒党は公共の利益に反するものとみなされたが、現代の民主主義国家においては、政党はむしろ代表制を支える根幹的な組織として評価されている。ダールはこの変化を重視し、それをさらに深く分析しようとした。

現代の民主主義国家において、政党や利益集団など、国家から相対的に自律した組織や集団の存在が大きな意味を持ってくるのは不可避の事態である。ダールは、このような組織や集団が多元的に存在することを不可避であるのみならず、必要であると考えた。大きな政治社会において、個人は自らの利益を守るために、組織や集団をつくらざるをえない。このことは古典的な一義的な公共の利益の概念を無効にするが、ダールはこれをむしろ社会がおよそ一元的な権威に服従しているのではないという意味で捉えようとした。もちろん、ただ組織や集団が多元的に存在すればいいというわけではない。そのような組織や集団が人々の支持を求めて自由に競争することが何よりも重要である。その前提として、政治的競争のための制度が整備されると同時に、競争し合う当事者の間に、一定の寛容と妥協の精神がなければならないとダールは考えた。

このように、ダールにとって、ポリアーキーとは、究極的な民主主義の実現ではないものの、さりとてけっして簡単に実現できるような状態でもなかった。本書の翻訳者の一人である高畠通敏がいうように、この概念は「今日的な社会的条件の中で可能な民主主義的制度をつねに工夫し創造してゆこうという問題意識」(三五九―三六〇頁)と密接につながっていたはずである。その意味で、ダールを単純に「エリート主義」、あるいは現状をただ追認した「保守主義者」として評価することは、やはり一面的な理解であるといえよう。

それではダールはなぜ、「公的異議申立て」と「選挙に参加し公職につく権利」をポリアーキーの二つの基準としたのであろうか。このことを考えるには、やはりいまいちど『民主主義理論の基礎』に立ち戻る必要がある。この本のなかでダールは、「マディソン的」、「ポピュリスト的」という二つの民主主義類型を論じている。相互に緊張関係に立つ二つの民主主義の類型を論じることによって、第三の類型であるポリアーキーを提示するのである。

このうち、「マディソン的」民主主義とは、『ザ・フェデラリスト』の著者の一人であり、アメリカ合衆国第四代大統領のジェームズ・マディソンの名に由来する。マディソンは、『ザ・フェデラリスト』のなかで、新しく生まれた共和国において、いかにして党派や派閥による弊害、とくに多数派によって少数派が抑圧されるような事態を回避するかについて考察している。その第一〇篇において彼が示した解答は、政治社会の規模を大きくし、党派や派閥の数や多様性を増やすことによって、一つの集団がすべてを支配することを妨げるというものであった。ダールは、このようなマディソンの議論に対し、重要なのは制度よりも多元的社会の現実であり、さらに一般の市民が指導者をコントロールするという意味で、この構想には不十分さがあることを指摘する。

それでは「ポピュリスト的」民主主義はどうか。たしかに政治的平等と人民主権は、民主主義を支える重要な理念である。そしてこのことは、政治的決定における多数者の支配に行き着く。とはいえ、このような「ポピュリスト的」民主主義に、さまざまな困難が伴うのも事実である。すでに触れた多数派による少数派の抑圧に加え、現実世界において、政治的平等と人民主権の理念を実現する具体的な制度設計の発想に乏しいことも問題であった。

その意味で、「公的異議申立て」の可能性と、「選挙に参加し公職につく権利」を持つ人の割合という二つの基準からなるポリアーキーの概念を提示することで、ダールは民主主義の二つの類型の可能性と問題点を総合し、両者を乗り越えることを目指したといえるだろう。と同時に、それはある意味で、若き日からの彼の理念と、その後の政治学的考察とを彼なりに結びつけた上で、現実の政治体制を評価する基準としてあらためて結晶化したものでもあった。

三　ポリアーキーへの移行とその条件

以上を確認した上で、最後に本書における議論の中心をなす、ポリアーキーが実現するための具体的な諸条件の検討について触れておきたい。詳しくは、本書におけるダールの含意に富んだ分析を読んでいただきたいが、少なくとも以下の諸点を確認しておくべきだろう。

(1) ポリアーキーへの移行

すでに繰り返し述べたように、ポリアーキーは二つの軸からなるが、両者を組み合わせることで、四つの政治体制を区別することができる。ポリアーキーの二つの条件をともにみたすのがポリアーキーであるとすれば、両者ともに貧弱なのが閉鎖的抑圧体制である。これに対し、両者のうちの一方だけを実現した政治体制が存在し、自由化(公的異議申し立て)は進んだが包括性(選挙に参加し公職につく権利)が低いのが競争的寡頭体制、逆に包括性は定着したが自由化は認められていないのが包括的抑圧体制である。

歴史を振り返れば、閉鎖的抑圧体制からポリアーキーに移行するにあたって、まずは競争的寡頭体制に向かった典型がイギリスであったとすれば、包括的抑圧体制に向かった例としてはかつてのドイツがある。イギリスではまず競争的な政治のルールが確立してから大衆の政治参加が実現したのに対し、ドイツでは包括化が競争的政治のルールが確立するに先立って進んだのである。もちろん、二つの軸を同時に実現しようとした革命期のフランスのような例がないわけではないが、それには多大な困難がつきまとう。ダールは第一の道(先に競争的寡頭体制に移行する道)が、第二の道に比べより容易であるとするが、すでに存在する抑圧体制のほとんどがすでに包括的になっている今日では、それも難しいとする。

(2) 社会経済的条件

社会経済的な発展とポリアーキーとの間には関連性がある。一国が社会的経済的に発展すればするほど、その国の政治が競争的になる可能性も高まる。所得水準が高まり、高等教育が普及し、さらにマスコミュニケーションが発達することは、明らかにポリアーキーの条件を整備することになるからである。とはいえ、興味深いことにダールは、両者の関連性には例外があるとも指摘している。社会経済的発展段階が高い国が必ずしもポリアーキーであるとは限らないし、社会経済的には低い発展段階にある国においてポリアーキーへの移行が生じることもある。社会経済的条件と政治的発展との関係性について、ダールの分析はきわめて慎重である。

ダールにとってより重要なのは、すでに触れたように、多元的社会の存在であった。

例えば伝統的農夫社会(traditional peasant society)においては、土地所有を基礎に、収入、社会的地位、知識、権力が連動する。そのような社会では、どうしても閉鎖的抑圧体制が存続しやすい。これに対し、自由農民社会(free farmer society)では、一つの資源を持つことが他の資源を持つことを保障せず、したがって不平等が固定化しにくい。関連して、農業社会よりも、商業的・工業的社会の方が競争的政治に向かいやすいが、その一方でダールは、イタリア、ドイツなどを例に、私的所有が必ずしもポリアーキーの保障にはならないことの指摘も忘れない。

(3) 社会の分極化と政治文化

ダールにとって社会が多元的であることはきわめて重要であるが、かといって多様な集団が相互に敵対して、社会に亀裂、さらには分裂を生み出すようでは、元も子もない。社会の多元性を維持しつつ、その一体性と統合を実現することがポリアーキーの課題になる。ダールは古典的な階級対立はもちろん、とくに民族や宗教、言語などの多元性に着目する。これらは人々のアイデンティティや忠誠心と結びつくだけに、その亀裂の拡大は深刻である。とはいえ、この点についてもダールの分析はきわめて繊細かつ柔軟である。例えばベルギーのような国は、地域に根ざす複数の下位文化をもつが、それを乗り越えて協力するという欲求がその成員、とくに集団の指導者の間で共有されている。インドにおいても極端な多元性が見られるが、このことは妥協と連合形成の技術に結びつき、むしろポリアーキーを支える力となっている。文化的多元性は、必ずしも政治的統合を妨げるとは限らないのである。

人々が持つ信念が重要な政治的意味を持つと考えたダールは、政治文化とポリアーキーとの関係にも着目する。興味深いことにダールは、現実のポリアーキーには、社会経済的条件だけでは説明できない事例があることを認める。例えば、ポリアーキーの正統性への信念が国民の間にどれだけ定着しているかは、ポリアーキーの存続にとって重要な要因である。一例として取り上げられるアルゼンチンでは、ヨーロッパの民主的諸国家と同じような発展をたどりながら、ポリアーキーの正統性への信念が定着せず、危機に際して独裁へと向かう経験を繰り返した。政府の能力への期待、自らの政治制度への誇りもまた、重要な意味を持つ。社会に存在する相互信頼や協調能力にも、ダールは着目した。ちなみに、ダールは自己利益の概念についても、興味深い指摘をしている。彼によれば、自己利益というだけでは、何も説明できないという。なぜなら、何を自らの利益と見なすかは、その人の認識的な信念に左右されるからである。このようにダールは、信念や政治文化にかなり大きな比重を置いていることがわかる。

結びに代えて

最後に結びに代えて、現代日本の読者にとっての本書の意義を考えてみたい。

言うまでもなく、日本社会がダールのいうポリアーキーをどれだけ実現しているかは、あらためて問い直してみるべき主題である。政治的な平等や自由な政治批判は、すでに遥か昔に実現したことであり、あらためて問うまでもないと、はたして私たちは言い切れるだろうか。政治から実質的に排除された人々はいないか。はたして私たちは有効に政治をめぐる情報を得て、自分たち自身で政治的な課題を設定しているだろうか。一つひとつ吟味してみると、実をいうと必ずしも安閑としていられないことに気づくのではなかろうか。

政治的な競争の有無も、興味深い論点である。長らく自民党の一党優位体制の続いた日本であるが、二〇〇九年における政権交代の以後も、必ずしも政治的競争をめぐるルールや慣行が確立したとはいえない状況である。ダールが強調したように、政党間で有権者の支持を得るべく有効な競争がなされない限り、ポリアーキーが実現したとは認められない。個々の政権や政党のパフォーマンスだけではなく、制度や仕組みとしての政治的競争の質を高めていく必要があることは間違いないだろう。

ちなみに、本書において、日本の事例が少なからず出てくるが、その一つは、敗戦と占領によって民主化が進んだ国の事例としてである。ダールは、抑圧体制からポリアーキーへの急激な移行は難しいし、とくに占領による場合、正統性の危機が起こりやすいとしながらも、そのような困難な条件から安定したポリアーキーが発展することがないわけではないと論じる。とくに日本のように、過去にある程度の競争的な政治を経験した国の場合、独裁的権力が崩壊することで、ポリアーキー化が一気に進むこともありえる。ちなみに、本書には外国占領をめぐる一章(第九章)もあり、ダールがいわば「外から」の民主化に、ある程度の関心を持っていることがわかるだろう。日本の過去を振り返り、その民主化の起源と現状を振り返る上で、本書は貴重な示唆を多く与えてくれるだろう。

解説の冒頭で触れたように、本書は二〇世紀の政治学を代表する研究であると同時に、現代において可能な民主主義についてのダールの根源的な考察の書である。そこには二〇世紀に出現した多様な政治体制に対する洞察とともに、政治における競争と平等に対するダールの深い思いが込められている。『ポリアーキー』が、「民主主義の世紀」としての二〇世紀を代表する古典であることを信じて疑わない。

ポリアーキー　ロバート・A. ダール著

2014 年 10 月 16 日　第 1 刷発行
2023 年 3 月 15 日　第 2 刷発行

訳　者　高畠《たかばた》通敏《けみちとし》　前田《まえだ》　脩《おさむ》

発行者　坂本政謙

発行所　株式会社 岩波書店
〒101-8002 東京都千代田区一ツ橋 2-5-5
案内 03-5210-4000　営業部 03-5210-4111
文庫編集部 03-5210-4051
https://www.iwanami.co.jp/

印刷・精興社　製本・松岳社

ISBN 978-4-00-340291-7　　Printed in Japan

読書子に寄す

——岩波文庫発刊に際して——

岩波茂雄

真理は万人によって求められることを自ら欲し、芸術は万人によって愛されることを自ら望む。かつては民を愚昧ならしめるために学芸が最も狭き堂宇に閉鎖されたことがあった。今や知識と美とを特権階級の独占より奪い返すことはつねに進取的なる民衆の切実なる要求である。岩波文庫はこの要求に応じそれに励まされて生まれた。それは生命ある不朽の書を少数者の書斎と研究室とより解放して街頭にくまなく立たしめ民衆に伍せしめるであろう。近時大量生産予約出版の流行を見る。その広告宣伝の狂態はしばらくおくも、後代にのこすと誇称する全集がその編集に万全の用意をなしたるか。千古の典籍の翻訳企図に敬虔の態度を欠かざりしか。さらに分売を許さず読者を繫縛して数十冊を強うるがごとき、はたしてその揚言する学芸解放のゆえんなりや。吾人は天下の名士の声に和してこれを推挙するに躊躇するものである。このときにあたって、岩波書店は自己の責務のいよいよ重大なるを思い、従来の方針の徹底を期するため、すでに十数年以前より志して来た計画を慎重審議この際断然実行することにした。吾人は範をかのレクラム文庫にとり、古今東西にわたって文芸・哲学・社会科学・自然科学等種類のいかんを問わず、いやしくも万人の必読すべき真に古典的価値ある書をきわめて簡易なる形式において逐次刊行し、あらゆる人間に須要なる生活向上の資料、生活批判の原理を提供せんと欲する。この文庫は予約出版の方法を排したるがゆえに、読者は自己の欲する時に自己の欲する書物を各個に自由に選択することができる。携帯に便にして価格の低きを最主とするがゆえに、外観を顧みざるも内容に至っては厳選最も力を尽くし、従来の岩波出版物の特色をますます発揮せしめようとする。この計画たるや世間の一時の投機的なるものと異なり、永遠の事業として吾人は微力を傾倒し、あらゆる犠牲を忍んで今後永久に継続発展せしめ、もって文庫の使命を遺憾なく果たさしめることを期する。芸術を愛し知識を求むる士の自ら進んでこの挙に参加し、希望と忠言とを寄せられることは吾人の熱望するところである。その性質上経済的には最も困難多きこの事業にあえて当たらんとする吾人の志を諒として、その達成のため世の読書子とのうるわしき共同を期待する。

昭和二年七月

《東洋思想》〔青〕

- 易経 全二冊　高田真治・後藤基巳 訳
- 論語　金谷治 訳注
- 孔子家語　藤原正 校訳
- 孟子 全二冊　小林勝人 訳注
- 老子　蜂屋邦夫 訳注
- 荘子 全四冊　金谷治 訳注
- 新訂 孫子　金谷治 訳注
- 荀子 全二冊　金谷治 訳注
- 韓非子 全四冊　金谷治 訳注
- 史記列伝 全五冊　司馬遷／小川環樹・今鷹真・福島吉彦 訳
- 春秋左氏伝 全三冊　小倉芳彦 訳
- 塩鉄論　曾我部静雄 訳註
- 千字文　小川環樹・木田章義 注解
- 大学・中庸　金谷治 訳注
- 仁学 —清末の社会変革論　譚嗣同／西順蔵・坂元ひろ子 訳注
- 章炳麟集 —清末の民族革命思想　西順蔵・近藤邦康 編訳
- 梁啓超文集　岡本隆司・石川禎浩・高嶋航 編訳
- マヌの法典　田辺繁子 訳
- ガンディー獄中からの手紙　森本達雄 訳
- ウパデーシャ・サーハスリー —真実の自己の探求　シャンカラ／前田専学 訳

《仏教》〔青〕

- ブッダのことば —スッタニパータ　中村元 訳
- ブッダの真理のことば 感興のことば　中村元 訳
- 般若心経・金剛般若経　中村元・紀野一義 訳註
- 法華経 全三冊　坂本幸男・岩本裕 訳注
- 日蓮文集　兜木正亨 校注
- 浄土三部経 全二冊　中村元・早島鏡正・紀野一義 訳註
- 大乗起信論　宇井伯寿・高崎直道 訳注
- 臨済録　入矢義高 訳注
- 碧巌録 全三冊　入矢義高・溝口雄三・末木文美士・伊藤文生 訳注
- 無門関　西村恵信 訳注
- 法華義疏 全二冊　聖徳太子／花山信勝 校訳
- 往生要集 全二冊　源信／石田瑞麿 訳注
- 教行信証　親鸞／金子大栄 校訂
- 歎異抄　金子大栄 校注
- 正法眼蔵 全四冊　道元／水野弥穂子 校注
- 正法眼蔵随聞記　懐奘 編／和辻哲郎 校訂
- 道元禅師清規　大久保道舟 訳注
- 一遍上人語録 —付 播州法語集　大橋俊雄 校注
- 一遍聖絵　聖戒 編／大橋俊雄 校注
- 南無阿弥陀仏 —付 心偈　柳宗悦
- 蓮如文集　蓮如／笠原一男 校注
- 蓮如上人御一代聞書　稲葉昌丸 校訂
- 日本的霊性　鈴木大拙／篠田英雄 校訂
- 新編 東洋的な見方　鈴木大拙／上田閑照 編
- 禅堂生活　鈴木大拙／横川顕正 訳
- 大乗仏教概論　鈴木大拙／佐々木閑 訳
- 浄土系思想論　鈴木大拙
- 神秘主義 キリスト教と仏教　鈴木大拙／坂東性純・清水守拙 訳
- 禅の思想　鈴木大拙

ブッダ最後の旅 —大パリニッバーナ経 中村元訳
仏弟子の告白 —テーラガーター— 中村元訳
尼僧の告白 —テーリーガーター— 中村元訳
ブッダ神々との対話 —サンユッタ・ニカーヤI 中村元訳
ブッダ悪魔との対話 —サンユッタ・ニカーヤII 中村元訳
禅林句集 足立大進校注
ブッダが説いたこと ワールポラ・ラーフラ 今枝由郎訳
ブータンの瘋狂聖 ドゥクパ・クンレー伝 ゲンドゥン・リンチェン編 今枝由郎訳
梵文和訳 華厳経入法界品 梶山雄一・丹治昭義・津田真一・田村智淳・桂紹隆 訳注

《音楽・美術》〔青〕

ベートーヴェンの生涯 ロマン・ロラン 片山敏彦訳
音楽と音楽家 シューマン 吉田秀和訳
モーツァルトの手紙 —その生涯のロマン 全二冊 柴田治三郎編訳
レオナルド・ダ・ヴィンチの手記 全二冊 杉浦明平訳
ゴッホの手紙 全三冊 硲伊之助訳
ロダンの言葉抄 高村光太郎訳 高田博厚・菊池一雄編
ビゴー日本素描集 清水勲編

ワーグマン日本素描集 清水勲編
河鍋暁斎戯画集 山口静一・及川茂編
葛飾北斎伝 飯島虚心 鈴木重三校注
ヨーロッパのキリスト教美術 —十二世紀から十八世紀まで 全二冊 エミール・マール 柳宗玄・荒木成子訳
近代日本漫画百選 清水勲編
ドーミエ諷刺画の世界 喜安朗編
デューラー 自伝と書簡 前川誠郎訳
蛇儀礼 ヴァールブルク 三島憲一訳
セザンヌ ガスケ 與謝野文子訳
迷宮としての世界 —マニエリスム美術 全二冊 グスタフ・ルネ・ホッケ 種村季弘・矢川澄子訳
日本洋画の曙光 平福百穂
映画とは何か 全二冊 アンドレ・バザン 野崎歓・大原宣久・谷本道昭訳
漫画 坊っちゃん 近藤浩一路
漫画 吾輩は猫である 近藤浩一路
ロバート・キャパ写真集 ICPロバート・キャパ・アーカイブ編
北斎 富嶽三十六景 日野原健司編
日本漫画史 —鳥獣戯画から岡本一平まで 細木原青起

世紀末ウィーン文化評論集 ヘルマン・バール 西村雅樹編訳
ゴヤの手紙 全二冊 大高保二郎・松原典子編訳
丹下健三建築論集 豊川斎赫編
丹下健三都市論集 豊川斎赫編

《歴史・地理》〔青〕

新訂 魏志倭人伝・後漢書倭伝・宋書倭国伝・隋書倭国伝 —中国正史日本伝1　石原道博編訳
ヘロドトス 歴史 全三冊　松平千秋訳
トゥーキュディデース 戦史 全三冊　久保正彰訳
ガリア戦記　カエサル 近山金次訳
タキトゥス ゲルマーニア　泉井久之助訳註
タキトゥス 年代記 —ティベリウス帝からネロ帝へ 全二冊　国原吉之助訳
ランケ 世界史概観 —近世史の諸時代　鈴木成高・相原信作訳
ランケ自伝　林健太郎訳
歴史とは何ぞや　ベルンハイム 坂口昂・小野鉄二訳
歴史における個人の役割　プレハーノフ 木原正雄訳
古代への情熱 —シュリーマン自伝　シュリーマン 村田数之亮訳
大君の都 —幕末日本滞在記 全三冊　オールコック 山口光朔訳
アーネスト・サトウ 一外交官の見た明治維新 全二冊　坂田精一訳
ベルツの日記 全二冊　トク・ベルツ編 菅沼竜太郎訳
武家の女性　山川菊栄
インディアスの破壊についての簡潔な報告　ラス・カサス 染田秀藤訳

ラス・カサス インディアス史 全七冊　長南実訳 石原保徳編
コロンブス 全航海の報告　林屋永吉訳
戊辰物語　東京日日新聞社会部編
大森貝塚 —付 関連史料　E・S・モース 近藤義郎・佐原真編訳
ナポレオン言行録　オクターヴ・オブリ編 大塚幸男訳
中世的世界の形成　石母田正
日本の古代国家　石母田正
クリオの顔 —歴史随想集　E・H・ノーマン 大窪愿二編訳
日本における近代国家の成立　E・H・ノーマン 大窪愿二訳
旧事諮問録 —江戸幕府役人の証言 全二冊　旧事諮問会編 進士慶幹校注
朝鮮・琉球航海記 —一八一六年アマースト使節団とともに　ベイジル・ホール 春名徹訳
ローマ皇帝伝 全二冊　スエトニウス 国原吉之助訳
アリランの歌 —ある朝鮮人革命家の生涯　ニム・ウェールズ キム・サン 松平いを子訳
ヒュースケン日本日記 —1855〜61　青木枝朗訳
さまよえる湖 全二冊　ヘディン 福田宏年訳
老松堂日本行録 —朝鮮使節の見た中世日本　宋希璟 村井章介校注
十八世紀パリ生活誌 —タブロー・ド・パリ 全二冊　メルシエ 原宏編訳

北槎聞略 —大黒屋光太夫ロシア漂流記　桂川甫周 亀井高孝校訂
ヨーロッパ文化と日本文化　ルイス・フロイス 岡田章雄訳注
ギリシア案内記 全二冊　パウサニアス 馬場恵二訳
西遊草　清河八郎 小山松勝一郎校注
オデュッセウスの世界　フィンリー 下田立行訳
東京に暮す —一九二八〜一九三六　キャサリン・サンソム 大久保美春訳
ミカド —日本の内なる力　W・E・グリフィス 亀井俊介訳
増補 幕末百話　篠田鉱造
明治百話 全二冊　篠田鉱造
幕末明治 女百話 全二冊　篠田鉱造
トゥバ紀行　メンヒェン＝ヘルフェン 田中克彦訳
徳川時代の宗教　R・N・ベラー 池田昭訳
ある出稼石工の回想　マルタン・ナド 喜安朗訳
植物巡礼 —プラント・ハンターの回想　F・キングドン－ウォード 塚谷裕一訳
モンゴルの歴史と文化　ハイシッヒ 田中克彦訳
ローマ建国史 全三冊(既刊上巻)　リーウィウス 鈴木一州訳
元治夢物語 —幕末同時代史　馬場文英 徳田武校注

フランス・プロテスタントの反乱 ―カミザール戦争の記録　カヴァリエ　二宮フサ訳

ニコライの日記 ―ロシア人宣教師が生きた明治日本　全三冊　中村健之介編訳

マゼラン 最初の世界一周航海　長南実訳

徳川制度　全三冊・補遺　加藤貴校注

第二のデモクラテス 戦争の正当原因についての対話　セプールベダ　染田秀藤訳

ユグルタ戦争 カティリーナの陰謀　サルスティウス　栗田伸子訳

岩波文庫の最新刊

カール・ポパー著／小河原誠訳
開かれた社会とその敵
第一巻　プラトンの呪縛（上）

ポパーは亡命先で、左右の全体主義と思想的に対決する大著を執筆した。第一巻では、プラトンを徹底的に弾劾、民主主義の基礎を解明していく。（全四冊）
〔青N六〇七-一〕　定価一五〇七円

シェイクスピア作／桒山智成訳
冬物語

妻の密通という〈物語〉にふと心とらわれたシチリア王は、猛烈な嫉妬を抱き……。シェイクスピア晩年の傑作を、豊かなリズムを伝える清新な翻訳で味わう。
〔赤二〇五-一二〕　定価九三五円

持田叙子編
安岡章太郎短篇集

安岡章太郎（一九二〇-二〇一三）は、戦後日本文学を代表する短篇小説の名手。戦時下での青春の挫折、軍隊での体験、父母への想いをテーマにした十四篇を収録。
〔緑二二八-一〕　定価一一〇〇円

今月の重版再開

宮崎安貞編録／貝原楽軒刪補／土屋喬雄校訂
農業全書
〔青三三-一〕　定価一一六六円

エラスムス著／箕輪三郎訳
平和の訴え
〔青六一二-一〕　定価七九二円

定価は消費税10％込です　2023. 2

岩波文庫の最新刊

トマス・リード著／戸田剛文訳
人間の知的能力に関する試論（下）

概念、抽象、判断、推論、嗜好。人間の様々な能力を「常識」によって基礎づけようとするリードの試みは、議論の核心へと至る。（全二冊）
〔青N六〇六-二〕　定価一八四八円

藤岡洋保編
堀口捨己建築論集

茶室をはじめ伝統建築を自らの思想に昇華し、練達の筆により建築論を展開した堀口捨己。孤高の建築家の代表的論文を集録する。
〔青五八七-一〕　定価一〇〇一円

今枝由郎・海老原志穂編訳
ダライ・ラマ六世恋愛詩集

ダライ・ラマ六世（一六八三―一七〇六）は、二三歳で夭折したチベットを代表する国民詩人。民衆に今なお愛誦されている、リズム感溢れる恋愛詩一〇〇篇を精選。
〔赤六九-一〕　定価五五〇円

バジョット著／遠山隆淑訳
イギリス国制論（上）

イギリスの議会政治の動きを分析し、議院内閣制のしくみを描き出した古典的名著。国制を「尊厳的部分」と「実効的部分」にわけて考察を進めていく。（全二冊）
〔白一二二-一〕　定価一〇七八円

……今月の重版再開……

小林秀雄著
小林秀雄初期文芸論集

定価一二七六円
〔緑九五-一〕

ロバート・A・ダール著／高畠通敏、前田脩訳
ポリアーキー

定価一二七六円
〔白二九-一〕

定価は消費税10％込です　　2023. 3